● 应用型本科经管类“十三五”规划教材 ●

ZHENGQUAN TOUZIXUE GAILUN

证券投资学概论

主　编　闫怀艳　张方群

副主编　邓迎春　李先科

主　审　吕秉梅

华南理工大学出版社
SOUTH CHINA UNIVERSITY OF TECHNOLOGY PRESS
·广州·

内容简介

本书内容包括证券投资概述、证券投资工具、证券市场概述、证券发行与流通市场、投资组合理论、证券投资分析概述、证券投资的基本分析、证券投资技术分析理论与方法、证券投资技术指标分析、盘面研判。本书适合应用型本科金融证券专业师生使用，也适合初学证券的业余爱好者阅读。

图书在版编目（CIP）数据

证券投资学概论/闫怀艳，张方群主编．—广州：华南理工大学出版社，2021.1
应用型本科经管类“十三五”规划教材
ISBN 978-7-5623-6540-2

Ⅰ.①证… Ⅱ.①闫… ②张… Ⅲ.①证券投资-概论 Ⅳ.①F830.91

中国版本图书馆 CIP 数据核字（2020）第 244868 号

证券投资学概论
闫怀艳　张方群　主编

出 版 人： 卢家明
出版发行： 华南理工大学出版社
（广州五山华南理工大学 17 号楼，邮编 510640）
http://www.scutpress.com.cn　　E-mail：scutc13@scut.edu.cn
营销部电话：020-87113487　87111048（传真）
策划编辑： 毛润政
责任编辑： 朱彩翩
印 刷 者： 广东虎彩云印刷有限公司
开　　本： 787mm×1092mm　1/16　**印张：** 17.5　**字数：** 405 千
版　　次： 2021 年 1 月第 1 版　2021 年 1 月第 1 次印刷
印　　数： 1～2 000 册
定　　价： 48.00 元

应用型本科经管类“十三五”规划教材

编写委员会

前 言

在中国宏观经济快速增长的大背景下，我国证券市场发展的速度也较快。继续优化科创板审核与注册衔接机制，稳步实施注册制，完善市场基础制度；推进创业板改革，加快新三板改革，选择若干区域性股权市场开展制度和业务创新试点。我国证券业正迎来持续健康发展的新阶段，这对我国培养具有丰富证券投资理论知识和实践操作经验的金融专业人才也提出了挑战，近年来各高校都对培养应用型金融专业人才进行了探索。

本教材作为金融学专业的基础课，已成为广大金融学专业学生的必修课程。通过该课程的学习，学生能够习得扎实的理论知识，并达到学以致用、具备一定的实际投资操作能力、毕业后能从事证券领域工作的目的。但是国内证券投资学的教材大多重视理论知识的讲解，对于实际操作方面的介绍不能满足应用型人才培养的需求。

本教材针对应用型人才培养的需要，以理论指导实践为编写原则，重在突出以下特点：

1. 系统性

本教材保持了证券投资学的基本理论体系，根据中国证券业协会组织的“证券从业人员考试”的要求，包括基础知识、证券投资分析两篇，共十章的内容展开编写。

2. 实践性

在理论知识的基础上结合实际操作增加了案例分析。每章加入案例以及必要的图形，特别是证券投资分析配合实际操作图形，更方便学生理解，做到理论联系中国股市实际，提高学生分析问题、解决问题的能力。

3. 及时性

本教材的编写力求将最新的证券法规、条例、国家政策方面的知识编写进去。在引用案例时尽量用最新的资料、最新发展动态，从而体现该教材的及时性。

本教材由广州应用科技学院经济与管理学院组织编写，是该学院特色系列教材之一。该教材是编写组成员多年教学工作与证券投资实践中汗水和经验的结晶。本教材由广州华商学院吕秉梅担任主审，广州应用科技学院闫怀艳、广东培正学院张方群担任主编，广州应用科技学院邓迎春、李先科担任副主编，刘珊孜、荆菊参与编写。本教材经过编写组的多次讨论后形成统一的编写思想、编写风格。教材根据编写组成员的特长与经验分工如下：荆菊编写第二章，闫怀艳编写第九、十章，邓迎春编写第五、七章，张方群编写第一、四章，刘珊孜编写第三、六章，李先科编写第八章。吕秉梅对编写工作进行了全程指导，并审阅了全部书稿，对进一步完善编写内容提出了宝贵意见，闫怀艳、邓迎春负责统稿、定稿，整个编写组成员在编写出版过程中付出了大量的劳动，在此感谢大家辛勤的付出。同时，特别感谢李寇军先生对教材的排版，感谢在编写中提出宝贵意见的颜金林、吴秋房、张小军等老师的辛勤付出！

本教材在修改和出版的过程中，得到了华南理工大学出版社毛润政、朱彩翩等相关人员的大力支持，在此向他们表示衷心感谢！本教材还借鉴了国内外很多学者的相关教材或者专著，在此也向作者表示诚挚的谢意！

由于编写人员水平有限，教材中难免存在不足和疏漏之处，恳请广大读者批评指正。

编者

2020年7月

目 录

第一篇 基础知识

第一篇　基础知识

第一章 证券投资概述

【学习目标】

- 掌握投资和证券投资的概念、有价证券的分类、证券投资的步骤。
- 理解证券投资与证券投机的区别。
- 了解无价证券的含义、证券投资的作用。

【关键术语】

投资 证券投资 投机 有价证券 无价证券 风险爱好者 风险规避者 风险中立者

第一节 证券与证券投资

一、投资及风险偏好

1. 投资的含义

投资是指货币转化为资本的行为与过程，也就是投资者通过购买、持有金融资产或实物资产，获得该资产在未来所产生的与所承担的风险成比例的预期收益的过程。

实物资产投资是指投资者直接拥有土地、建筑物、知识、机器设备以及人力资本等实物资本的投资行为。

金融资产投资是对实物资本的间接持有。由于金融资产是脱离了实际生产过程的虚拟资本，通过购买公司的普通股票，间接地投资于这些生产要素。

金融资产（financial assets）。实物资产的对称，是单位或个人所拥有的以价值形态存在的资产，是一种索取实物资产的无形的权利，是一切可以在有组织的金融市场上进行交易、具有现实价格和未来估价的金融工具的总称。金融资产的最大特征是能够在市场交易中为其所有者提供即期或远期的货币收入流量。

2. 投资三因素

（1）时间：完成投资或投资收入行为的周期；

（2）收益：投资所得，也是投资的目标；

（3）风险：投资获取的报酬是不确定的，投资面临本金损失或者报酬未能达到预期目的的危险。

投资者的期望是选择风险最小、收益最高的投资。

举例：假如你现在用 10 000 元进行股票投资，就是现在你放弃 10 000 元消费，这个10 000元是确定的，期待将来（假如说1年后）得到收益，但是将来你可能赚钱也可能赔钱却是不确定的，举个例子说1年后你可能赚了1000元也可能赔了1000元。从上面可以看出投资首先要有时间跨度，投资的目的就是赚取收益，而同时也承担着达不到预期收益的风险，当然投资跨度时间越长面临的风险越大，所要求的收益越高。

3．风险偏好

风险偏好（risk appetite），是指为了实现目标，企业或个体投资者在承担风险的种类、大小等方面的基本态度。风险就是一种不确定性，投资实体面对这种不确定性所表现出的态度、倾向便是其风险偏好的具体体现。

不同的投资者对风险的态度是存在差异的，一部分人可能喜欢大得大失的刺激，另一部分人则可能更愿意“求稳”。根据投资者对风险的偏好不同分为风险规避者、风险爱好者和风险中立者。

（1）风险规避者

风险规避者选择资产的态度是：当预期收益率相同时，偏好于选择低风险的资产；而对于具有同样风险的资产，则偏好于选择高预期收益率的资产，年长的退休人员就属于风险规避者。

（2）风险爱好者

与风险回避者恰恰相反，风险爱好者通常主动追求风险，喜欢收益的动荡胜于喜欢收益的稳定。他们选择资产的原则是：当预期收益相同时，选择风险大的，因为这会给他们带来更大的收益。

（3）风险中立者

风险中立者通常既不回避风险，也不主动追求风险。他们选择资产的唯一标准是预期收益的大小，而不管风险状况如何。

投资的成败首先取决于我们对风险的认知程度。只有冷静对待自己的风险偏好，认清自己的风险承受能力，并据此选择与此相匹配的投资产品，才能最终实现其投资目标。

投资者应明白风险偏好并不等同于风险承受能力，风险承受能力才是个人理财规划当中一个最重要的因素。投资者愿意承受更多的风险只能说明他的风险偏好，但这绝不等于他实际上具有相应的风险承受能力。如果一个投资者在高收益的诱惑之下，根本不考虑自己的风险承受能力，投资一些完全不符合自身收益风险特征的理财产品，一旦出现风险，将会带来不良后果。

二、证券与证券投资

（一）证券的概念

证券是商品经济和社会化大生产发展的产物，其含义非常广泛。从法律意义上说，证券是指各类记载并代表一定权利的经济权益凭证的统称，用以证明持券人有权依其所持证券记载的内容而取得应有的权益。从一般意义上来说，证券是指用以证明或设定权利所做成的书面凭证，它表明证券持有人或第三者有权取得该证券拥有的特定权益，或证明其曾经发生过的行为。有价证券，是指标有票面金额，证明持券人有权按期取得一定收入并可自由转让和买卖的所有权或债权凭证，这类证券本身没有价值，但由于它代表着一定量的财产权利，持有者可凭以直接取得一定量的商品、货币，或是取得利息、股息等收入，因而可以在证券市场上买卖和流通，客观上具有了交易价格。影响有价证券价格的因素很多，主要是预期收入和市场利率，因此，有价证券价格实际上是资本化了的收入。

（二）证券的分类

1. 无价证券

无价证券又称凭证证券，是指认定持证人是某种合法权利者，证明对持证人所履行的义务是有效的凭证，如存款单、借据、收据，但是不能真正独立地作为所有权证书来行使权利。

2. 有价证券

有价证券有广义与狭义两种概念，广义的有价证券包括商品证券、货币证券和资本证券。狭义的有价证券是资本证券。有价证券是一种具有一定票面金额，证明持券人有权按期取得一定收入，并可以自由转让和买卖的所有权或债权凭证。有价证券是最常见的证券形式。

有价证券的出现，可以加速资本集中，从而适应商品生产和商品交换规模扩大的需要。有价证券是虚拟资本的形式，它本身没有价值，但是由于它能为持有者带来一定的收入，因而能够在证券市场上买卖，具有价格。有价证券的价格取决于证券预期收入的大小和银行存款利率的高低两个因素，同前者成正比，同后者成反比。此外，有价证券供求关系的变化、政局的稳定、政策的变化、国家财政状况以及市场银根松紧程度等因素都会引起有价证券价格波动。

有价证券可以从不同角度，按不同标准进行分类：

（1）按证券发行主体分类

按证券发行主体的不同，有价证券可分为政府证券、政府机构证券和公司证券。

政府证券通常是由中央政府或地方政府发行的债券。中央政府债券也称国债，通常由一国财政部发行。地方政府债券由地方政府发行，以地方税或其他收入偿还。政府机构证券是由经批准的政府机构发行的证券。公司证券是公司为筹措资金而发行的有价证券，公司证券包括的范围比较广泛，有股票、公司债券及商业票据等。此外，在公司证券中，通常将银行及非银行金融机构发行的证券称为金融证券，其中金融债券尤为常见。

（2）按证券适销性分类

证券按是否具有适销性，可以分为适销证券和不适销证券。

适销证券是指证券持有人在需要现金或希望将持有的证券转化为现金时，能够迅速地在证券市场上出售的证券。这类证券是金融投资者的主要投资对象，包括公司股票、公司债券、金融债券、国库券、国债、优先认股权证、认股证书等。

不适销证券是指证券持有人在需要现金时，不能或不能迅速地在证券市场上出售的证券。这种证券虽不能或不能迅速地在证券市场上出售，但都具有投资风险较小、投资收益确定、在特定条件下也可以换成现金等特点，如定期存单等。

（3）按证券上市与否分类

按证券是否在证券交易所挂牌交易，证券可分为上市证券和非上市证券。

上市证券又称挂牌证券，是指经证券主管机关批准，并向证券交易所注册登记，获得在交易所内公开买卖资格的证券。

非上市证券也称非挂牌证券、场外证券，指未申请上市或不符合在证券交易所挂牌交易条件的证券。

（4）按证券收益是否固定分类

根据收益的固定与否，证券可分为固定收益证券和变动收益证券。

固定收益证券是指持券人可以在特定的时间内取得固定的收益并预先知道取得收益的数量和时间，如固定利率债券、优先股股票等。

变动收益证券是指因客观条件的变化其收益也随之变化的证券。如普通股，其股利收益事先不确定，而是随公司税后利润的多少来确定，又如浮动利率债券也属此类证券。

一般来说，变动收益证券比固定收益证券的收益高、风险大，但是在通货膨胀条件下，固定收益证券的风险要比变动收益证券大得多。

（5）按证券发行的地域或国家分类

根据发行的地域或国家的不同，证券可分为国内证券和国际证券。

国内证券是一国国内的金融机构、公司企业等经济组织或该国政府在国内资本市场上以本国货币为面值所发行的证券。

国际证券则是由一国政府、金融机构、公司企业或国际经济机构在国际证券市场上以其他国家的货币为面值而发行的证券，包括国际债券和国际股票两大类。

（6）按证券募集方式分类

按募集方式的不同，证券可分为公募证券和私募证券。

公募证券是指发行人通过中介机构向不特定的社会公众投资者公开发行的证券，其审批较严格并采取公示制度。

私募证券是指向少数特定的投资者发行的证券，其审查条件相对较松，投资者也较少，不采取公示制度。私募证券的投资者多为与发行者有特定关系的机构投资者，也有发行公司、企业的内部职工。

（7）按证券性质分类

按证券的经济性质可分为基础证券和金融衍生证券两大类。股票、债券和投资基金都属于基础证券，它们是最活跃的投资工具，是证券市场的主要交易对象，也是证券理论和实务研究的重点。金融衍生证券是指由基础证券派生出来的证券交易品种，主要有金融期货与期权、可转换证券、存托凭证、认股权证等。

（8）按照反映权益的不同分类

按反映权益的不同分为货币证券、商品证券、资本证券。

货币证券是指本身能使持券人或第三者取得货币索取权的有价证券，货币证券主要包括两大类：一类是商业证券，主要包括商业汇票和商业本票；另一类是银行证券，主要包括银行汇票、银行本票和支票。

商品证券是证明持券人有商品所有权或使用权的凭证，取得这种证券就等于取得这种商品的所有权，持券者对这种证券所代表的商品所有权受法律保护。属于商品证券的有提货单、运货单、仓库栈单等。

资本证券是指与金融投资或与金融投资有直接联系的活动而产生的证券。持券人对发行人有一定的收入请求权，它包括股票、债券及其衍生品种如基金证券、可转换证券等。资本证券是有价证券的主要形式，狭义的有价证券即指资本证券。在日常生活中，人们通常把狭义的有价证券——资本证券直接称为有价证券或证券。

（三）有价证券的基本特征

1. 产权性

证券的产权性是指有价证券记载着权利人的财产权内容，代表着一定的财产所有权，拥有证券就意味着享有财产的占有、使用、收益和处分的权利。在现代经济社会里，财产权利和证券已密不可分，财产权利与证券两者融合为一体，权利证券化。虽然证券持有人并不实际占有财产，但可以通过持有证券，在法律上拥有有关财产的所有权或债权。

2. 收益性

收益性是指持有证券本身可以获得一定数额的收益，这是投资者转让资本使用权的回报。证券代表的是对一定数额的某种特定资产的所有权或债权，而资产是一种特殊的价值，它要在社会经济运行中不断运动，不断增值，最终形成高于原始投入价值的价值。由于这种资产的所有权或债权属于证券投资者，投资者持有证券也就同时拥有取得这部分资产增值收益的权利，因而证券本身具有收益性。有价证券的收益表现为利息收入、红利收入和买卖证券的差价收入。收益的多少通常取决于该资产增值数额的多少和证券市场的供求状况。

3. 流通性

证券的流通性又称变现性，是指证券持有人可按自己的需要灵活地转让证券以换取现金。流通性是证券的生命力所在。证券的期限性约束了投资者的灵活偏好，但其流通性以变通的方式满足了投资者对资金的随机需求。证券的流通是通过承兑、贴现、交易实现的。证券流通性的强弱，受证券期限、利率水平及计息方式、信用度、知名度、市场便利程度等多种因素的制约。

4. 风险性

证券的风险性是指证券持有者面临着预期投资收益不能实现，甚至本金也有损失的可能。这是由证券的期限性和未来经济状况的不确定性所致。在现有的社会生产条件下，未来经济的发展变化有些是投资者可以预测的，有些是投资者无法预测的，因此，投资者难以确定他所持有的证券将来能否取得收益和能获得多少收益，从而就使持有证券具有风险性。

5. 期限性

债券一般有明确的还本付息期限，以满足不同投资者和筹资者对融资期限以及与此相关的收益率的需求，债券的期限具有法律的约束力，是对双方的融资权益的保护。股票没有期限，可视为无期证券。

（四）证券投资的含义

证券投资，简言之，是指有价证券的购买行为与过程，这种行为会使投资者在证券持有期内获得与其所承担的风险相对称的收益。即证券投资就是投资者（法人和自然人）购买股票、债券、基金等有价证券以及这些有价证券的衍生品，以获取红利、利息及资本利得的投资行为和投资过程。

【知识链接1－1】

证券投资的原则

证券投资者须遵循以下几个原则：

1. 收益与风险最佳组合原则

证券投资中，收益与风险是一对相伴而生的矛盾。要想获得收益，就必须承担一定的风险。解决这一矛盾的办法是：在风险一定的情况下，尽可能使投资收益最优化；在收益一定的情况下，尽可能使风险最小化。投资者在投资的过程中必须明确自身目标，尽力保证本金安全，增加收益，减少损失。

2. 分散投资原则

投资者通过分散投资可以有效降低投资组合的风险。分散投资可以从两个方面着手：一是投资多种证券；二是把握投资方向，将投资分为进攻性和防御性两部分进行投资。

3. 理智投资原则

证券市场由于受到各方面因素的影响而处于不断的变化之中，任何人都无法百分之百地预测准确行情的变化。这就要求投资者在投资时不感情用事，不轻信传言，应保持冷静和慎重。

4. 责任自负原则

适当借助他人力量，但不完全依赖别人。坚持独立思考、自主判断的原则。因为证券投资是一种自觉、主动的行为，所以投资的赔赚都要由自己来承担。所以，投资者不应轻信或完全依赖他人。

5. 剩余资金投资原则

投资的资金来源是两个部分：一部分是自有资金，另一部分是借入资金。采取借入资金进行证券投资是不可取的，证券投资的资金必须是家庭较长时间闲置不用的剩余资金。妥善可靠的做法是把全部资金合理分配，留足家庭生活的必备资金，所剩余的长时间有可能闲置的资金，才能用来进行证券投资。

6. 能力充实原则

每个投资者都应该不断培养自我证券投资能力，这种能力的基础是自身拥有投资知识和经验。获得证券投资知识主要有两个渠道：一是通过向书本学习、向别人请教以获得间接经验；二是通过自己的实践以获得直接经验。

第二节　证券投资与证券投机

一、证券投资与证券投机的定义

1. 证券投资定义：证券投资是指考虑本金安全、追求稳定的经常性收入为动机的证券投资，一般时间跨度较长。

2. 证券投机定义：证券投机是指以资产增值为投资目标，追逐买卖价差收入为动机的证券投资，一般时间跨度较短。

二、证券投资与证券投机的区别

证券投资与证券投机的区别：

1. 交易目的不同

证券投资者在市场上购买证券的目的是为了获得正当的股利或利息，他们在市场上出售前期所购买的证券，是为了避免因证券价格过度跌落而造成的损失。证券投机者在市场上购买或出售证券，目的不在于获得证券所能带来的股利或债息，而是为了赚取证券买卖的差价收入。

2. 交易行为不同

一般来说，证券投资者在证券行市上涨或稳定时才积极购买证券，而在行市下跌或波动过大时则出售证券，而且他们通常只做单向交易，很少参加买空卖空和套利交易。证券投机者则不论证券行市涨跌，证券价格波动大小，只要有利可图都积极参与买卖，并且证券价格波动越大，他们的交易活动就越活跃，甚至操纵市场，在混乱中牟取暴利。

3. 交易数量不同

证券投资者在市场上的买卖数量，一般以他们所拥有的资本数量或持券数量为限。而证券投机者在有利可图的情况下，则会利用借入资金尽量扩大交易。

4. 资金来源不同

证券投资者的资金来源一般都是自有资金，而证券投机者的资金来源大都是从金融机构借入的。证券投机者用银行或其他金融机构的贷款购买证券，再用证券抵押取得贷款，如此反复进行，其交易规模可以做得很大。

证券投机与证券投资虽然在理论上很容易区别，但在实际中两者却很难分开，因为人们的动机是可以随时转化的。例如，投资者购买证券的本意是持券到期或作较长期投资，但当证券行市暴涨时，他又可能决定把证券卖掉而获得巨额利润，成为事实上的证券投机者。而购买证券试图在短期内获取暴利的投机者，可能因证券行市暴跌而改变主意，持有证券到期，这样他又变成了事实上的证券投资者。所以有些人认为，所谓证券投资就是成功了的证券投机，所谓证券投机就是失败了的证券投资。

一种观点认为，证券投机者的存在是推动金融市场发展的重要动力。由于金融市场客观上存在资本损失、通货膨胀等方面的风险，证券投机者敢于承担别人不愿承担的风险，运用经验判断现状，预测未来；利用投资技巧，跌价时买进，涨价时卖出，从而使整个市场活跃起来。如果没有投机者，那么，不论是新证券的发行还是旧证券的转让流通，都会受到极大的限制。因此，投机者的存在是必然的，而且没有投机者就没有活跃的金融市场。另一种观点则认为，证券投机者的存在是证券市场动荡不安的重要原因，他们扰乱了市场秩序，破坏了经济稳定。因为投机者的买空卖空和套利交易制造了虚假供求，加剧了市场行情波动，特别是银行信用的进入，一方面引起信用扩张，导致通货膨胀，一方面引起行情暴涨暴跌，致使经济混乱。如果是非法投机行为（垄断、操纵、欺骗等），对市场的危害就更大。所以，要对金融市场加强管理，尽量避免投机。

第三节　证券投资的条件、要素、步骤

一、证券投资的条件

（一）市场经济环境

成熟的市场经济环境和市场机制是证券投资的基本前提条件。我国要大力发展国内证券市场，努力扩大市场规模，提高上市公司质量，提高我国证券市场抵御国际资本冲击的能力，规范我国证券市场，从而为证券投资创造良好的外部环境。

（二）居民收入状况

稳定的较高的居民收入也是证券投资的一个重要条件。资金是居民收入从事证券投资的基础。居民一旦确定要投资于证券，或是通过储蓄积累，或是通过借贷关系筹措一定数量的资金。一般而言，居民收入越高可用于证券投资的资金就会越多。

二、证券投资要素

证券投资要素是指能够使证券投资活动得以正常进行的基本要件，或完整的证券投资行为发生所不可或缺的、内在的基本成分。证券投资包括三个要素：证券投资主体、证券投资客体、证券投资中介。

1. 证券投资主体

证券投资主体是指进入证券市场进行证券买卖的各类投资者，共有四类：一是个人及其家庭；二是政府部门，包括中央政府、地方政府和政府机构；三是企事业部

门，包括各种以盈利为目的的工商企业和非营利的事业单位；四是金融机构，主要有商业银行、保险公司、证券公司及各种基金组织等。

2．证券投资客体

证券投资客体即证券投资的对象，主要是指股票、债券、基金等有价证券及其衍生产品。

3．证券投资中介

证券投资中介是指为证券市场参与者如发行者、投资者等提供相关服务的专职机构，按提供服务的内容不同，可分为证券经营机构和证券服务机构两大类型。

（1）证券经营机构也称证券商或证券经纪人，是证券市场的中介人，是专门经营证券业务并从中获利的企业法人。其作用有两点：① 在发行市场上充当证券筹资者与证券投资者的中介人；② 在流通市场上充当证券买卖的中介人。我国的主要证券经营机构主要有以下两种：一是证券公司。证券公司是我国直接从事证券发行与交易业务的具有法人资格的证券经营机构，其业务范围主要有：代理证券发行、证券自营、代理证券交易、代理证券还本付息和支付红利、接受客户委托代收证券本息和红利、代办过户等。二是信托投资公司。信托投资公司是以盈利为目的的，并以委托人身份经营信托业务的金融机构。它除了办理信托投资业务外，还可设立证券部办理证券业务，其业务范围主要有：证券的代销及包销，证券的代理买卖及自营，证券的咨询、保管及代理还本付息等。

（2）证券服务机构是指依法设立的、从事证券服务业务的法人机构。证券服务业务包括：证券投资咨询；证券发行及交易的咨询、策划、财务顾问、法律顾问及其他配套服务；证券资信评估服务；证券集中保管；证券清算交割服务；证券登记过户服务；证券融资；经证券管理部门认定的其他业务。

三、证券投资的步骤

证券投资是一个复杂的过程，需经过几个步骤或阶段才能做出正确的决策，大体经过以下几个步骤：

1．筹措投资资金

证券投资的先决条件是筹措一笔投资资金，资金来源无非有两个部分——自有资金和借入资金，这些资金要购买哪些证券、各买入多少等要事先做好详细的分析和研究，并根据投资方案内容进行详尽、科学的论证，以便进行风险控制管理，将风险控制在可控制的范围内。

2．确定投资策略

投资的目的是获得预期的收益，但风险和收益是同时存在的，根据投资的目标和对风险的态度，可以把投资者分为风险偏好型、风险中性型和风险规避型。投资者应先衡量自己能承受多大的风险，然后再决定投入多少资金量，以及确定在最终的投资组合中可能选择的金融资产的种类和数量。

3. 了解金融资产的特性

要广泛了解各种投资对象的收益、风险情况。投资对象的种类很多，其性质、期限、有无担保、收益高低、支付情况、风险大小及内容各不相同，只有对其全面了解后，才能正确选择。

4. 分析投资对象

在对证券市场本身及市场情况有了全面了解之后，还要对可能选择的各类证券投资产品的真实价值、市场价格及价格涨跌趋势进行深入分析后才能确定购买何种证券及买卖的时机。证券的质量决定于其真实价值，价值表现为市场价格，但市场价格受多种因素的影响而经常波动，并不能完全反映其真实价值，对投资对象进行深入分析，必须充分利用有关信息，运用基本分析、技术分析和组合理论进行。

5. 构建证券投资组合

构建一个证券投资组合，首先必须确定组合应达到的目标。证券组合的目标，不仅是构建和调整证券资产组合的依据，同时也是考核组合管理业绩好坏的基准。总体而言，证券投资组合的目标包括两个方面：一是收益目标，包括保证本金的安全，获得一定比例的资本回报以及实现一定速度的资本增长等；二是风险控制目标，包括对资产流动性的要求以及最大损失范围的确定等。

确定证券投资组合目标，必须因人因时因地而宜。因人而异，是指必须综合考虑投资者的各种制约条件和偏好；因时制宜，主要应考虑两个方面：一是市场发展的阶段，二是各个时期的政治、经济和社会环境；因地制宜，主要应考虑所在地区的证券交易费用、政府对证券组合管理的政策规范以及税收政策等。

证券组合的构建过程一般包括如下环节：

（1）界定证券组合的范围。大多数投资者的证券组合主要是债券、股票。但是，近年来，国际上投资组合已出现综合化和国际化的趋势。

（2）分析判断各个证券投资收益及风险。在分析比较各证券投资收益和风险的基础上，选择何种证券进行组合则要与投资者的目标相适应。

（3）确定各种证券在证券投资组合中的权重。这是构建证券投资组合的关键性步骤。

证券市场是复杂多变的，每种证券的预期收益和风险，都要受到多种内外因素变动的影响。为了适合既定的投资组合目标要求，必须选择恰当时机，对证券组合中的具体证券品种做出必要的调整变换，包括增加有利于提高证券组合效益或降低证券组合风险的证券品种；剔除对提高证券组合效益或降低证券组合风险不利的证券品种。

【知识链接1-2】

证券投资组合的案例

不同类型的风险偏好的投资者因为其风险承受能力的不同，而选择不同的投资组合，以下为可供选择的证券投资组合：

风险偏好类型	风险爱好者	风险中立者	风险规避者
收益目标	极高	中等	偏低
风险	极高	中等	偏低
主要证券组合	期货、外汇 投机股 新兴市场基金	绩优股 优先股 债券 基金	定期存款 政府债券 保本型投资基金 银行理财产品

6. 评价证券投资组合绩效

证券组合资产业绩评价是对整个证券资产组合收益与风险的评价。评价的对象是证券组合整体，而不是组合中的某个或某几个证券资产；评价的内容不仅包括收益的高低，还包括风险的大小。

本章小结

1. 投资是指货币转化为资本的行为与过程，也就是投资者通过购买、持有金融资产或实物资产，获得该资产在未来所产生的与所承担的风险成比例的预期收益的过程。

2. 金融资产，是指单位或个人所拥有的以价值形态存在的资产，是能索取实物资产的无形的权利，是一切可以在有组织的金融市场上进行交易、具有现实价格和未来估价的金融工具的总称。金融资产的最大特征是能够在市场交易中为其所有者提供即期或远期的货币收入流量。

3. 证券是指用以证明或设定权利所做成的书面凭证，它表明证券持有人或第三者有权取得该证券拥有的特定权益，或证明其曾经发生过的行为。

4. 风险偏好是指为了实现目标，企业或个体投资者在承担风险的种类、大小等方面的基本态度。根据投资者对风险的偏好将其分为风险规避者、风险爱好者和风险中立者。

5. 证券投资与证券投机的区别。证券投资是指考虑本金安全、追求稳定的经常性收入为动机的证券投资，一般时间跨度较长；证券投机是指以资产增值为投资目标，追逐买卖价差收入为动机的证券投资，一般时间跨度较短。

6. 证券投资要素是指能够使证券投资活动得以正常进行的基本要件，或完整的证券投资行为发生所不可或缺的、内在的基本成分。证券投资包括三个要素：证券投资主体、证券投资客体、证券投资中介。

7. 证券投资是一个复杂的过程，需经过几个步骤或阶段才能做出正确的决策，大体经过以下几个步骤：① 筹措投资资金；② 确定投资策略；③ 了解金融资产的特性；④ 分析投资对象；⑤ 构建证券投资组合；⑥ 评价证券投资组合绩效。

同步练习

一、案例分析题

【案例 1】

中国历史上资本市场的投机

中国资本市场的投机性浓厚，不仅表现为股市的市盈率一般高达 60 倍，比西方发达国家股市的市盈率（一般在 20% ～ 25%）高得出奇；而且也表现为股票的换手（买卖）率高得出奇，据统计，1996 年美国纽约股票市场的换手率是 52%，东京是 27%，伦敦是 58%，香港是 54%，韩国是 91%，泰国是 30%，而中国则高得出奇，上海是 591%，深圳是 902%。股票换手率高，表明股民大多想从股票买卖的价格变动中获利，而不想或不相信股票可以分红，或者认为股票分红不如从股票价格变动中获利来得大。

分析：

（1）投机是什么？和投资有何区别？

（2）为什么我国资本市场的投机性浓厚？

【案例 2】

家庭证券投资建议

张女士是成都市某企业高管，税后月收入约两万元，年终奖约十五万元。先生开一家小公司，每月净收入约两万元。张女士儿子马上要上幼儿园，新的一年，张女士的愿望是买一套较大的房子并购置一辆中档轿车。请根据本章所学知识进行综合分析，提出家庭证券投资建议。

二、思考题

1. 试述金融资产投资、实物资产投资、证券投资之间的区别和联系。
2. 证券投资的条件和要素是什么？
3. 简述有价证券投资的分类。
4. 证券投资的步骤是什么？

第二章　证券投资工具

【学习目标】

● 掌握股票的概念、特征及分类；掌握债券的定义和分类，掌握政府债券、金融债券和公司债券的定义、性质和特征，掌握股票和债券的区别；掌握证券投资基金的定义、特征及其类型。

● 理解股利政策，股票的分割、合并，股票的增发、转增、配股与股票回购的含义；理解股票理论价值、账面价值清算价格及市场价格涵义；理解普通股票股东权利和义务；理解债券的发行价格、发行流程和信用评级；理解证券投资基金和股票、债券的区别。

● 了解影响股票价格的因素，了解优先股票的特征和分类，了解中国股票类型；了解影响债券期限和利率的主要因素，了解证券投资基金当事人之间的关系，了解基金的费用和估值，了解金融衍生工具的特征、功能。

【关键术语】

普通股　优先股　股利政策　股票分割　股票合并　股票价值　股票价格　政府债券　金融债券　公司债券　证券投资基金　期货　期权　互换

第一节　股票

一、股票的概念和特征

(一) 股票的概念

股票是一种有价债券，它是股份有限公司签发的证明股东所持股份的凭证。股份有限公司的资本划分为股份，每一股股份的金额都相等，每股股票都代表股东对公司拥有一个基本单位的所有权。股票实质上代表了股东对股份公司的所有权，股东凭借股票可以获得公司的股息和红利，参加股东大会并行使自己权利，同时也承担相应的责任和风险。

《中华人民共和国公司法》规定，股票采用纸面形式或国务院证券监督管理机构规定的其他形式。股票应当载明下列事项：公司名称、公司成立日期、股票种类、票面金额及代表的股份数、股票的编号。股票由法定代理人签名、公司盖章。发起人的股票应当标明“发起人股票”字样。

(二) 股票的特征

(1) 收益性。收益性是股票最基本的特性，它可以为持有人带来收益。持有股票的目的在于获取收益，股票的收益来源可以分为两类：一是来自股份公司，二是来自股票的流通。

（2）风险性。股票风险的内涵是股票投资收益的不确定性，或者说实际收益与预期收益的偏离。投资者在买入股票时，对其未来收益会有一个预期，但真正实现的收益可能会高于或者低于原先的预期，这就是股票的风险。

（3）永久性。永久性是指股票所载的权利有效性是始终不变的，因为它是一种无期限的法律凭证。

（4）流动性。流动性是指股票可以通过依法转让而变现的特性，即在本金保持相对稳定，变现交易成本极小的条件下，股票很容易变现的特性。通常判断股票流动性强弱主要从三个方面进行：市场深度、报价紧密度、股票价格弹性或者恢复能力。

（5）参与性。参与性是指股票持有人有权参与公司的重大决策。股票持有人作为股份公司股东有权出席股东大会，行使对公司经营决策的参与权。

二、股票分类

（一）普通股和优先股

按股东享有权利的不同，股票可以分为普通股票和优先股票。

1. 普通股票（又名普通股）

普通股票是最基本、最常见的一种股票，其持有者享有股东的基本权利和义务，普通股票的股利完全随公司盈利的高低而变化。在公司盈利较多时，普通股票可获得较高的股利收益，但在公司盈利和财产分配顺序上列在债权人和优先股东之后，故其承担的风险也较高。与优先股票相比，普通股票是标准的股票，也是风险最大的股票。

2. 优先股票（又名优先股）

优先股是相对于普通股而言的，是一种特殊股票，在利润分红及剩余财产分配的权利方面，优先于普通股。优先股有两种权利。① 在公司分配盈利时，拥有优先股票的股东比持有普通股票的股东分配在先，而且享受固定数额的股息，即优先股的股息率都是固定的。普通股的红利却不固定，视公司盈利情况而定，利多多分，利少少分，无利不分，上不封顶，下不保底。② 在公司解散，分配剩余财产时，优先股在普通股之前分配。

（二）记名和无记名股票

按股票是否记载股东姓名，股票可分为记名股票和无记名股票。

1. 记名股票

记名股票即是在股票票面和股份公司股东名册上记载股东姓名的股票。该股票股东权利归属于记名股东，如果转让必须经公司办理过户，手续相对复杂，但是安全性高。

2. 无记名股票

无记名股票即是在股票票面和股份公司股东名册上不记载股东姓名的股票。股东权利归属于持有人，如果转让，通过交付而生效，手续相对简便，但是安全性较差。

（三）有票面额股票和无票面额股票

按是否在股票票面上标注金额，股票可分为有票面额股票和无票面额股票。

1. 有票面额股票

有票面额股票即是在股票上记载每股的金额。这一记载金额也称票面金额或者股票面值。有票面额股票可以明确表示每一股代表的股权比例，也为股票发行价格的确定提供了依据。

2. 无票面额股票

无票面额股票也称为比例股票或者份额股票，在股票票面上只记载它在公司总股本中所占比例。其发行或者转让的价格较为灵活，也便于股票分割。

【知识链接 2－1】

中国的股票类型

一、按投资主体性质分类

在我国，按投资主体的不同性质，可将股票划分为国家股、法人股、社会公众股、外资股等不同类型。

（一）国家股。国家股是指有权代表国家投资的机构或部门以国有资产向公司投资所形成的股份，包括公司现有国有资产折算成的股份。国家股是国有股权的组成部分，国有股权可由国有资产管理部门持有或其授权其他机构或者部门持有，国有股股利收入由国有资产管理部门监督收缴，依法纳入国有资产经营预算，并根据国家有关规定安排使用。国家股股权可以转让，但转让应符合国家有关规定。

（二）法人股。法人股是指企业法人或者具有法人资格的事业单位和社会团体以其依法可支配的资产投入公司形成的股份。法人股以法人记名。如果是具有法人资格的国有企业、事业单位以其依法占用的法人资产向独立于自己的公司出资或依法定程序取得的股份，可称为国有法人股。国有法人股属于国有股权。作为发起人的企业法人或具有法人资格的事业单位、社会团体在认购股份时，可以用货币出资，也可以用其他形式资产作价出资，如实物、工业产权、非专利技术、土地使用权等。

（三）社会公众股。社会公众股是指社会公众依法以其拥有的财产投入公司形成的可上市流通的股份。在社会募集方式下，股份公司发行的股份，除了发起人自己认购一部分外，其余部分应该向社会公众公开发行。《中华人民共和国证券法》规定，公司申请股票上市的条件之一是：向社会公众公开发行的股份达到公司股份总数的25%以上，公司股本总额超过人民币4亿元的，向社会公开发行的比例为10%以上。

（四）外资股。外资股是股份公司向外国和我国香港、澳门、台湾地区投资者发行的股票。这是我国股份公司吸收外资的一种方式。外资股按照上市的地域可分为境内上市外资股和境外上市外资股。

1. 境内上市外资股。境内上市外资股原来是指股份公司向境外投资者募集并在境内上市的股份。投资者限于外国的和港澳台的自然人、法人和其他组织，这类股票被称为“B股”。B股采取记名股票形式，以人民币标明股票面值，以外币认购、买卖，在境内证券交易所上市。但是自2001年2月对境内居民个人开放B股市场后，B股的外资股性发生变化，境内居民成为投资B股的重要主体。境内居民可以用现汇存款或者外币现钞存款以及从境外汇入的外汇资金从事B股交易，但不允许用外汇现钞。境内居民个人和非居民之间不得进行B股协议转让，也不得向境外转托管。境内上市外资股支付股利或者其他款项时，以人民币计价，用外币支付。

2. 境外上市外资股。境外上市外资股是指股份公司向境外投资者募集并在境外上市的股份。它也采取记名股票形式，以人民币标明股票面值，用外币认购。在境外上市时，可以采取境外存股凭证形式或者股票的其他派生形式。在境外上市的外资股除了应符合我国的法规外，还应符合上市所在地国家或者地区证券交易所制定的交易条件。向境外投资人支付股利或者其他款项时，以人民币计价，用外币支付。

根据上市地区的不同，境外上市外资股包括H股、N股、S股等。H股是指在香港上市的股票，香港的英文名称Hong Kong，取其首字母H，在香港上市的外资股就称为H股。以此类推纽约的第一个英文字母是N，伦敦的英文名称第一个字母是L，新加坡的英文名称第一个字母是S。因此，在纽约、伦敦、新加坡上市的外资股分别称为“N股”“L股”“S股”。

需要说明的是，红筹股不属于外资股。红筹股是指在境外注册、在香港上市，但主要业务在中国内地或者大部分股东权益来自中国内地的股票。

二、按流通受限与否分类

（一）已完成股权分置改革的公司，按股份流通受限可分为有限售条件股份和无限售条件股份。

1. 有限售条件股份。它是指股份持有人依照法律、法规规定或者按承诺有转让限制的股份，包括因股权分置改革暂时锁定的内部职工、董事、监事、高级管理人员持有的股份等，具体包括：国家持股、国家法人股、其他内资持股和外资持股。

2. 无限售条件股份。它是指流通转让不受限制的股票，具体包括人民币普通股（即A股）；境内上市的外资股（即B股）；境外上市外资股（如H股）等。

（二）未完成股权分置改革的公司。按照股份流通受限与否可分为未上市流通股份和已上市流通股份。

1. 未上市流通股份。未上市流通股份是指尚未在证券交易所上市交易的股份，具体包括发起人股份、内部职工股、募集法人股份、优先股或其他。

2. 已上市流通股份。已上市流通股份是指在证券交易所上市交易的股份，具体包括境内上市人民币普通股、境内上市的外资股、境外上市的外资股等。

三、与股票相关的概念

（一）股利政策

股利政策是指股份公司股东大会或董事会对一切与股利有关的事项，所采取的较具原则性的做法，是关于公司是否发放股利、发放多少股利以及何时发放股利等方面的方针和策略，所涉及的主要是公司对其收益进行分配还是留存以用于再投资的策略问题。股利形式有派现、送股、资本公积金转增股本。

（1）派现。派现也称现金股利，是指股份公司以现金分红方式将盈余公积和当期应付利润部分或者全部发放给股东，股东为此应支付所得税。

（2）送股。送股也称股票股利，是指股份公司对原有股东无偿派发股票的行为。

（3）资本公积金转增股本。它是在股东权益内，把公积金转到“实收资本”或者“股本”账户，并按照投资者所持有的股份比例大小分到各个投资者的账户中，以此增加每个投资者的资本。

股利发放的几个重要日期：

（1）宣布日（declaration date）

股份公司董事会根据定期发放股利的周期举行董事会会议，讨论并提出股利分配方案，经公司股东大会讨论通过后，正式宣布股利发放方案，宣布股利发放方案的那一天即为宣布日。在宣布日，股份公司应登记有关股利负债（应付股利）。

（2）登记日（record date）

由于工作和实施方面的原因，自公司宣布发放股利至公司实际将股利发出要有一定的时间间隔。由于上市公司的股票在此时间间隔内处在不停的交易之中，公司股东会随股票交易而不断换人，为了明确股利的归属，公司确定有股权登记日，凡在股权登记日之前（含登记日当天）列于公司股东名单上的股东，都将获得此次发放的股利，而在这一天之后才列于公司股东名单上的股东，将得不到此次发放的股利，股利仍归原股东所有。

（3）除权除息日（ex-dividend date）

由于股票交易与过户之间需要一定的时间，因此，只有在登记日之前一段时间购买股票的投资者，才可能在登记日之前列于公司股东名单之上，并享有当期股利的分配权。一般规定登记日之前的第四个工作日为除息日（逢节假日顺延），在除息日之前（含除息日）购买的股票可以得到将要发放的股利，在除息日之后购买的股票则无权得到股利，所以在除息日之后购买的股票又称为除息股。除息日对股票的价格有明显的影响。在除息日之前进行的股票交易，股票价格中含有将要发放的股利的价值，在除息日之后进行的股票交易，股票价格中不再包含股利收入，因此其价格应低于除息日之前的交易价格。

（4）发放日

发放日即股利发放给股东的日期。在这一天，公司用各种方式按规定向股东支付股利，并冲销股利负债。

（二）股票分割和股票合并

股票分割又称分股，是将1股均等拆分为若干份。股票合并又称并股，是将若干股合并为1股。

从理论上说，股票分割或者合并，只会增加或减少股东持有股票的数量，但并不会改变每位股东所持股东权利占公司全部股东权益的比重。理论上股票分割或者合并，股价会以相同的比例向下或者向上调整，但是股东所持股票的市值不会发生变化。也就是说，如果把 1 股拆分为 2 股，拆分后的股价会下降至拆分前的一半；如果把 2 股合并为 1 股，则并股后的股票价格则是之前的 2 倍。

股票的分割一般适用于高价股，拆分后每股股票市值下降，可以吸引更多的投资者购买；合并股常见于低价股，比如，某股票价格不足 1 元，则不足 1% 的股价变动很难在价格上反映出来，这弱化了交易者的投机动机，合并股后，股票流动性有可能提高，股票的估值上调。

（三）增发、配股、转增股本和股份回购

（1）增发。增发是指公司因业务发展需要增加资本额而发行新股。上市公司可以面向社会公众增发，也可以向特定少数机构或者个人增发。增发后，公司的注册资本金将会增加。

（2）配股。配股是面向原有股东，按照所持股票数量的一定比例增发新股，原有股东可以放弃配股。

（3）转增股本。转增股本是将原本属于股东权益的资本公积金转为实收资本。股东权益总量和每位股东占公司的股份比例都不会发生改变，唯一的变化是发行在外的总股数增加了。

（4）股份回购。股份回购是指上市公司利用自有资金，在公开市场上购回发行在外的股票。

四、股票价值相关概念

（一）股票的票面价值

股票的票面价值又称面值，即在股票票面上标注金额。该种股票被称为“有面额股票”。股票的票面价值在初次发行股票时有一定参考意义。如果以面值作为发行价，叫作平价发行；如果以高于面值发行股票，叫作溢价发行；如果以低于面值发行股票，叫作折价发行。随着时间推移，公司净资产会发生改变，股票的面值与每股净资产逐渐脱离，与股票的投资价值再没有必然的联系。

（二）股票的账面价值

股票的账面价值又称“股票净值”或者“每股净资产”。每股账面价值是以公司净资产减去优先股账面价值后除以发行在外的普通股股票的股数。公司净资产等于公司资产总额减去负债总额后的净值。股票账面价值的高低对股票价格有着重要的影响，但是，通常情况下，股票的账面价值并不等于股票市场价格。这是因为会计价值通常反映的是历史成本或者按照某种规则计算的公允价值，并不等于公司的实际价值，公司账面价值也不能反映公司未来发展前景。

（三）股票的清算价格

股票的清算价格，是公司清算时每一股份所代表的实际价值。理论上，股票的清算价格应该与账面价值一致。但事实并非如此，只有当清算时公司资产实际出售价格与财务报表上的账面价格一致时，每股的清算价格才与股票的账面价值相等。通常在公司清算时，其资产往往只能低价出售，再加上必要的清算费用，所以清算时的实际清算价值往往低于账面价值。

（四）股票的内在价值

股票的内在价值是指股票未来现金流入的现值，是股票的真实价值，也叫理论价值。股票的内在价值决定股票的市场价格，股票的市场价格总是围绕内在价值波动。明确股票的内在价值，并将内在价值和股票市场价格相比较，从而决定投资策略，制定投资策略是证券研究人员和投资管理人员的主要任务。由于未来收益以及市场利率的不确定性，各种模型计算出来的内在价值只是内在价值的估计值，下面介绍最常用的计算股票内在价值自由现金流贴现模型。

自由现金流贴现模型的理论基础是现值原理：任何资产的价值都等于其预期未来全部现金流的现值总和，对于公司而言就是自由现金流。公司自由现金流（FCF）是由公司产生的，可以向公司所有权要求者包括普通股股东、优先股股东和债权人提供的现金流总和。

自由现金流贴现模型的计算公式如下：

$$V=\frac{FCF_1}{(1+WACC)^1}+\frac{FCF_2}{(1+WACC)^2}+\cdots+\frac{FCF_t}{(1+WACC)^t}+\cdots$$

即

$$V=\sum_{t=1}^{\infty}\frac{FCF_t}{(1+WACC)^t}$$

其中，V 代表公司价值，t 代表第 t 年，FCF_t 为第 t 年的自由现金流，WACC 为公司加权平均资本成本率。实际上，应用上述公式确定股票的内在价值存在困难，即必须预测未来所有时期的自由现金流。这几乎是不可能的，而且普通股票并没有固定的生命周期。因此，我们在使用自由现金流贴现模型时通常加上一些假定将模型简化，从而形成了不同的模型。一般用得比较多的有零增长模型、不变增长模型等不同的表现形式。

（1）零增长模型

对于一家成熟稳定、没有增长的公司而言，每年的自由现金流也保持在一个稳定的金额水平，类似于永久年金，比如成熟稳定的公用行业上市公司。此时，自由现金流贴现模型的计算公式为（具体推导过程略，按等比数列求和即可得出结果）：

$$V=\frac{FCF}{WACC}$$

其中，V 代表公司价值，FCF 为每年的自由现金流，WACC 为公司加权平均资本成本率。如果该类公司的自由现金流全部用于发放现金股利，那么自由现金流贴现模型得出的结果跟现金股利贴现模型的结果非常接近。

（2）不变增长模型

有一些成熟的公司，未来的自由现金流以非常缓慢的速度增长。不变增长模型假定未来的自由现金流每年均按不变的增长率增长。这样自由现金流贴现模型的公式变为（具体推导过程略，按等比数列求和即可得出结果）：

$$V=\sum_{t=1}^{\infty}\frac{FCF_0(1+g)^t}{(1+WACC)^t}=FCF_0\frac{1+g}{WACC-g}=\frac{FCF_1}{WACC-g}$$

其中，FCF_0 代表第0年的自由现金流，FCF_1 为第一年的自由现金流，g 为自由现金流每年的增长率，WACC 为公司加权平均资本成本率。

（3）两阶段模型

两阶段模型是自由现金流贴现模型中较为常见的类型。该模型把时间分为两个阶段。第一个阶段被称为详细预测期，通常为3—5年。此期间通过对公司的收入与成本、资产和资本等项目的详细预测，得出每一时间段的现金流。第二阶段被称为终值期，此期间现金流的现值和的价值被称为终值。因此，自由现金流贴现模型的计算公式为（具体推导过程略，按等比数列求和即可得出结果）：

$$V=\sum_{t=1}^{n}\frac{FCF_t}{(1+WACC)^t}+\frac{TV}{(1+WACC)^n}$$

其中，TV 为终值。

在实践中，对于成长型的公司而言，我们通常可以在第一阶段给予较高的增长率。但是，维持高增长对于任何公司来说都非常困难，因此我们在第二阶段给予较低的增长率假设。假设公司的详细预测期为 n 期，最后一期的自由现金流为 FCF_n，此后第二阶段的现金流以一个不变的较低增长率 g 永续增长，公司加权平均资本成本率为 WACC，则：

$$TV=\frac{FCF_n(1+g)}{(1+WACC)^1}+\frac{FCF_n(1+g)^2}{(1+WACC)^2}+\cdots+\frac{FCF_t(1+WACC)^t}{(1+WACC)^t}+\cdots$$

一般情况下，投资者的预期回报 WACC 至少要高于总体的经济增长率，因此不变增长率 g 通常小于 WACC。如果 g 永远高于 WACC，潜在的含义是很长时间以后，公司的规模将超过总体经济规模，这显然不可能。通过等比数列求和可以得出：

$$TV=\frac{FCF_n(1+g)}{WACC-g}$$

此时，

$$V=\sum_{t=1}^{n}\frac{FCF_t}{(1+WACC)^t}+\frac{FCF_n(1+g)}{(WACC-g)(1+WACC)^n}$$

用增长率 g_1 来替代大量的预测分析，第二阶段则采用一个较低的增长率 g_2。此时两阶段模型的公式为：

$$V=\sum_{t=1}^{n}\frac{FCF_0(1+g_1)}{(1+WACC)^t}+\frac{FCF_n(1+g_2)}{(WACC-g_2)(1+WACC)^n}$$

（4）三阶段模型

三阶段模型假设所有的公司都经历三个阶段：成长阶段、过渡阶段和稳定阶段。三个阶段的增长率由高到低，成长阶段最高，过渡阶段逐步下降，稳定阶段保持较低增长率的不变增长。三阶段模型的公式如下：

$$V=\sum_{t=1}^{n}\frac{FCF_0(1+g_1)}{(1+WACC)^t}+\sum_{t=n+1}^{m}\frac{FCF_0(1+g_2)}{(1+WACC)^t}+\frac{FCF_{n+m}(1+g_3)}{(WACC-g_3)(1+WACC)^{n+m}}$$

其中，V 为公司价值，FCF_0 为估值日的起始自由现金流，n 为成长阶段的期限，m 为过渡阶段的期限，g_1 为成长阶段的增长率，g_2 为过渡阶段的增长率，g_3 为稳定阶段的增长率，WACC 为公司加权平均资本成本率。

五、股票价格概念及影响股票价格的因素

（一）股票价格

股票价格是指股票在二级市场上交易的价格。从理论上说，股票的价格是由其内在价值决定的，但股票本身并没有价值，只是一张所有权凭证。股票之所以有价格，是因为它代表收益的价值，即能给它的持有者带来股息红利。股票交易实际上是对股票未来收益权的买卖，股票的价格就是对未来收益的评定。股票的理论价值是根据现值而来。现值理论认为，人们之所以购买股票，是因为股票能够为它的持有人带来预期的收益。因此，它的价值取决于未来收益的大小。股票的未来股息收入和资本利得收入是股票的未来收益，亦可称之为“期值”。将股票的期值按照必要收益率和有效期限折算成今天的价值，即为股票的现值。股票的现值就是股票未来收益的当前价值，也就是人们为了得到股票未来的收益所愿意付出的代价。可见，股票的理论价值就是按照一定必要收益率计算出来的未来收益的现值。

（二）影响股票价格因素

股票的市场价格由股票的价值决定，但同时受到很多其他因素的影响，其中供求关系是最直接的影响因素，其他因素都是通过作用于供求关系影响股票价格的。影响股票价格的因素很多，比如公司经营状况、行业与部门因素、宏观经济增长、经济周期、货币财政政策、利率政策和汇率政策、国际收支状况与政策制度因素等基本因素，还包括心理因素、人为操纵等其他因素。这里不再展开，在后面的章节会详细介绍。

六、普通股票的有关内容

（一）普通股票股东权利

普通股票是标准的股票，通过发行普通股票所筹集的资金，成为股份公司注册资本的基础。《中华人民共和国公司法》规定，股东可以用货币出资，也可以用实物、土地使用权、知识产权等可以用货币估价并可以依法转让的非货币资产作价出资，但是法律、行政法规规定不得作为出资的财产除外。股份有限公司成立后，即向股东交

付股票。普通股票的持有者是股份有限公司的基本股东，按照《中华人民共和国公司法》规定，普通股东依法享有资产收益、参与重大决策和选择管理者的权利。

（1）公司重大决策参与权。这是一种综合权利，是股东基于持有股票而享有的股东权。股票持有者可以以股东的身份参与公司的重大事项决策。作为普通股股东，行使这一权利的途径就是参加股东大会，行使表决权。

（2）公司资产收益权和剩余财产分配权。普通股票股东拥有公司盈余和剩余财产分配权，这一权利直接体现其在经济利益上的要求。当股份有限公司进行分红时，普通股票股东有权按照出资比例分配红利，但是全体股东约定不按出资比例分红的除外；当公司出现破产清算的时候，普通股股东有权要求分配剩余财产。

（3）其他权利。除了上述两种基本权利外，普通股票股东还享受由法律和公司章程规定的其他权利。《中华人民共和国公司法》规定，普通股票股东还具有以下主要权利。第一，普通股票股东有权查阅公司章程、股东名册、公司债券存根、股东大会会议记录、董事会会议决议、监事会会议决议、财务会计报告，对公司的经营提出建议或者质询。第二，股东持有的股份可以依法转让。股东转让股份是在依法设立的证券交易场所进行或者按照国务院规定的其他方式进行。公司发起人、董事、监事、高级管理人员的股份转让受《中华人民共和国公司法》和公司章程的限制。第三，公司为增加资本发行新股时，股东有权按照实缴的出资比例认购新股。股东大会应对原有股东发行新股的种类及数额做出决议。这一股东权利又称“优先认股权”或者“配股权”。

（二）普通股票股东的义务

《中华人民共和国公司法》规定，公司股东应当遵守法律、行政法规和公司章程，依法行使股东权利，不得滥用股东权利损害公司或者其他股东权益，不得滥用公司法人独立地位和股东有限责任损害公司债券人的利益。公司股东滥用股东权利给公司或者其他股东造成损失的，依法承担赔偿责任。公司股东滥用公司法人独立地位和股东有限责任逃避责任、严重损坏债权人收益的，应当对公司债务承担连带责任。公司的控股股东、实际控制人、监事、理事、高级管理人员不得利用其关联关系损害公司利益。如有违反有关规定，给公司造成损失的，应当承担赔偿责任。

七、优先股票的有关内容

（一）优先股票的含义

优先股票是与普通股票相对而言的，是指股东享有某一些优先权利的股票。比如：优先分配公司盈利和剩余财产。与普通股相比，优先股票在其股东权利上附加了一些特殊条件，是特殊股票中最重要的一种。一方面，优先股票作为一种股权证书，代表对公司的所有权，这一点它与普通股票是相同的；但是优先股票的股东又不具备普通股票股东所具有的基本权利，它有一些权利是优先的，有一些权利是受限制的。如不能参与公司的经营管理和重大决策。另一方面，优先股票也兼有债券的某些特点，它在发行时，事先确定好了股息收益，就像债券利息率事先固定一样。也就是说，优先股票股东获得固定收益，其收益并不随市场股价变动发生变化。

优先股票是一种特殊股票，虽然不是最主要的品种。但是它的存在对于股份公司和投资者来说仍具有一定意义。首先，对于股份公司而言，发行优先股票可以募集长期稳定的公司股本，又因其股息率固定，减轻了公司利润的分派负担。另外，优先股票股东无表决权，这样可以避免公司经营决策权的改变和分散。其次，对投资者而言，由于优先股票的股息收益稳定，而且在财产清偿时，也先于普通股票的股东，因而风险相对较小，不失为一种较安全的投资对象。在国外，大部分优先股票为保险公司、养老基金等稳健型机构投资者持有。当然持有优先股票并不总是有利的，当公司经营良好、盈利丰厚的时候，优先股票的股息收益可能大大低于普通股票收益。

（二）优先股票的特征

（1）股息率固定。优先股票通常预先定明股息收益率。由于优先股票股息率事先固定，因此优先股票的股息一般不会根据公司经营情况而增减，而且一般也不能参与公司的分红，但优先股票可以先于普通股获得股息，对公司来说，由于股息固定，它不影响公司的利润分配。

（2）股息分派优先。在股份公司营利分配顺序上，优先股票排在普通股票之前。各国公司法对此一般都规定：公司营利首先应该支付债权人本金和利息，缴纳税金；其次是支付优先股票股息；最后才分配普通股票股利。因此，从风险角度看，优先股票风险小于普通股票。

（3）剩余资产分配优先。当股份公司解散或者破产清算时，在对公司剩余财产分配上优先股票股东排在债权人之后，普通股票股东之前。也就是说，优先股票股东可优先于普通股票股东分配公司剩余资产。但一般是按照优先股票股面值清偿。

（4）优先股的权利范围小。优先股票的股东权利是受限制的，最主要是表决权的限制。普通股票股东参与股份公司经营决策主要是通过参加股东大会行使表决权，而优先股票股东一般情况下没有选举权和被选举权，对股份公司的重大经营无投票表决权，但在某些情况下可以享有投票权，如讨论涉及优先股票股东权利的议案时，他们才可以行使表决权。

（三）优先股票的种类

优先股票有如下分类：

（1）累积优先股票和非累积优先股票。这种分类的主要依据是优先股票股息在当年未能足额分配时，能否在以后年度补发。

累积优先股票指的是将以往营业年度内未支付的股息累积起来，由以后营业年度的盈利一起支付的优先股票。股份公司发行累积优先股票的目的是保证优先股票的股东收益不会因为公司盈利状况的波动而减少。由于规定了未发放的股息，待以后年度一起发放，这就有利于保护优先股票投资者的利益。

非累积优先股票是按当年盈利分派股息，未足额的股息不能累积补付优先股票。非累积优先股票的股息分派是以每个营业年度为界，当年结清。如果本年度的盈利不足以支付全部优先股票股息，对所欠部分，公司将不予累积计算，优先股票股东也不得要求在以后的营业年度中补发。

（2）参加分配优先股票和不参加分配优先股票。这种分类的依据是在公司营利较多年份里，优先股票除了获得固定的股息以外，能否参与或者部分参与本期剩余盈利的分配。

参加分配优先股票是指那种不仅可以按规定分得当年的定额股息，而且还有权与普通股票股东一起参加公司利润分配的优先股票。

不参加分配优先股票是指只按规定股息率分取股息，不参加公司利润分配的优先股票。不参加分配优先股票是一般意义上的优先股票，其优先权不是体现在股息多少上，而是在分配的顺序上。

（3）可转换优先股票和不可转换优先股票。这种分类的依据是优先股票在一定条件下能够转换成其他品种。

可转换优先股票是持股人可以在特定条件下把优先股票转换成其他品种的优先股票。在大多数情况下，股份公司股票转换是由优先股票转换成普通股票或由一种优先股票转换成其他优先股票。

不可转换优先股票是指不能转换成普通股票或公司债券的优先股票。这种不可转换优先股票没有给投资者提供改变股票种类的机会。

（4）可赎回优先股票和不可赎回优先股票。这种分类的依据是公司在发行优先股票后，能否赎回。可赎回优先股票是指股票发行公司可以按一定价格赎回的优先股票。不可赎回优先股票是指股票发行公司无权从股票持有人手中赎回的优先股票。

（5）股息可调整优先股票和股息不可调整优先股票。这种分类的依据是股息是否允许变动。

股息可调整优先股票是股票发行后，股息率可以根据情况按规定调整的优先股票。这种优先股票与一般优先股票股息率事先固定的特点不同，它的特性是股息率是变动的，但是股息率的变动一般与公司经营的状况无关，而主要是随市场上其他债券价格或者银行存款利率的变化作调整。发行这种股票有利于保护股票投资者的利益，也有利于扩大股票的发行量。

股息不可调整优先股票就是股票发行后股息率不再变动的优先股票。大多数优先股票的股息率是固定的，一般意义上的优先股票就是指股息不可调整优先股票。

第二节　债券

一、债券的含义、特征和分类

（一）债券含义

债券是一种有价证券，是社会各类经济主体为了募集资金而向投资者出具，承诺按照一定利率定期支付利息并到期偿还本金的债权债务凭证。债券是一种虚拟资本，是债权债务的表现。作为债权关系凭证，一般是以有一定格式的票面形式来表现的，通常债券有以下几个基本要素：

（1）债券面值。债券面值是指债券的票面价值，是发行人对债券持有人在债券到期后应偿还的本金数额，也是企业向债券持有人按期支付利息的计算依据。

（2）偿还期。债券偿还期是指企业债券上载明的偿还债券本金的期限，即债券发行日至到期日之间的时间间隔。

（3）付息期。债券的付息期是指企业发行债券后的利息支付的时间。它可以是到期一次支付，或 1 年、半年或者 3 个月支付一次。

（4）票面利率。债券的票面利率是指债券利息与债券面值的比率，是发行人承诺以后一定时期支付给债券持有人报酬的计算标准。

（5）发行人名称。发行人名称指明债券的债务主体，为债权人到期追回本金和利息提供依据。

上述要素是债券票面的基本要素，但在发行时并不一定全部在票面印制出来。

（二）债券特征

（1）偿还性。债券是有期限的，债券发行人，承诺按照一定利率支付给投资人利息，并且到期向投资者偿还本金。一般债券都具有偿还性，个别债券除外，如永久债券。

（2）流动性。流动性是指债券可以在证券市场上转让流通。债券具有流动性，持券人需要现金时可以在证券市场上随时卖出或者到银行以债券作为抵押品取得抵押借款。债券的流动性一般仅次于储蓄存款。

（3）安全性。债券的安全性，表现在债券持有人到期能无条件地收回本金。各种债券在发行时都要规定一定的归还条件，只有满足一定的归还条件才会有人购买。为了保护投资者的利益，债券的发行者都要经过严格审查，只有信誉较高的筹资人才被批准发行债券，而且公司发行债券大多需要担保。当发行公司破产或清算时，要优先偿还债券持有者的债券。因此，债券的安全性还是有保障的，比其他的证券投资风险要小得多。

（4）收益性。收益性是指债券持有人可以定期从债券发行者那里获得固定的债券利息。债券利率通常高于存款利率。债券的收益率并不完全等同于债券的票面利率，而主要取决于债券的买卖价格。

（三）债券的分类

（1）按照发行主体的不同，债券可分为政府债券、金融债券、公司债券。

① 政府债券。政府债券的发行主体是政府，中央政府发行的债券被称为“国债”。政府发行债券的目的主要是用来解决由政府投资的公共设施和重大工程项目建设资金的需要和弥补国家财政赤字。政府债券是凭借国家信用发行，其利息支付以国家税收为主要来源，安全性最高。

② 金融债券。金融债券的发行主体是银行或者非银行的金融机构。金融机构一般资金实力比较雄厚，信用度较高，因此，金融债券往往也有良好的信誉，安全性较高。

③ 公司债券。公司债券是公司依照法定程序发行，约定在一定期限还本付息的有价证券。公司债券的发行主体一般是股份公司，但是有一些国家也允许非股份制的企业发行债券。在分类时，可以将公司债券和企业发行债券合并在一起，称“公司（企业）债券”。

（2）根据债券发行条款中规定是否在约定期限向债券持有人支付利息，债券可分为贴现债券、附息债券、息票累积债券。

① 贴现债券。贴现债券又被称为“贴水债券”。贴现债券是指在票面上不规定利率，发行时按某一折扣率，以低于票面金额的价格发行，发行价与票面金额之间的差额相当于预先支付的利息，到期按照票面金额偿还本金的债券。

② 附息债券。附息债券的合约中明确规定，在债券存续期间，对持有人定期支付利息（通常每半年或者每年支付一次利息）。按照计息方式的不同，这类债券还可分为固定利率债券和浮动利率债券。固定利率债券是指利息率固定不变的附息债券，浮动利率债券是指发行时规定债券利率随市场利率定期浮动的债券。

③ 息票累积债券。与附息债券相似，这类债券也规定了票面利率，但是债券持有人必须在债券到期时一次性获得本息，存续期间没有利息支付。

（3）按募集方式不同，债券可以分为公募债券和私募债券。

① 公募债券。公募债券是指发行人向不特定的社会公众公开发行的债券。公募债券的发行量多，持有人数众多，可以在公开市场上市交易，流动性好。

② 私募债券。私募债券是发行者向与其有特定关系的少数投资者募集的债券。该债券的发行范围很小，其投资者大多数为银行或保险公司等金融机构，它不采用公开呈报制度，债券的转让也受到一定程度的限制，流动性较差，但其利率水平一般较公募债券要高。其发行手续简单，一般不能公开上市交易。

（4）按照有无担保，可以将债券分为有担保债券和无担保债券。

① 有担保债券。有担保债券是指以抵押财产为担保发行的债券。按照抵押财产性质的不同，有担保债券又可以分为抵押债券、质押债券和保证债券。抵押债券是以不动产作为抵押而发行的债券，这种债券是以房屋、土地等不动产作为抵押品而发行的债券。质押债券是以动产或者权利作为担保，通常是以股票、债券或者其他证券为担保，发行人主要为股份公司，用作质押的证券可以是它持有的子公司的股票或者债券、其他公司的股票或者债券，也可以是公司自身的股票或债券。保证债券是以第三人作为担保，担保人担保全部本息，或仅担保利息。

② 无担保债券。无担保债券又称信用债券，仅凭发行人的信用发行，无抵押品或担保人进行担保。

（5）根据债券券面形态的不同，可以将债券分为实物债券、凭证式债券和记账式债券。

① 实物债券。实物债券是一种具有标准格式、实物券面的债券。在标准格式的券面上，一般印有债券面额、债券利率、债券期限、债券发行人全称、还本付息方式等各种债券票面要素。

② 凭证式债券。凭证式债券的形式是债权人认购债券的一种收款凭证，而不是债券发行人印制的标准化格式的债券。这种债券一般不能上市流通转让，从购买之日起计息。在持有期内，如遇特殊情况需要提取现金，可以到购买网点提前兑取。

③ 记账式债券。记账式债券是指没有实物形态的票券，其利用证券账户，通过电脑系统交易完成债券的发行、交易及兑付的全过程。我国 1994 年开始发行。记账式债券可记名，可挂失，具有成本低、收益好、安全性好、流通性强的特点。

二、债券与股票的异同

（一）债券与股票的相同点

（1）债券与股票都属于有价证券。尽管债券与股票有各自的特点，但它们都属于有价证券。债券与股票作为有价证券体系的一员，是虚拟资本，但又是真实资本的代表。持有债券或者股票，都能够获得一定收益，并能行使各自权利和流通转让。债券和股票都在证券市场上交易，是各国证券市场的两大支柱交易工具。

（2）债券和股票都是筹措资金的手段。债券和股票都是有关经济主体为募集资金而发行的有价证券。经济主体在社会经济生活中必然会产生资金需求，从融资角度看，债券和股票都是一种融资手段，属于直接融资。与向银行贷款间接融资相比，发行债券和股票融资，数额大、时间长、成本低且不受银行贷款条件限制。

（二）债券与股票的区别

（1）权利不同。债券是一种债权凭证，债券持有人和发行人之间是一种债权债务关系；债券持有者只可按期获得利息，到期收回本金，无权参与公司的经营决策；股票是一种所有权凭证，股票所有者是发行股票公司的股东，可以通过参加股东大会选举董事，参与公司重大事项的审议和表决，行使对公司的决策权和监督权。

（2）目的不同。发行债券是公司追加资金的需求，它属于公司负债，不是资本金。发行股票则是股份公司创立或者增加资本的需要，筹措资金列入公司资本。

（3）发行主体不同。发行债券的经济主体很多，中央政府、地方政府、金融机构、公司企业等一般都能发行债券，但是发行股票必须是股份有限公司。

（4）期限不同。债券一般是有规定偿还期的，债券到期时债券发行人必须偿还本金，因此债券属于有期限证券。股票通常是无需偿还的，一旦投资入股，股东不能从股份公司抽回本金，因此股票是无期限的证券，但是股票持有者可以在二级市场转让以收回投资本金。

（5）收益不同。债券一般有规定的票面利率、固定的利息。股票股息红利是不固定的，一般视公司经营状况而定。

（6）风险不同。债券风险小，股票的风险大。这是因为：第一，债券的利息收益是固定的，属于费用范畴；股票的股息红利是公司利润的一部分，公司有营利才能支付，而且支付顺序是列在债券利息支付和纳税之后；第二，若公司破产时，清算资产有余额偿还的时候，债券偿付在前，股票偿付在后；第三，在二级市场上，债券因其利率固定、期限固定、市场价格也较稳定，股票无固定股息和期限，受各种宏观和微观因素影响，市场价格波动频繁，涨跌幅度较大，因而股票风险相对较大。

三、影响债券期限和利率的主要因素

影响债券期限的主要因素一般包括：资金的使用方向、市场利率的变化和债券的变现能力。如果是满足短期周转资金的需要，则发行的是短期债券，如果是为了弥补中长期资金不足，则发行的是中长期债券；市场利率较高的时候，一般经济主体选择发行短期债券，在市场利率较低的时候，经济主体一般会选择发行中长期债券；债券的变现能力也和债券期限相关，一般期限越短，变现能力越强，反之变现能力较弱。

影响债券利率的因素主要包括借贷资本市场的利率水平、筹资者的资信、债券期限的长短等。债券利率水平是随着借贷资本市场利率水平的变化而变化的。借贷资本市场的利率水平较高，则经济主体发行债券的利率水平相应就比较高；若整体借贷资本市场利率水平较低，则发行的债券利率水平相应会较低。筹资者的资信状况直接影响债券的利率水平高低。若筹资者信用等级较高，则可以以较低的利率筹集资金，如果筹资者的信用等级较低，债券的风险较高，投资者要求的投资回报率就会较高，也就是债券的利率较高。债券期限长短也影响债券的利率水平，一般长期债券的利率高于短期债券的利率。

四、债券发行方式

（1）定向发行。定向发行又被称为“私募发行”“私下发行”，即面向特定投资者发行。一般由债券发行人与某些机构投资者，如人寿保险公司、养老基金、退休基金等直接洽谈发行条件和其他具体事务，属直接发行。

（2）承购包销。承购包销是指发行人与由商业银行、证券公司等金融机构组成的承销团通过协商条件签订承购包销合同，由承销团分销拟发行债券的发行方式。

（3）招标发行。招标发行是指通过招标方式确定债券承销商和发行条件的发行方式。按照国际惯例，根据标的物的不同，招标发行可分为价格招标、收益率招标；根据中标规则的不同，可分为荷兰式招标（单一价格中标）和美式招标（多种价格中标）。

五、债券发行价格

债券的发行价格是指投资者认购新发行的债券时实际支付的价格。债券的发行价格可以分为：① 平价发行，即债券的发行价格与面值相等；② 折价发行，即债券以低于面值的价格发行；③ 溢价发行，即债券以高于面值的价格发行。在面值一定的情况下，调整债券的发行价格可以使投资者的实际收益率接近市场收益率的平均水平。

债券发行的定价方式以公开招标最为典型，按照招标标的不同可分为价格招标和收益率招标；按照价格决定方式的不同可分为美式招标和荷兰式招标。以价格为标的的荷兰式招标，是以募满发行额为止所有投标者的最低中标价格作为最后中标价格，全体中标者的中标价格是单一的；以价格为标的的美式招标，是以募满发行额为止中

标者各自的投标价格作为各中标者的最终中标价，各中标者的认购价格是不同的。以收益率为标的的荷兰式招标，是以募满发行额为止的中标者最高收益率作为全体中标者的最终收益率，所有中标者的认购成本是相同的；以收益率为标的的美式招标，是以募满发行额为止的中标者所投标的各个价位上的中标收益率作为中标者各自的最终中标收益率，各中标者的认购成本是不相同的。一般情况下，短期贴现债券多采用单一价格的荷兰式招标，长期付息债券多采用多种收益率的美式招标。

六、债券发行流程

债券发行流程如图 2 – 1 所示。

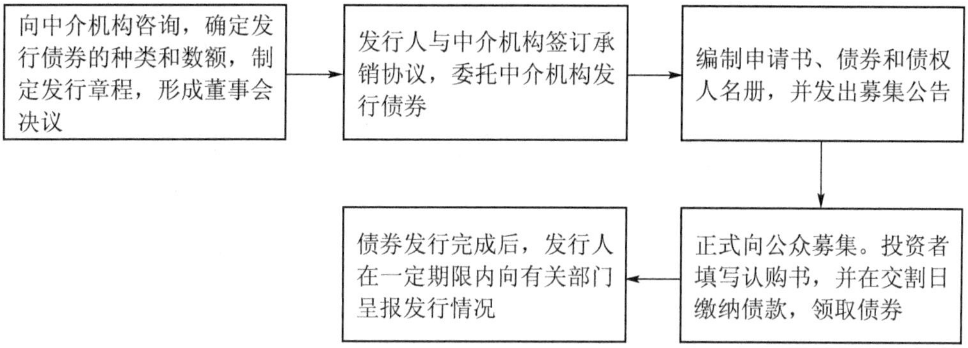

图 2 – 1　债券发行流程

七、债券的信用评级

进行债券信用评级的最主要原因，是为广大投资者提供投资决策的重要参考。由于受到时间、知识和信息的限制，广大投资者尤其是中小投资者无法对众多债券进行分析和选择，因此，专业的信用评级机构做出的公开、权威性的资信评级，就成了投资者衡量其投资风险及评估其投资价值的最主要依据。此外，债券信用评级还有助于高资信的发行人降低筹资成本，帮助证券监管机构加强对债券的管理等。

目前，国际上公认的最具权威的信用评级机构，主要有美国的标准普尔公司和穆迪投资服务公司。它们都是独立的私人企业，不受政府控制。由于拥有详尽的资料，采用先进的科学分析技术，又有丰富的实践经验和大量专门人才，因此，做出的信用评级具有很高的权威性和参考价值。标准普尔公司信用等级标准从高到低可划分为：AAA 级、AA 级、A 级、BBB 级、BB 级、B 级、CCC 级、CC 级、C 级和 D 级。穆迪投资服务公司信用等级标准从高到低可划分为：Aaa 级、Aa 级、A 级、Baa 级、Ba 级、B 级、Caa 级、Ca 级和 C 级。两家机构对信用等级标准的划分大同小异，前四个级别债券信誉高，违约风险小，是“投资级”债券，从第五级开始的债券信誉低，是“投机级”债券。

第三节　证券投资基金

一、证券投资基金的概述

（一）证券投资基金的概念

证券投资基金是指通过发行基金份额，集中投资者的资金，由基金托管人托管、基金管理人管理和运用的资金，从事股票、债券等金融工具投资，并将投资收益按照基金投资者的投资比例进行分配的一种投资方式。

（二）证券投资基金的特征

（1）集合投资。基金的特点是将零散的资金汇集起来，交给专业机构投资于各类金融工具，以谋取资产的增值。

（2）分散风险。以科学的投资组合降低风险，提高收益是证券投资基金的另一大特点。在投资活动中，风险和收益总是并存的。因此，不能将鸡蛋放在一个篮子里。通过多元化的投资组合，一方面借助于资金庞大和投资者众多的优势使每个投资者面临的风险变小，另一方面，利用不同投资对象收益率变化的相关性，达到分散投资的目的。

（3）专业理财。将分散的资金集中起来，以信托方式交给专业机构进行投资运作，既是证券投资基金的一个重要特点，也是它的一个重要功能。

我国的证券投资基金业经过近年的发展，已经成为证券市场上举足轻重的力量。证券投资基金在美国称为“共同基金”，我国香港地区和英国称“单位信托基金”，我国台湾省和日本则称“证券投资信托基金”。

证券投资基金主要投资于股票、债券，但是基金本身与股票、债券有明显区别。股票反映的是所有权关系，债券反映的是债权债务关系，而契约型基金反映的是信托关系。股票、债券筹集资金主要是投向实业，而基金筹集的资金主要是投向其他证券。收益风险水平也不同：股票的收益取决于发行公司的经营效益，不确定性强，投资于股票有较大风险；债券的收益取决于债券利率，而债券利率一般是事先确定的，投资风险较小；基金主要投资于有价证券，投资选择灵活多样，从而使基金的收益有可能高于债券，投资风险又可能小于股票。因此，基金能满足那些不能参与股票或者债券投资的个人或者机构的需要。

二、证券投资基金的分类

（一）按组织形式的不同，基金可分为契约型基金和公司型基金

契约型基金又称为单位信托基金，是指把投资者、管理人、托管人三者作为基金当事人，通过签订基金契约的形式发行收益凭证而设立的一种基金。契约型基金在英国、新加坡、中国香港等国家和地区十分流行，我国目前也采用契约型基金形式。契约型基金是基于契约原理而组织起来的代理行为，没有基金章程，也没有公司董事

会，而是通过基金契约来规范三方当事人的行为。基金管理人负责基金的管理操作；基金托管人作为基金资产的名义持有人，负责基金资产的保管和处置，对基金管理人的运作进行监督。

公司型基金是依据基金公司章程设立的、具有独立法人地位的股份投资公司。公司型基金是以发行股份的方式来募集资金，投资者则因为认购基金而购买该公司的股份，也就成为该公司的股东，凭其持有的股份依法享有投资收益。公司型基金由股东选举董事会，由董事会聘请基金管理公司运作基金的投资业务。美国的基金多采用公司型。

（二）按运作方式的不同，基金可分为封闭式基金和开放式基金

（1）封闭式基金是指经核准的基金份额总量在基金合同存续期内固定不变，基金份额不能赎回，但可以上市交易。基金发起人在设立基金时，限定了基金份额的发行总量，筹集到这个总量后，基金即宣告成立，并进行封闭，在存续期内不再接受新的投资。基金期限届满即为基金终止，管理人组织清算小组对基金资金进行清产核资，并将清产核资后的基金净资产按照投资者出资的比例进行分配。

（2）开放式基金是指基金份额总量不固定，基金份额可以在基金合同约定的时间和场所申购和赎回的基金。为了满足投资者中途赎回资金的要求，开放式基金一般在基金资产中保持一定比例的现金以保证足够的流动性。

（3）封闭式基金和开放式基金的区别。

① 期限不同。封闭式基金有固定的封闭期，通常在 5 年以上，一般为 10 年或者 15 年，经受益人大会通过并经主管机关同意，可以适当延长期限。而开放式基金没有固定期限，投资者可随时向基金管理人申请赎回基金份额。

② 发行规模限制不同。封闭式基金在招募说明书中列明其基金规模，在封闭期限内未经法定程序认可，不能再增加发行。开放式基金没有规模限制，投资者可以随时提出认购或者赎回申请，基金规模也随着改变。

③ 基金份额的交易方式不同。封闭式基金的基金份额在封闭期限内不能赎回和申购，持有人只能在证券交易所出售和购买。开放式基金的投资者则可以在首次发行结束一段时间后，随时向基金管理人或者中介机构提出购买或赎回的申请，一般不上市交易。

④ 基金份额交易价格的计算标准不同。封闭式基金与开放式基金的基金份额除了首次发行价都按照面值加一定百分比的购买费计算外，以后的交易计价方式就不同了。封闭式基金的买卖价格受市场供求关系的影响，常出现溢价或者折价现象，并不反映基金净资产值。开放式基金的交易价格则取决于每一基金份额净资产值的大小，其申购价一般是基金份额净资产值加一定的申购费，赎回价是基金份额净资产值加上一定的赎回费，不直接受市场供求的影响。

（三）按投资标的不同，基金可分为债券基金、股票基金等

（1）债券基金是一种以债券为投资对象的证券投资基金，它通过集中众多投资者的资金，对债券进行组合投资，寻求较为稳定的收益。其主要包括政府公债基金、

市政债券基金、公司债券基金和国际债券基金。整体来看，投资于债券，定期有利息回报，到期还承诺还本付息，因此债券基金的收益较为稳定。债券基金主要追求当期较为固定的收入，相对于股票基金而言缺乏增值的潜力，较适合不愿过多冒险、谋求当期稳定收益的投资者。债券基金的管理费也相对较低。

（2）股票基金。股票基金是以股票为主要投资对象的证券投资基金。投资目标侧重于追求资本利得和长期资本增值。基金管理人拟定投资组合，以达到分散投资、降低风险的目的。

（3）货币市场基金。货币市场基金是以货币市场投资工具为投资对象的一种基金，其投资工具期限在一年内，包括银行短期存款、国库券、银行承兑票据及商业票据等。货币市场基金风险低、管理费用低。

（4）混合型基金。混合型基金是在投资组合中既有成长型股票、收益型股票，又有债券等固定收益投资的共同基金。混合型基金设计的目的是让投资者通过选择一款基金品种就能实现投资的多元化，而无需去分别购买风格不同的股票型基金、债券型基金和货币市场基金。混合型基金会同时使用激进和保守的投资策略，其回报和风险要低于股票型基金，高于债券和货币市场基金，是一种风险适中的理财产品。一些运作良好的混合型基金回报甚至会超过股票基金的水平。

（5）指数基金。指数基金是指通过构造投资组合，追踪某一估价指数或债券指数，收益随着标的指数的变化而变动的基金。指数基金管理费用较低，由于指数组合属于分散化投资，风险相对较小，可以为投资者提供市场平均的收益率。

（四）按投资目标的不同，基金可分为成长型、收入型和平衡型基金

（1）成长型基金是基金中最常见的一种，它追求的是基金资产的长期增值。基金管理人通常将基金资产投放于信誉度较高、有长期成长前景或者长期盈利能力的公司股票。其具体又可以分为稳健成长型基金和积极成长型基金，后者投资风格更为激进。

（2）收入型基金。投资的资产成长潜力较小，但风险也相对较低，一般可分为固定收入型基金和股票收入型基金，前者主要投资于债券类资产。

（3）平衡型基金。平衡型基金的投资目标是既要获得当期收入，又要追求长期增值。通常把资金分散投资于股票和债券，投资的股票主要是高成长股票与收入型股票，以保证资金的安全性和营利性的平衡。其投资策略是将资产分别投资于两种或者多种不同特性的证券上，在以取得收入为目的的债券、优先股股票和以资本增值为目的的普通股股票之间平衡。

三、基金当事人及其关系

（一）基金当事人

1. 基金份额持有人

基金份额持有人即基金的投资者，是基金的出资人、基金资产的所有者和基金投资回报的受益人。基金份额持有人的基本权利包括对基金收益的享有权、对基金份额

的转让权和在一定程度上对基金经营决策的参与权。同时，基金持有人必须承担一定的义务，包括：遵守基金契约，缴纳基金认购款项及规定的费用，承担基金亏损或者终止有限责任；不从事任何损坏基金及其他基金投资人合法权益的活动；在封闭式基金存续期间，不得要求赎回基金份额及法律、法规及基金契约规定的其他义务。

2. 基金管理人

基金管理人是负责基金发起设立与基金管理的专业性机构，不仅负责基金的投资管理，而且承担着产品设计、基金营销、基金注册登记、基金估值、会计核算和客户服务等多方面的职责。《中华人民共和国证券投资基金法》规定，基金管理人由依法设立的基金管理公司担任，基金管理公司通常由证券公司、信托投资公司或者其他机构等发起成立，具有独立法人地位。基金管理人作为受托人，必须履行“诚信义务”。基金管理人的目标函数是受益人利益的最大化，因而不得出于自身利益的考虑损害基金持有人的利益。

3. 基金托管人

基金托管人，又称为基金保管人，是根据法律法规的要求，在证券投资基金的运作中承担资产保管、交易监督、信息披露、资金清算与会计核算等相应职责的当事人。基金托管人是基金持有人权益的代表，通常由有实力的商业银行或者信托投资公司担任。基金托管人与基金管理人签订托管协议，在托管协议规定的范围内履行自己的职责并收取一定的报酬。

（二）基金当事人之间的关系

1. 持有人与管理人之间关系

在基金的当事人中，基金份额的持有人通过购买基金份额或者基金股份，参加基金投资并将资金交给基金管理人管理，享有基金投资的收益权，是基金资产的终极所有者和基金投资收益的受益人。基金管理人，是指接受基金份额持有人的委托，负责对所筹集的资金进行具体的投资决策和日常管理，并有权委托基金托管人保管基金资产的金融中介机构。因此，基金份额持有人与基金管理人之间是委托人、受益人与受托人的关系，也是所有者和经营者之间的关系。

2. 管理人与托管人之间的关系

管理人和托管人之间是相互制衡的关系。基金管理人是基金的管理者和组织者，负责基金资产的经营，是基金运营的核心；托管人是由主管机关认可的金融机构担任，负责基金资产的保管，依据基金管理机构的指令处置基金资产并监督管理人的运作是否合法合规。对基金管理人而言，处理有关证券、现金收付的具体事务交由基金托管人办理，就可以专心从事资产的运用和投资决策。基金管理人和基金托管人均对持有人负责，他们的权利和义务在基金合同或者基金公司章程中预先界定清楚，任何一方有违规之处，对方都应当监督并及时制止，直至请求更换违规方。这种相互制衡的运行机制，有利于基金信托财产的安全和基金运作的有效。其有效发挥的前提条件是基金托管人和基金管理人必须严格分开，由不具有任何关联关系的不同机构和公司担任，两者在财务上、人事上、法律地位上应该完全独立。

3. 持有人与托管人之间的关系

基金份额持有人和托管人的关系是委托与受托关系，也就是说，基金份额持有人将基金资产委托给基金托管人保管。对持有人而言，将基金资产委托给专门的机构保管，可以确保基金资产的安全性；对基金托管人而言，必须对基金持有人负责，监管基金管理人的行为，使其经营行为符合法律法规要求，为基金份额持有人的利益尽责，保证资产安全，提高资产报酬。

四、基金的费用和估值

（一）基金的费用

基金从设立、运营到终止都要支付一定的费用，基金经营的费用主要有以下几个方面：

（1）基金管理费用。基金管理费用是指从基金资产中提取的、支付给为基金提供专业化服务的基金管理人的费用。基金管理费用通常按照基金净资产的一定比率逐日计提并累计，按月支付。管理费率通常与基金规模成反比，与风险成正比。目前，我国基金大部分按照1.5%的比例计提基金管理费用，债券型基金的管理费率一般低于1%，货币型基金的管理费率为0.33%。管理费用通常从基金的股息、利息收益或从基金资产中扣除，不另外向投资者收取。

（2）基金托管费。基金托管费是指基金托管人为保管和处置基金资产而向基金收取的费用。托管费通常按照基金资产净值的一定比率提取，逐日计算并累计，按月支付给托管人。托管费从基金资产中提取，费率也因基金种类不同而异。目前，我国封闭式基金按照0.25%的比例计提基金托管费，开放式基金根据基金合同的规定比例计提，通常低于0.25%。股票型基金的托管费率要高于债券型基金及货币市场基金的托管费率。

（3）其他费用。证券投资基金的费用还包括：封闭式基金上市费用，证券交易费用，基金信息披露费用，基金持有人大会费用，与基金相关的会计师、律师等中介机构费用，基金分红手续费，清算费用，法律、法规及基金契约规定可以列入的其他费用。

（二）基金的估值

基金管理人作为基金受托人，必须采取一定的方式向投资者表明基金的运作情况，其主要方法是对基金资产进行估值，并定期公布基金的资产净值。

（1）基金资产净值。基金资产总值是指基金所拥有的各类证券的价值、银行存款本息、基金应收的申购基金款以及其他投资所形成的价值总和。基金资产净值是指基金资产总值减去基金负债后的价值。基金份额净值是指某一时点上每份基金份额实际代表的基金资产净值。计算公式如下：

$$\text{基金资产净值} = \text{基金资产总值} - \text{基金负债}$$

$$\text{基金份额净值} = \text{基金资产净值} \div \text{基金总份额}$$

基金资产净值是衡量一个基金经营业绩的主要指标，也是基金份额交易价格的内在价值。一般情况下，基金份额的价格与资产净值趋于一致。尤其是开放式基金，其基金份额的申购或者赎回价格都直接按基金份额净值计算。封闭式基金在证券交易所上市，其价格除取决于基金份额净值外，还受到市场供求关系等多种因素的影响，所以其价格与份额净值常发生偏离。

（2）基金资产的估值。基金资产的估值是指计算和评估基金资产和负债的价值，以确定基金资产净值和基金份额净值的过程。估值的目的是客观、准确地反映基金资产的价值和基金资产净值，进而计算基金份额净值，为确定基金份额转让价格尤其是开放式基金申购与赎回价格提供依据。基金管理人应在每个交易日进行估值，但遇到法定节假日、不可抗力等特殊情况，可以暂停估值。估值需遵循《企业会计准则》和证监会相关规定。

第四节　金融衍生工具

金融衍生工具是指价值依赖于原生性金融工具的金融产品，原生性金融工具一般指股票、债券、存单、货币等。20 世纪 70 年代以来金融衍生工具得到了迅速发展，已经形成了一个新的金融产品“家庭”。但是金融衍生工具是一把双刃剑：一方面，金融衍生工具是一种能够规避风险的、灵活方便且交易成本日趋降低的手段，能够促进现代经济的发展；另一方面，它也可能引发过度投机，扩大金融风险，甚至引发金融危机。我国目前的金融衍生工具市场处于起步阶段，品种少、规模小，但是随着资本市场的发展和金融风险的提高，衍生金融工具市场必然会有较快的发展。

一、远期合约

远期合约，是指交易双方同意在将来的某一确定的日期，按事先规定的价格买入或出售既定数量的某种资产的一种协议。常用的两类远期合约是：远期利率协议和远期外汇协议。远期利率协议是交易双方为了规避未来利率波动的风险或为了在未来利率波动上进行投机而约定的一份协议。远期利率协议是在固定利率下的远期对远期的贷款，但没有实际贷款的交付，因此，它是资产负债表以外的金融工具。远期外汇协议是交易双方为了规避利差或外汇互换价差，或者为了在两者的波动上进行投机而约定的协议，是资产负债表外的远期对远期的外汇互换交易。

二、期货合约

期货是相对于现货市场而言的，是在现货交易和现货远期交易的基础上发展起来的。所谓期货交易，就是指在期货交易所内集中买卖标准化期货合约的交易。这种交易是由回避价格波动风险的生产者、经营者和愿意承担价格风险以获取风险利润的投机者参加，交易所承担履约担保责任，并根据公开、公正、公平竞价的方式进行的。

人们买卖期货合约的一个原因就是他们对某一类资产价格的未来变化方向持不同意见，并希望价格按他们所预测的方向变化，从而获取利润。另一个原因就是在将来某个具体的日期按已知价格买卖资产以避免由于价格波动而带来的风险。

1. 期货交易的特点

(1) 合约买卖。期货交易是通过买卖期货合约进行的，而期货合约是标准化的合约。在合约中，商品的规格、品质、数量、交货时间、交货地点都是既定的，唯一的变量是价格，而期货价格是在交易所内以公开竞价方式达成的。

(2) 场内交易。期货交易是在期货监督管理机构批准的交易所进行的。期货交易所为期货交易汇聚了众多的买方和卖方，并通过各种严格的制度对交易行为进行规范，为交易履约提供担保。

(3) 杠杆机制。期货交易需要交纳一定数额的履约保证金，并且在交易过程中，始终要维持一个最低保证金水平。期货合约保证金比例越低，期货交易的杠杆作用就越大，高收益和高风险的特点就越明显。

(4) 买空卖空。期货交易最后进行实物交割的比例很小。大部分交易通过“对冲”操作来解除履约的责任。因此，期货交易一般是一种见钱不见物的交易，即所谓“买空卖空”。在期货价格上升时，投资者可通过低买高卖来获利；在期货价格下跌时，可通过高卖低买来获利，从而使投资者有双向的投资机会。

(5) 当日无负债。期货交易实行当日无负债的结算制度，每个交易日结束后，对交易者当天的盈亏状况进行结算。在不同交易者之间，根据盈亏情况进行资金划转，当交易者保证金账户资金不足时，则必须在下一个交易日开市前及时追加保证金或采取减仓措施。

我们可通过表 2－1 了解现货交易、远期交易和期货交易的区别：

表 2－1　现货交易、远期交易、期货交易的区别

比较内容	现货交易	远期交易	期货交易
交易对象	商品本身	商品本身	期货合约
交易目的	一手交钱，一手交货，以获得或转让商品所有权	获得或转让商品所有权，锁定价格风险	转移现货市场价格风险；从期货市场的价格波动中获得风险利润
交易场所	没有固定交易场所	没有固定交易场所	必须在期货交易场所内进行交易
交易方式	一对一谈判签订合同，具体内容由双方商定	一对一谈判签订合同，具体内容由双方商定	以公开、公平、公正竞价的方式进行交易
交割方式	现货交割	现货交割	对冲平仓（大多数）、实物交割、现金交割
交易品种	进入流通的商品	交易品种较多	经国务院期货监督管理机构批准的、在交易所挂牌交易的商品、金融产品及其相关指数产品

2．期货合约的品种

（1）商品期货

① 农产品期货。期货发展初期主要以农产品的避险为主，因此农产品可以说是最古老的期货商品。以谷物（小麦、玉米、燕麦）为主要品种，另外还有畜产品，以及其他软性产品，如咖啡、可可、蔗糖等经济作物。

② 金属期货。金属期货又可分为贵金属期货如黄金、白银等，以及一般金属期货如铜、铝等。

③ 能源期货。能源期货主要以石油及其附属产品（原油、燃油、汽油等）为主。

（2）金融期货

金融期货是一种交易双方在未来特定日期或期限内按事先协商的价格交割一定数量的金融商品的合约。金融期货种类很多，常见的有利率期货、外汇期货和股价指数期货等。

① 利率期货。利率期货指按事先约定好的价格条件，在将来特定的时间购买或出售指定数量的有固定收入的有价证券的标准化协议。利率期货都是以有固定收入的有效证券为标的物的，其合约价格受当前和未来利率的影响很大。按照基础债券的期限长短划分，利率期货主要包括短期债券期货和中长期债券期货。短期债券期货是指基础债券的期限不超过1年的利率期货。中期债券期货是指基础债券的期限在1—10年之间的利率期货。长期债券期货是指基础债券的期限超过10年的利率期货。

② 外汇期货。外汇期货也称货币期货，是一种以外汇作为交易对象的期货，规定买卖双方在指定的日期内以合同所规定的汇价购买或出售某一指定数额的外汇。外汇期货的定价理论上应等于远期外汇的价格，如果两者不相等，套汇交易便会产生，促使两个价格趋向一致。外汇期货合约是高度标准化的协议，每份合约都规定了货币金额、最小价格变动单位、每日价格最高和最低波动幅度以及特定的交割日等。

③ 股价指数期货。股价指数期货是指保证在将来某时刻以既定价格向合约持有者提供既定的“指数”所代表金额的合约，期货标的资产是股价指数。股价指数期货的主要特点是以现金结算，而不进行实物交割。股价指数反映了一个股票组合的价值变化，指数上升的百分比是同一时期内该组合内所有股票总价值上升的百分比。

3．期货市场的功能

（1）回避价格风险

商品生产者和经营者在生产和经营过程中，会遇到各种各样的风险，其中最为直接的是价格波动的风险。价格无论朝哪个方向变动，都会给一部分商品生产者或经营者造成损失，因此，产品能否以预期价格出售，原材料能否以预期价格购进，经常困扰着生产者、经营者。而通过在期货市场上进行套期保值就可以按预期的价格出售商品，也可以以预期的价格购进原材料，这就是期货市场回避价格风险的功能。

（2）发现价格

在市场经济中，生产经营者是根据市场提供的价格信号来进行经营决策的，因此，其所接收到的价格信号的真实与准确程度，直接影响到企业决策的正确性。在期货交易和期货市场产生以前，生产经营者主要依据现货市场上的商品价格进行决策，但由于现货市场多是分散的，只能代表少数买方和卖方的供求情况，且价格信号又是滞后的，难以正确反映市场供求关系及未来市场价格变动趋势。而期货市场是成千上万商品生产者、经营者通过交易所按既定的规则进行的集中竞价，集中反映了全社会的供求关系，所以能发现真实的价格水平。

（3）进行风险投资

期货交易除了回避风险、发现价格这两个最基本的功能之外，还有进行风险投资、获取风险收益的功能。这个功能主要是针对期货投机者来说的，在期货交易回避价格风险功能实现的同时，也为投机者提供了风险投资的功能。投机是期货交易中不可缺少的经济行为，是构成期货交易的基础条件之一。投机者承担了期货市场上的价格风险，也可获得风险投资收益。

三、期权合约

期权合约是指一种提供选择权的交易合约，购买期权合约的人可以获得一种在指定时间内按协定价格买进或卖出一定数量证券的权利。为了取得这一权利，期权合约的买方必须向卖方支付一定数量的费用，即期权费。买方向卖方支付一定数量的金额后，拥有在未来一段时期内或未来某一特定日期以事先规定好的价格向卖方购买或出售一定数量的特定标的的权利，但不负有必须买进或卖出的义务。期权交易事实上是这种权利的交易。买方有执行的权利也有不执行的权利，完全可以灵活选择。期权的作用在于可以使期权买方将风险锁定在一定范围内，因此期权是一种有助于规避风险的理想工具。

1．期权合约的种类

期权合约可以分为三类：看涨期权、看跌期权和组合期权。看涨期权就是合约购买者具有从卖出者那里购进证券的权利的期权合约。看跌期权是指在指定期限内，购买者有按协定价格出售一定数额证券给期权出售者的权利，卖出者有义务按协定价格买进既定数量证券。组合期权是指一个期权合约中至少包含一个看涨期权和一个看跌期权，这种组合期权作为一个单位出售；但是，可以分开履行或再出售，组合的形式可以多种多样。

金融期权按期权交易对象划分可分为外汇期权、利率期权、股票期权、股价指数期权；按权利执行时间的不同，可分为美式期权和欧式期权。

2．期权合约的盈亏分布

由于期权合约是零和游戏，买者的盈亏和卖者的盈亏刚好相反。由于多头的亏损最多是期权费，故多头可以锁定风险。同样，看涨期权空头和看跌期权空头的盈亏分布图与多头恰好相反。例：2019 年 3 月 15 日某种股票的市价为每股 20 元，其期权合约的标的物为 100 股该股票，期权费为每股 4 元，协议价格为每股 23 元，当市场价格为 23 元及 27 元时，这份看涨期权买方和卖方的净收益如图 2－2 所示。

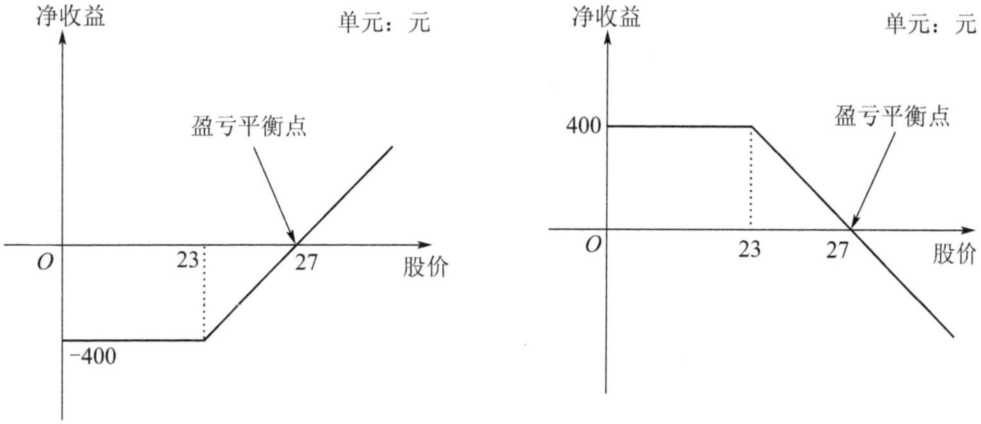

(a) 买方　　　　(b) 卖方

图 2－2　期权合约的买方和卖方净收益

四、金融互换

金融互换是两个或两个以上当事人按照商定条件，在约定的时间内，交换一系列现金流的合约。

1. 互换的理论基础

金融互换主要利用比较优势理论。根据比较优势理论，只要满足以下两个条件，就可进行互换：① 双方对对方的资产或负债有需求；② 双方在两种资产或负债上存在比较优势。

通过互换可在全球各市场之间进行套利，降低筹资者的融资成本或提高投资者的资产收益，管理资产负债组合中的利率风险和汇率风险，促进全球金融市场的一体化。

2. 互换的种类

（1）利率互换。利率互换是指交易双方为交换以同种货币表示、以不同利率基础计算的现金流而签订的协议。利率互换是一项常用的债务保值工具，用于管理中长期利率风险。利率可以有多种形式，任何两种不同的形式都可以通过利率互换进行相互转换，其中最常用的利率互换是在固定利率与浮动利率之间进行转换。利率互换不涉及债务本金的交换，即客户不需要在期初和期末与银行互换本金。

（2）货币互换。货币互换是指互换双方交换以不同货币表示、以相同或不同的利率基础计算的现金流而签订的合约。货币互换是一项常用的债务保值工具，主要用来控制中长期汇率风险，把以一种外汇计价的债务或资产转换为以另一种外汇计价的债务或资产，从而达到规避汇率风险、降低成本的目的。货币互换的典型特征在于互换的两种现金流分别以不同的货币来表示。货币互换作为一项资产负债表外的业务，不对资产负债表造成影响。

本章小结

1. 股票是一种有价证券，它是股份有限公司签发的证明股东所持股份的凭证。股票实质上代表了股东对股份公司的所有权，股东凭借股票可以获得公司的股息和红利，参加股东大会并行使自己权利，同时也承担相应的责任和风险。

2. 股票一般具有收益性、风险性、永久性、流动性、参与性的特征。

3. 按股东享有权利的不同，股票可以分为普通股票和优先股票。按股票是否记载股东姓名，股票可分为记名股票和无记名股票。按是否在股票票面上标注金额，股票可分为有票面额股票和无票面额股票。

4. 股利政策是指股份公司股东大会或董事会对一切与股利有关的事项，所采取的较具原则性的做法，是关于公司是否发放股利、发放多少股利以及何时发放股利等方面的方针和策略，所涉及的主要是公司对其收益进行分配还是留存以用于再投资的策略问题。股利形式有派现、送股、资本公积转增股本。

5. 股票的票面价值又称面值，即在股票票面上标注金额。股票的账面价值又称“股票净值”或者“每股净资产”。股票的清算价格，是公司清算时每一股份所代表的实际价值。股票的内在价值也叫理论价值，是股票未来现金收入的现值。股票价格是指股票在二级市场上交易的价格。

6. 债券是一种有价证券，是社会各类经济主体为了募集资金而向投资者出具，承诺按照一定利率定期支付利息并到期偿还本金的债权债务凭证。债券具有偿还性、流动性、安全性、收益性等特征。

7. 按照发行主体不同，债券可分为政府债券、金融债券、公司债券。根据债券发行条款中规定是否在约定期限向债券持有人支付利息，债券可分为贴现债券、附息债券、息票累积债券。按募集方式不同，债券可以分为公募债券和私募债券。按照有无担保，可以将债券分为有担保债券和无担保债券。根据债券券面形态的不同，可以将债券分为实物债券、凭证式债券和记账式债券。

8. 证券投资基金是指通过发行基金份额，集中投资者的资金，由基金托管人托管、基金管理人管理和运用的资金，从事股票、债券等金融工具投资，并将投资收益按照基金投资者的投资比例进行分配的一种投资方式。具有集合投资、分散风险和专业理财的特点。

9. 远期合约，是指交易双方同意在将来的某一确定的日期，按事先规定的价格买入或出售既定数量的某种资产的一种协议。

10. 金融期货是一种交易双方在未来特定日期或期限内按事先协商的价格交割一定数量的金融商品的合约。

同步练习

一、名词解释

股票 普通股 优先股 股利政策 股票分割 股票合并 股票增发 转增 配股 股票回购 股票价值 股票价格 债券 政府债券 金融债券 公司债券 证券投资基金 契约型基金 公司型基金 封闭型基金 开放型基金 期货 期权 互换

二、思考题

1. 股票有哪几种主要类型?
2. 简述普通股票的基本特征。
3. 普通股票股东享有哪些主要权利?
4. 简述优先股票的基本特征。
5. 简述债券的种类。
6. 证券投资基金与股票、债券有哪些异同?
7. 证券投资基金主要有哪几种类型?
8. 金融衍生工具可分为哪些种类?
9. 金融衍生工具的主要功能有哪些?

第三章　证券市场概述

【学习目标】

- 掌握证券市场的含义、结构和功能、证券市场的参与者及各自特点，证券市场价格指数及其功能。
- 理解股价指数编制方法。
- 了解证券市场监管的目标、原则、手段和主要内容。

【关键术语】

证券市场　证券发行人　个人投资者　机构投资者　证券监管机构　证券行业自律性组织　股票价格指数　上证指数　深证指数　香港恒生指数　道琼斯指数　标准普尔指数

证券市场是一国市场体系的重要组成部分，在资源配置中起着极为重要的作用，构成投资、融资的重要渠道来源，对整体宏观经济的运行有重要影响。目前，在很多发达的金融市场中，证券市场的投融资规模和重要性都已超过了传统的间接融资，成为国民经济发展的重要动力。

第一节　证券市场特征与功能

一、证券市场的含义与特征

（一）证券市场的含义

证券市场是股票、债券、投资基金等有价证券发行和交易的场所，是金融市场的重要组成部分。它通过证券信用的方式融通资金，通过证券的买卖交易活动引导资金的流动，从而支撑和推动经济的发展。

资本的供求矛盾是社会再生产中的重要矛盾，一方面，社会上存在着大量的闲置资本，需要寻找投资机会，以实现资本的增值，它们形成资本的供给；另一方面，经济的发展又需要有更多新增的资本投入，需要向社会筹集更多的资本，它们形成资本的需求。证券市场就是为解决资本的供求矛盾而产生的市场，是经济发展到一定阶段的产物。证券市场实现了投资需求和筹资需求的对接，从而有效地化解了资本的供求矛盾。

（二）证券市场的特征

证券市场作为证券发行和买卖的场所，具有以下三个显著特征：

（1）证券市场是价值直接交换的场所。有价证券是价值的直接代表，其本质是价值的一种直接表现形式。虽然证券交易的对象是各种各样的有价证券，但由于它们是价值的直接表现形式，因此，证券市场本质上是价值直接交换的场所。

（2）证券市场是财产权利直接交换的场所。证券市场上的交易对象是作为经济权益凭证的股票、债券、投资基金等有价证券，它们本身仅是一定量财产权利的代表，代表着对一定数额财产的所有权、债权以及相关的收益权。所以，证券市场实际上是财产权利的直接交换场所。

（3）证券市场是风险直接交换的场所。有价证券既是一定收益权利的代表，同时也是一定风险的代表。有价证券的交换在转让出收益权的同时，也把该有价证券所特有的风险转让出去。所以，从风险的角度分析，证券市场也是风险的直接交换场所。

（三）证券市场与普通商品市场的区别

证券市场不同于普通商品市场，证券交易也不同于一般资本交易。

（1）普通商品市场的交换对象是人类的劳动产品，本身具有使用价值。证券市场上的交换对象是股票、债券、证券投资基金等各种有价证券，自身没有任何价值，是虚拟的资本。

（2）商品市场上商品的价格是商品价值的货币表现，其价格的高低取决于生产商品所需的社会必要劳动时间。证券市场上证券的价格与市场利率、公司利率关系密切，并受供求关系影响极大。

（3）商品市场实行的是等价交换原则，商品价格一般较为稳定，对政治经济形势的变动和企业经营状况的反应较迟缓，买卖风险较小。证券市场易受各种因素的直接影响，价格具有波动性及不可预期性，且容易大起大落，买卖风险较大。

（4）商品市场上的商品能够满足人们某种特定的消费需要，证券市场上的证券承担着多种市场职能，既能以筹措资金的手段来解决资金短缺的问题，又可以满足投资者投资的需求，为投资者带来收益；也可以用于保值，避免或减少物价上涨带来的货币贬值损失；还可以通过投机等技术性操作争取价差收益。

（四）证券市场的分类

（1）按照证券进入市场的顺序而形成的结构关系划分，可分为发行市场和交易市场。

证券发行市场又称“一级市场”或“初级市场”，是发行人以筹集资金为目的，按照一定的法律规定和发行程序，向投资者出售新证券所形成的市场。证券交易市场又称为“二级市场”“流通市场”或“次级市场”，是已发行的证券通过买卖交易实现流通转让的市场。

证券发行市场和交易市场相互依存、相互制约，是一个不可分割的整体。证券发行市场是交易市场的基础和前提，有了发行市场的证券供应，才有交易市场的证券交易，证券发行的种类、数量和发行方式决定着交易市场的规模和运行。交易市场是证券得以持续扩大发行的必要条件，为证券的转让提供市场条件，使发行市场充满活力。此外，交易市场的交易价格制约和影响着证券的发行价格，是证券发行时需要考虑的重要因素。

除一、二级市场区分之外，证券市场等的层次性还体现为区域分布、覆盖公司类型、上市交易制度以及监管要求的多样性等。例如，根据所服务和覆盖的上市公司类型，可分为全球性市场、全国性市场、区域性市场等类型；根据上市公司规模、监管要求等差异，可分为主板市场、二板市场（创业板或高新企业板）；根据市场的集中程度，证券市场可分为集中交易市场（交易所市场）和柜台市场等。

（2）按照证券投资品种的不同，可以分为股票市场、债券市场、基金市场以及衍生证券市场等，并且各个市场之间是相互联系的。

股票市场是股票发行和买卖交易的市场，其发行人为股份有限公司。股票市场按其基本职能划分，又可分为股票发行市场和股票交易市场，两者在职能上是互补的。

债券市场是债券发行和买卖交易的场所。债券的发行人有中央政府、地方政府、金融机构、公司和企业。债券市场按其基本职能划分，可分为债券发行市场和债券交易市场，两者是紧密联系、相互依存、相互作用的。

基金市场则是证券投资基金份额发行和交易的市场。投资基金是一种利益共享、风险共担的集合管理制度，它通过发行基金证券，集中投资者的资金，把资金交于基金托管人托管，由基金管理人管理，主要从事股票、债券等金融工具投资。

衍生证券市场是以基础证券的存在和发展为前提的。其交易品种主要有金融期货与期权、可转换证券、存托凭证、认股权证等。

（3）按照市场组织形式的不同，可以分为场内交易市场和场外交易市场。

场内交易市场是指在证券交易所内的证券交易市场。该市场是有组织、制度化的市场，其设立和运作需要符合法律法规的规定，如我国的沪、深证券交易所。一般而言，证券必须达到证券交易所规定的上市标准才能够在场内交易。

场外交易市场是指在证券交易所外进行证券交易的市场，如柜台市场（店头市场）以及第三市场、第四市场。柜台交易一般通过证券交易商来进行，通常采用协议价格成交，开办柜台交易的证券经营机构既是交易的组织者，又是交易的参与者。以柜台方式交易的证券，可以是已上市证券，也包括部分未上市证券。

目前，场内市场与场外市场之间的截然划分已经不复存在，出现了多层次的资本市场结构。

多层次资本市场体系是指针对质量、规模、风险程度不同的企业，为满足多样化市场主体的资本要求而建立起来的分层次的市场体系，我国的多层次资本市场结构包括以下几个方面：

① 主板市场，包括上海证券交易所和深圳证券交易所，主要为大型、成熟企业的融资和转让提供服务。

② 二板市场，主要包括中小板、创业板、科创板。

中小板即中小企业板，是指流通盘大约1亿股以下的创业板块。中小板是相对于主板市场而言的，有些企业的条件达不到主板市场的要求，所以只能在中小板市场上市。中小板市场是创业板的一种过渡，在中国的中小板市场代码是以002开头的。

创业板指与主板市场相对应，在主板之外专为处于幼稚阶段中后期和产业化阶段初期的中小企业及高科技企业提供资金融通的股票市场，此市场还可解决这些企业的资产价值（包括知识产权）评价、风险分散和创业投资的股权交易问题。

科创板，即上交所新设科创板，坚持面向世界科技前沿、面向经济主战场、面向国家重大需求，主要服务于符合国家战略、突破关键核心技术、市场认可度高的科技创新企业。重点支持新一代信息技术、高端装备、新材料、新能源、节能环保以及生物医药等高新技术产业和战略性新兴产业，推动互联网、大数据、云计算、人工智能和制造业深度融合，引领中高端消费，推动质量变革、效率变革、动力变革。科创板根据板块定位和科创企业特点，设置多元包容的上市条件，允许符合科创板定位、尚未盈利或存在累计未弥补亏损的企业在科创板上市，允许符合相关要求的特殊股权结构企业和红筹企业在科创板上市。

③ 三板市场，包括场外市场的全国中小企业股份转让系统（即新三板）、区域性股权交易市场和证券公司主导的柜台市场，主要解决企业发展过程中处于初创阶段中后期和幼稚阶段初期的中小企业在筹集资本性资金方面的问题，以及这些企业的资产价值（包括知识产权）评价、风险分散和风险投资的股权交易问题。

【知识链接3-1】

美国的多层次资本市场

美国的多层次资本市场发展较为合理，主要包括三个层次。① 主板市场。美国证券市场的主板市场是以纽约证券交易所（以下简称“纽约证交所”）为核心的全国性证券交易市场，该市场对上市公司的要求比较高，主要表现为交易国家级的上市公司的股票、债券，在该交易所上市的企业一般是知名度高的大企业，公司的成熟性好，有良好的业绩记录和完善的公司治理机制，公司有较长的历史存续性和较好的回报。从投资者的角度看，该市场的投资人一般都是风险规避或风险中立者。② 以纳斯达克（NASDAQ）为核心的二板市场。纳斯达克市场对上市公司的要求与纽约证交所截然不同，它注重公司的成长性和长期盈利性，在纳斯达克上市的公司普遍具有高科技含量、高风险、高回报、规模小的特征。纳斯达克虽然历史较短，但发展速度很快，按交易额排列，它已成为仅次于纽约证交所的全球第二大交易市场，而上市数量、成交量、市场表现、流动性比率等方面已经超过了纽约证交所。③ 遍布各地区的全国性和区域性市场及场外交易市场。美国证券交易所也是全国性的交易所，但该交易所上市的企业较纽约证交所略逊一筹，该交易所挂牌交易的企业发展到一定程度可以转到纽约证交所上市。遍布全国各地的区域性证券交易所有11家，主要分布于全国各大工商业和金融中心城市，它们成为区域性企业的上市交易场所，可谓是美国的三板市场（OTC市场）。

（4）按照证券发行和流通的地理范围，可分为国内证券市场和国际证券市场。

国内证券市场是本国国内的资金供给者与需求者之间进行资金融通和证券买卖的场所，国际证券市场是发行人以某种国际货币的形式向证券投资人筹集资金和供证券投资人买卖证券的场所，比如欧洲美元债券市场和亚洲美元债券市场等。

二、证券市场的功能

证券市场是市场经济发展到一定阶段的产物，是市场经济条件下资源合理配置的重要机制，它是为解决资本供求矛盾和流动性而产生的市场。世界经济发展的历史证明，它不仅可以推动本国经济的迅速发展，而且对国际经济的发展和一体化具有深远的影响，证券市场的功能主要有以下五点。

（一）筹资与投资功能

筹措资金是证券市场上最基本、最重要的功能，通常来说，人们的闲置资金大多是以存款或储蓄的形式存入银行以获取利息收入，银行再将这些集中起来的资金以贷款的形式贷给企业或其他经济主体。这种间接融资是最常见、最基本的筹资方式。但是这种间接资金融通方式对存款者来说，利息收益偏低；对筹资者来说，资金成本偏高。因此就产生了直接融通资金的方式，即筹资者将发行的有价证券出售给投资者，并向投资者分配收益或支付利息。

同时，由于证券发行时已有约定条件，故证券持有者不能将证券提前退还给发行者而收回现金，但持有者可以转让给其他投资者，因而就产生了证券交易。证券的发行者和出售者很难面向社会上广大而分散的投资者进行证券发行与交易，必须通过一定的“场合”和“中介机构”才能进行，这种“场合”就是证券市场，这种“中介机构”就是沟通买卖证券双方的经纪人。这个流程就是发行有价证券，建立证券市场，通过直接信用方式筹集资金。

对于证券发行者来说，通过证券市场筹集到一笔可观的资金，用这些资金或补充自有资金的不足，或开发新产品、上新项目，有利于迅速增强公司实力。这种在较短时间内迅速筹集到巨额资金的优越性，只有通过证券市场这个渠道才能实现。对于证券投资者来说，证券市场是重要的投资场所，为其寻求理想的投资渠道提供了选择的空间，并帮助投资者实现投资方式的多元化。另外在证券市场上通过购买证券的方式进行投资，一般都能获得高于储蓄存款利息的收益，有利于更好地实现资本的利用。

（二）宏观调控功能

国家通过证券市场发行债券，可以筹措资金、干预经济、调节宏观经济。这种调控还特别表现在国家通过中央银行实行公开市场业务操作方面。举例来说，当社会投资规模过大，经济过热，货币供给量超过市场客观需要的货币量时，中央银行可以通过在证券市场上卖出有价证券（主要是政府债券），来回笼货币，紧缩投资，调节市场货币流通量，稳定币值；而当经济衰退，投资不足，市场流通因货币供给不足而呈现出萎缩状态时，中央银行则通过在证券市场上买进有价证券（主要是政府债券），增加货币投放、扩大投资，刺激经济增长。中央银行通过这种手段，调节货币供给，影响和控制整个国民经济的运行。

（三）资源配置功能

从证券市场的发展历史来看，它优化资源配置的功能是逐步地显露出来的，由于企业在实行股份制后资产被证券化，企业资产以证券的形式参与市场流通，因此证券是可以分割、流动的，它具有比实物资产和货币资产更强的流动性。由于信息流通比较迅速，而且在一个比较成熟的证券市场上，股票价格能够反映公司的业绩状况，因此证券市场股价的变动可以引导资源的流向，促使资源的配置和优化。

同时，由于投资者倾向于投资经营前景广阔、竞争能力强、经济效益好的企业，这样就推动企业改进生产技术，改善经营管理，提高经济效益，以取得投资者的信任，否则企业就难以筹集到资金。因此，证券市场也是推动企业改善经营管理的动力。

（四）风险管理功能

在资源配置过程中，人们把储蓄转换为各种投资，通过投资到多种有价证券来获取收入，这种把储蓄转换为投资的过程，也是分散投资风险，进行风险管理的过程。从宏观层面上来看，证券市场为个人和家庭提供了管理风险的工具，人们在购买债券、股票和基金产品的时候，就是在选择不同的风险管理工具，投资者根据风险最小化的原则，将资金分散投资于不同种类、期限和风险的证券，既可降低投资风险，又可获取稳定而丰厚的收益，以应对未来的支出需求；从微观层面上来看，证券市场为投资者提供了各种风险管理的工具，如各种金融衍生产品等。

（五）信息处理功能

各经济主体之间通常存在着信息不对称问题，由此会引发逆向选择、道德风险等问题。由于证券市场是由证券发行者、证券买卖双方、经纪人、银行以及证券监管机构组成，这些人和机构来自各行各业，他们聚集在证券市场上，从不同的角度对政治、经济、金融的动态进行调查研究，并将所得到的信息在证券市场上交流传播，使所有人很快得到各种信息，有效解决信息不对称问题。换句话说，证券市场是传播经济信息的重要场所，其主要功能之一是及时、准确和全面地披露信息，有效降低和解决因信息不对称带来的各种问题。另外，人们也往往把证券市场的行情称作国民经济的“晴雨表”。

第二节　证券市场的参与者及特点

证券市场的参与者有证券发行人、证券投资者、证券中介机构、证券监管机构和证券行业自律性组织等，不同的参与者在市场上扮演着不同的角色，为证券市场的健康运行发挥着重要的作用。

一、证券发行人

证券发行人是指为筹措资金而发行债券、股票等证券的发行主体。它主要包括：

（一）公司（企业）

随着我国市场经济的发展和企业生产规模的不断扩大，积极参与证券市场，通过证券市场进行投融资活动是企业生产和发展的必然选择。在证券市场上，发行股票和债券是企业进行筹资的重要途径。

企业的组织形式可分为独资制、合伙制和公司制，现代股份制公司主要采取股份有限公司和有限责任公司两种形式。在证券市场上，只有股份有限公司才能通过发行股票的方式筹集资金，同时把发行股票筹集的资金划为公司的自有资本；而通过发行债券所筹集的资金属于借入资本，公司与资金所有人之间是债权债务关系。发行股票和长期公司（企业）债券是公司（企业）筹措长期资本的主要途径，发行短期债券则是补充流动资金的重要手段。随着科学技术的进步和资本有机构成的不断提高，公司（企业）对长期资本的需求将越来越大，所以公司（企业）作为证券发行主体的地位有不断上升的趋势。

欧美等西方国家能够发行证券的金融机构一般都是股份公司，所以将金融机构发行的证券归入了公司证券。而我国和日本则把金融机构发行的债券定义为金融债券，从而突出了金融机构作为证券市场发行主体的地位，但股份制的金融机构发行的股票并没有定义为金融证券，而是归类于一般的公司股票。公司为生产和盈利进行的投融资活动，对活跃证券市场有重要意义。

（二）政府和政府机构

随着国家干预经济理论的兴起，政府（中央政府和地方政府）和中央政府直属机构已成为证券发行的重要主体之一，但政府发行证券的品种仅限于债券，如政府债券与地方债券等。

政府发行债券所筹集的资金既可以用于协调财政资金短期周转、弥补财政赤字、兴建政府投资的大型基础性的建设项目，也可以用于实施某种特殊的政策，在战争期间还可以用于弥补战争费用的开支。

由于中央政府拥有税收、货币发行等特权，通常情况下，中央政府债券不存在违约风险，因此，这类证券被视为“无风险证券”，即 Risk Free Asset，相对应的证券收益率被称为“无风险利率”，是金融市场上最重要的价格指标，而短期国库券也因为有政府信用做担保，同时又具有较强的流动性，故深受投资者欢迎，是最重要的货币市场工具。

参与证券市场、发行政府债券是中央和各级政府筹措资金的重要途径。与此同时，政府又是证券市场的管理者与调节者，这主要表现为制定有关的制度、条例、规定、办法等，对证券市场实施监督和管理，确保证券市场健康有序发展。例如，中国人民银行从 2003 年起开始发行中央银行票据，期限从 3 个月到 3 年不等，主要用于对冲金融体系中过多的流动性。

二、证券投资者

证券投资者是指通过买入证券而进行投资的各类机构法人和自然人，可分为机构投资者和个人投资者两大类。

（一）机构投资者

进入证券市场的机构投资者主要有政府机构、金融机构、企业和事业法人以及各类基金等。

1. 政府机构

政府机构包括中央政府、地方政府及其政府机构，其参与证券投资的目的主要是为了调剂资金余缺和进行宏观调控。当各级政府及政府机构出现资金剩余时，可通过购买政府债券、金融债券的方式把资金投资于证券市场。

中央银行以公开市场操作作为政策手段，通过买卖政府债券或金融债券，影响货币供应量进行宏观调控。我国国有资产管理部门或其授权部门持有国有股，履行国有资产的保值增值和通过国家控股、参股来支配更多的社会资源。

2. 金融机构

金融机构主要包括证券经营机构、银行业金融机构、保险经营机构以及其他金融机构。

（1）证券经营机构

我国证券经营机构主要为证券公司。证券公司是证券市场上最活跃的投资者，以其自有资本、营运资金和受托投资资金进行证券投资。其业务主要范围有：代理证券发行、证券自营、代理证券交易、代理证券还本付息和支付红利、接受客户委托代收证券本息和红利、代办过户等。

证券经营机构的投资对象比较广泛，股票、债券等都是其投资目标，证券投资的目的主要是为了取得盈利和保持一定的流动性。证券经营机构资金实力雄厚，运作金额巨大，是证券市场主力资金的持有者，在证券市场上具有举足轻重的作用。

（2）银行业金融机构

银行业金融机构是指在中华人民共和国境内设立的商业银行、城市信用合作社、农村信用合作社等吸收公众存款的金融机构以及政策性银行。银行业金融机构可用自有资金买卖政府债券和金融债券；外商独资银行、中外合资银行可买卖政府债券、金融债券，买卖股票以外的其他外币有价证券；商业银行可以向个人客户提供综合理财服务，向特定目标客户群销售理财产品，接受客户的委托和授权，按照与客户事先约定的投资计划和方式进行投资和资产管理。

（3）保险经营机构

保险经营机构主要指的是保险公司。保险公司是全球最重要的机构投资者之一，曾一度超过投资基金成为投资规模最大的机构投资者，除大量投资于各类政府债券、高等级公司债券外，还广泛涉足基金和股票投资。《中华人民共和国保险法》规定，债券、股票、证券投资基金份额等有价证券均属保险公司资金运用范围，经国务院保险监督管理机构会同国务院证券监督管理机构批准，保险公司可以设立保险资产管理公司从事证券投资活动，还可运用受托管理的企业年金进行投资。总体来说，保险经营机构的证券投资主要考虑在投资本金安全的前提下，获取一定的收益，对有价证券的流动性要求不高，侧重于投资风险较低的有价证券。

（4）其他金融机构

QFII（合格境外机构投资者）制度是一国（地区）在货币没有实现完全可自由兑换、资本项目尚未完全开放的情况下，有限度地引进外资、开放资本市场的一项过渡性的制度。这种制度允许合格的境外投资者通过 QFII 的形式进入中国证券市场。同时，这种制度要求外国投资者若要进入一国证券市场，必须符合一定的条件，经该国有关部门审批通过后，汇入一定额度的外汇资金，并将其转换为当地货币，通过严格监管的专门账户投资当地证券市场。

在我国，合格境外机构投资者是指符合《合格境外机构投资者境内证券投资管理办法》规定，经中国证监会批准投资于中国证券市场，并取得国家外汇管理局额度批准的中国境外基金管理机构、保险公司、证券公司、商业银行以及其他资产管理机构。

合格境外机构投资者在经批准的投资额度内，可以投资于中国证监会批准的人民币金融工具，包括在证券交易所挂牌交易的股票、在证券交易所挂牌交易的债券、证券投资基金、在证券交易所挂牌交易的权证以及中国证监会允许的其他金融工具，并可以参与新股发行、可转换债券发行、股票增发和配股的申购。

（5）主权财富基金

随着国际经济、金融形势的变化，目前不少国家尤其是发展中国家拥有大量的官方外汇储备，为管理好这部分资金，成立了代表国家进行投资的主权财富基金。

此外，其他金融机构如信托投资公司、企业集团财务公司、金融租赁公司等通常也在自身章程和监管机构许可的范围内进行证券投资。

3. 企业和事业法人

企业可以用自己的积累资金或暂时不用的闲置资金进行证券投资。企业可以通过股票投资实现对其他企业的控股或参股，也可以将暂时闲置的资金通过自营或委托专业机构进行证券投资以获取收益。

4. 各类基金

基金性质的机构投资者包括证券投资基金、社保基金、企业年金和社会公益基金。

我国的证券投资基金可投资于股票、债券和国务院证券监督管理机构规定的其他证券品种。社保基金是社会福利网的最后一道防线，对资金的安全性和流动性要求非常高，对这部分资金的投资方向有严格限制，主要投向国债市场。企业年金是由企业控制的，资金运作周期长，对账户资产增值有较高要求，对投资范围限制不多。社会公益基金可用于证券投资，以求保值增值。

（二）个人投资者

个人投资者是指从事证券投资的社会自然人，即以自然人身份从事股票买卖的投资者，他们是证券市场最广泛的投资者。相对于机构投资者而言，个人投资者（无论资金的多少）都可以称为散户。

个人进行证券投资应具备一些基本条件，如符合国家有关法律、法规关于个人投资者投资资格的规定和个人投资者必须具备一定的经济实力。为保护个人投资者利益，对于部分高风险证券产品的投资（如衍生产品），监管法规还要求相关个人具有一定的产品知识并签署书面的知情同意书。

三、证券市场中介机构

证券市场中介机构是指为证券的发行与交易提供服务的各类机构。按照提供服务内容的不同，可以分为证券经营机构和证券服务机构。前者是由证券监管机构依法批准设立的在证券市场上经营证券业务的金融机构，如证券公司；后者是在证券市场上提供专业性服务的机构，如资产评估机构等。

（一）证券经营机构

证券经营机构主要指证券公司，又称“证券商”，是指依照《中华人民共和国公司法》《中华人民共和国证券法》规定并经国务院证券监督管理机构批准经营证券业务的有限责任公司或股份有限公司，是专门从事有价证券买卖的法人企业。按照《中华人民共和国证券法》，证券公司的主要业务包括：证券经纪业务，证券投资咨询业务，与证券交易、证券投资活动有关的财务顾问业务，证券承销和保荐业务，证券自营业务，证券资产管理业务及其他证券业务等。

在不同的国家，证券公司有着不同的称谓。在美国，证券公司被称作投资银行（investment bank）或者证券经纪商（broker dealer）；在英国，证券公司被称作商人银行（merchant bank）；在欧洲大陆（以德国为代表），由于一直沿用混业经营制度，投资银行仅是全能银行（universal bank）的一个部门；在东亚（以日本为代表），则被称为证券公司（securities company）。

我国比较重要的证券公司有中信证券、海通证券、国泰君安 、广发证券、华泰证券、招商证券、银河证券、国信证券、申银万国和中信建投。截至 2015 年 6 月 30 日，我国共有 125 家证券公司，总资产为 8. 27 万亿元，净资产为 1. 30 万亿元，净资本为 1. 14 万亿元，客户交易结算资金余额 3. 41 万亿元，托管证券市值 38. 62 万亿元，受托管理资金本金总额为 10. 23 万亿元，120 家公司实现盈利。

（二）证券服务机构

证券服务机构是指依法设立的从事证券服务业务的法人机构，主要包括证券投资咨询机构、证券登记结算机构、财务顾问机构、资信评级机构、资产评估机构、会计师事务所、律师事务所等。

四、证券行业监管机构和自律性组织

证券行业监管机构和自律性组织的职责是根据证券法律法规和行业规定，对证券发行、交易活动的规范性和市场参与者行为的合法性实施监督和管理，以保护投资者的利益，促进证券市场和社会经济的健康发展。

（一）证券行业监管机构

在我国，证券行业的监管机构主要是中国证券监督管理委员会（简称中国证监会）及其派出机构。中国证监会是国务院直属的证券监督管理机构，依照法律、法规和国务院授权，统一监督管理全国证券期货市场，维护证券期货市场秩序，保障其合法运行。它的主要职责是：依法制定有关证券市场监督管理的规章、规则，负责监督有关法律法规的执行，负责保护投资者的合法权益，对全国的证券发行、证券交易、中介机构的行为等依法实施全面监管，维持公平而有序的证券市场。

（二）自律性组织

我国的证券自律性组织主要包括证券交易所和证券行业协会证券登记结算机构。在我国，按照《中华人民共和国证券法》的规定，证券自律管理机构主要是证券交易所和证券行业协会。

1．证券交易所

根据《中华人民共和国证券法》的规定，证券交易所是为证券集中交易提供场所和设施，组织和监督证券交易，实行自律管理的法人。证券交易所的监管职能包括对证券交易活动进行管理，对会员进行管理，以及对上市公司进行管理。我国证券交易所包括上海证券交易所和深圳证券交易所。

2．证券行业协会

按照《中华人民共和国证券法》规定，中国证券行业协会是证券行业性自律性组织。中国证券行业协会具有独立法人地位，采取会员制的组织形式，协会的权力机构为全体会员组成的会员大会。中国证券行业协会的自律管理体现在保护行业共同利益、促进行业共同发展方面。在我国，证券公司必须加入证券行业协会。

3．证券登记结算机构

我国的证券登记结算机构为中国证券登记结算有限责任公司。中国证券登记结算有限责任公司依靠《中华人民共和国证券法》和《中华人民共和国公司法》组建，为证券交易提供集中登记、存管与结算服务，不以营利为目的的法人。按照《证券登记结算管理办法》，证券登记结算机构实行行业自律管理。

第三节　证券市场价格指数

证券市场价格指数是指反映有价证券市场价格波动的相对数，证券价格指数包括股票价格指数、债券价格指数、股票－债券复合指数等，普遍编制的是股票价格指数。

一、股票价格指数

（一）股票价格指数的含义

股票价格指数是由证券交易所或金融服务机构编制的用于表明股票行市变动情况

的价格平均数。金融服务机构利用自己的业务知识和熟悉市场的优势，编制出股票价格指数，公开发布，作为衡量市场价格变动的指标。投资者据此就可以检验自己投资的效果，并用以预测股票市场的动向。同时，新闻界、公司老板乃至政界领导人等也以此为参考指标，观察、预测社会政治、经济的发展形势。

（二）股票价格指数的分类

股票价格指数按照不同行业分类：工业、交通运输业、公用事业、金融业、房地产业以及综合股价指数。按照编制的期限划分为年、半年、季、月、旬、周、日、每小时、每半小时、每分钟指数。按照反映价格变动的对象分：最高价格、最低价格、收盘价格指数。

（三）股票价格指数的功能

股票价格指数的编制是为了从众多个股复杂的价格变动中判断和把握整个股票市场的价格变动水平和变动趋势，它是投资者进行投资决策的重要参考指标，帮助投资者把握买卖时机、确定择股方向、进行技术分析等。同时，在股市市场化程度较高的国家或地区，股指还是观测经济形势和经济周期状况的重要参考指标，被比喻为股市行情的“指示器”和国民经济运行状况的“晴雨表”。有个形象的比喻：国民经济是一个人，股市就是这个人牵的一条狗。遛狗的人都知道，狗很少和你并排而走，不是跑在你前面，就是跑在你后面，大多数是在前面跑。无论跑在你前面，还是跑在你后面，最后的结果是一样的——你们俩一起回到家里。

在投资领域，股价指数的基本功能主要有以下四点：

（1）综合反映一定时期内某一证券市场上股票价格的变动方向和变动程度。

（2）为投资者和分析家研究、判断股市动态提供信息，便于对股票市场大势走向做出分析。

（3）作为投资业绩评价的标尺，提供一个股市投资的“基准回报”。

（4）是指数衍生产品和其他金融创新的基础。

（四）计算股票价格指数要考虑的因素

计算股票价格指数时，需要考虑三个因素。一是抽样，即在众多股票中抽取少数具有代表性的成分股；二是加权，按单价或总值加权平均，或不加权平均；三是计算程序，计算算术平均数、几何平均数，或兼顾价格与总值。

（五）股票价格指数的编制与修正

编制股价指数，通常以某年某月为基础，以这个基期的股票价格作为100，用以后各时期的股票价格和基期价格比较，计算出升降的百分比，就是该时期的股价指数。投资者根据指数的升降，可以判断出股票价格的变动趋势，并且为了能实时地向投资者反映股市的动向，所有的股市几乎都是在股价变化的同时即时公布股票价格指数。

1. 股价指数的编制步骤

（1）选择样本股。样本股的选择主要考虑两条标准：一是样本股的市价总值要占在交易所上市的全部股票市价总值的大部分；二是样本股票价格变动趋势必须能反映股票市场价格变动的总趋势。

（2）选定某基期，通常选择某一有代表性的日期作为基期，并以一定方法计算基期平均股价或市值。

（3）计算计算期平均股价或市值，并做必要的修正。

（4）指数化。如果计算股价指数，需要将计算期的平均股价或市值转化为指数值，即将基期平均股价或市值定为某一常数（通常为100、1000或10），并据此计算计算期股价的指数值。

2．股价指数的修正

股价指数利用逐日滚动计算，当成分股基础价值发生变化时，做出及时的修正。修正主要是对上一交易日的市值作调整。

二、股价平均数和股价指数的计算

由于上市股票种类繁多，计算全部上市股票的价格平均数或指数的工作艰巨而复杂，因此人们常常从上市股票中选择若干种富有代表性的样本股票，并计算这些样本股票的价格平均数或指数，用以反映整个市场的股票价格总趋势及涨跌幅度。

（一）股价平均数的计算

股票价格平均数反映一定时点上市股票价格的绝对水平，它可分为简单算术股价平均数、修正股价平均数、加权股价平均数三类。人们通过对不同时点股价平均数的比较，可以看出股票价格的变动情况及趋势。

1．简单算术股价平均数

简单算术股价平均数是将所有样本股票当日收盘价之和除以样本数得出的，其计算公式为：

$$\text{简单算术股价平均数}=\frac{\sum \text{样本股票当日收盘价}}{\text{股票样本数}}=\frac{P_1+P_2+P_3+\cdots+P_n}{n}$$

式中：P_n——第 n 个样本股票当日的收盘价。

世界上第一个股票价格平均数——道琼斯股价平均数在1928年10月1日前就是使用简单算术股价平均数公式计算的。

现假设从某一股市采样的股票为 A、B、C、D 四种，在某一交易日的收盘价分别为10元、16元、24元和30元，计算该市场股价平均数。将上述数置入公式中，即得：

$$\text{股价平均数}=\frac{P_1+P_2+P_3+P_4}{n}=\frac{10+16+24+30}{4}=20(\text{元})$$

这种方法有助于判断股票投资的获利情况，计算简单，但是也有缺点：当发生样本股送配股、拆股和更换时会使股价平均数失去真实性、连续性和时间数列上的可比性；另外，在计算时忽略了发行量或成交量不同的股票对股票市场有不同的影响这一因素。

例如，上述例题中，假设 D 股票发生以 1 股分割为 3 股时，股价势必从 30 元下调为 10 元，这时平均数就不是按上面计算得出的 20 元，而是 $\frac{10+16+24+10}{4}=15$（元）。

也就是说，由于 D 股分割技术上的变化，导致股价平均数从 20 元下跌为 15 元（这还未考虑其他影响股价变动的因素），显然不符合平均数作为反映股价变动指标的要求。为了弥补这两点的不足，我们引入了修正股价平均数和加权股价平均数。

2．修正股价平均数

修正股价平均数是在简单算术股价平均数的基础上，当发生增资配股或股份细拆时，通过变动除数，使股票价格平均数不受影响。我们具体介绍一下除数修正法。

除数修正法，又称道式修正法，这是美国道琼斯在 1928 年创造的一种计算股价平均数的方法。该法的核心是求出一个常数除数，以修正因股票分割、增资、发放红股等因素造成股价平均数的变化，以保持股价平均数的连续性和可比性。

具体做法是以变动后的股价总额除以变动前的股价平均数，求出新除数，再以变动后的股价总额除以新除数，这就得出修正股价平均数，即：

$$修正股价平均数=\frac{变动后的股价总额}{新除数}$$

其中，

$$新除数=\frac{变动后的股价总额}{变动前的股价平均数}$$

目前，道琼斯股价平均数就采用此法来计算股价平均数，每当股票发生分割、送股或增发、配股数超过原股份 10% 时，就对除数做相应的修正。

在前面的例子里，除数是 4，经调整后的新除数应是

$$新除数=\frac{10+16+24+10}{20}=3$$

将新的除数代入下列式中，则：

$$修正股价平均数=\frac{10+16+24+10}{3}=20（元）$$

得出的平均数与未分割时计算的一样，股价水平也不会因股票分割而变动。

3．加权股价平均数

加权股价平均数是根据各种样本股票的相对重要性进行加权平均计算的股价平均数，其权数（Q）可以是成交股数、股票总市值、股票发行量等。加权股价平均数的

具体计算方法是把列入计算范围的各种股票的交易价格乘以各自的权重后相加，再除以总权重，得出加权平均数。权重的取法有两种，一种是以计算期的成交量为权重，哪一种股票成交的股数越多，其权重就越大；二是以各种股票各自的发行量为权重，发行股数多的权重就大。

具体来说，以样本股成交量为权重的加权股价平均数的计算公式为：

$$加权股价平均数 = \frac{样本股票成交总额}{同期样本成交总股数}$$

其中，样本股票成交总额 = 每股股价 × 成交股数，计算结果为平均成交价。

若以样本发行量为权重，加权股价平均数的计算公式为：

$$加权股价平均数 = \frac{样本股市价总额}{同期样本股发行总量}$$

其中，样本股市价总额 = 每股价格 × 发行股数，计算结果为平均市场价格。

（二）股票价格指数的计算

股票价格指数（简称股价指数）是反映不同时点上股价变动情况的相对指标。通常是将报告期特定的某一股票的价格与其对应的基期价格相比，并将两者的比值乘以基期的指数值，即为该报告期的股价指数。

股价指数的计算方法有三种：一是简单算术平均法，二是综合平均法，三是加权综合法。

1. 简单算术平均法

就是先计算各样本股价指数，再加总求总的算术平均数。其计算公式为：

$$股价指数 = \frac{1}{n}\sum_{i=1}^{n}\frac{P_{1i}}{P_{0i}}$$

式中　P_{0i}——第 i 种股票的基期价格；

P_{1i}——第 i 种股票的报告期价格；

n——样本数。

现假设有四种股票的交易资料如表 3－1 所示，试求股价指数。

表 3－1　四种股票交易表

种类 项目	股价		交易量	
	基期（P_0）	报告期（P_1）	基期（P_0）	报告期（P_1）
A	5	8	100	150
B	8	12	50	90
C	10	14	120	70
D	15	18	60	80

运用简单算术平均法可得：

$$股价指数 = \frac{1}{4} \times \left(\frac{8}{5} + \frac{12}{8} + \frac{14}{10} + \frac{18}{15}\right) = 142.5\%$$

即报告期的股价比基期上升了 42.5%。英国的《经济学家》普通股价指数就是使用这种计算法。

2. 综合平均法

综合平均法是先将样本股票的基期和报告期价格分别加总，然后相比求出股价指数，即：

$$股价指数 = \frac{报告期股价之和}{基期股价之和} = \frac{\sum_{i=1}^{n} P_{1i}}{\sum_{i=1}^{n} P_{0i}}$$

式中　P_{0i}——第 i 种股票的基期价格；

P_{1i}——第 i 种股票的报告期价格；

n——样本数。

代入表 3－1 数字得：

$$股价指数 = \frac{8+12+14+18}{5+8+10+15} = \frac{52}{38} \approx 136.8\%$$

即报告期的股价比基期上升了 36.8%。

从简单算术平均法和综合平均法计算股价指数来看，两者都未考虑到由于各种采样股票的发行量和交易量不相同，而对整个股市股价的影响不一样等因素，因此，计算出来的指数亦不够准确。为使股价指数计算精确，则需要加入权数，这个权数可以是交易量，亦可以是发行量。

3. 加权综合法

加权综合法是根据各期样本股票的相对重要性予以加权，其权数可以是成交股数、股票发行量等。按时间划分，权数可以是基期权数，也可以是报告期权数。以报告期成交股数（或发行量）为权数的指数称为派许指数。拉斯拜尔指数偏重基期成交股数（或发行量），而派许指数则偏重报告期的成交股数（或发行量）。目前世界上大多数股价指数都是派许指数。

（三）计算股价平均数或指数时需注意的问题

（1）样本股票必须具有典型性、普遍性，为此，选择样本应综合考虑其行业分布、市场影响力、股票等级、适当数量等因素。

（2）计算方法应具有高度的适应性，能对不断变化的股市行情做出相应的调整或修正，使股价指数或平均数有较好的敏感性。

（3）要有科学的计算依据和手段。计算依据的口径必须统一，一般均以收盘价为计算依据，但随着计算频率的增加，有的以每小时价格甚至更短的时间价格计算。

（4）基期应有较好的均衡性和代表性。

三、我国主要的股票价格指数

（一）上证指数

上证指数即上海证券交易所综合股价指数，是国内外普遍采用的反映上海股市总体走势的统计指标，也称为上证综指或沪指。它是由上海证券交易所编制的股价指数，从1991年7月15日起编制并公布的，以1990年12月19日为基期，基期值为100，该股价指数的样本为所有在上海证券交易所挂牌上市的股票，其中新上市的股票在挂牌的第二天纳入股价指数的计算范围，以股票发行量为权数进行编制的。

其计算公式为：

$$\text{本日股价指数} = \frac{\text{本日股票市价总值}}{\text{基期股票市价总值}} \times 100$$

其中：

$$\text{本日股票市价总值} = \sum \text{本日收盘价} \times \text{发行股数}$$

$$\text{基期股票市价总值} = \sum \text{基期收盘价} \times \text{发行股数}$$

遇上市股票增资扩股或新增（删除）时，则须相应进行修正，其计算公式调整为：

$$\text{本日股价指数} = \frac{\text{本日股票市价总值}}{\text{新基准股票市价总值}} \times 100$$

式中：

$$\text{新基准股票市价总值} = \frac{\text{修正前基准股票市价总值} \times (\text{修正前股票市价总值} + \text{市价总值变化额})}{\text{修正前股票市价总值}}$$

1992年2月起分别公布A股指数和B股指数，1993年5月3日起正式公布工业、商业、地产业、公用事业和综合五大类分类股价指数。至此，上证指数已发展成为包括综合股价指数、A股指数、B股指数、分类指数在内的股价指数系列。

需要注意的是，由于我国上市公司的股票有流通股和非流通股之分，股票流通量与总股本并不一致，因此总股本较大的股票对股价指数的影响就较大，上证指数常常成为机构大户造市的工具，使股价指数的走势与大部分股票的涨跌相背离。

（二）上证380指数

上海证券交易所和中证指数有限公司于2010年11月29日正式发布新兴蓝筹指数上证380指数。上证380指数以2003年12月31日为基日，基点为1000点。上证380指数在确定样本空间时，除剔除上证180指数样本股外，还剔除了“未分配利润”为负的公司，以及五年未派发现金红利或送股的公司。然后按照营业收入增长率、净资产收益率、成交金额和总市值的综合排名，根据行业配比原则确定各二级行业内上市公司家数，选择排名前380名的公司作为上证380指数样本股。这样的选股方法，既综合考量了股票的成长性、盈利能力、规模和流动性，又突出了股票的行业地位，确保了指数样本的成长性潜力蓝筹特征。

（三）上证180指数

上海证券交易所于2002年7月1日正式对外发布上证180指数，用以取代原来的上证30指数。新编制的上证180指数的样本数量扩大到180家，入选的个股均是一些规模大、流动性好、行业代表性强的股票。该指数不仅在编制方法的科学性、成分选择的代表性和成分的公开性上有所突破，同时也恢复和提升了成分指数的市场代表性，从而能更全面地反映股价的走势。上证180指数以2007年6月29日为基日，以该日所有股票样本的调整市值为基期，基点为1000点。

上证180指数与上证综指最大的区别在于它是成分指数，而不是综合指数。成分指数是根据科学客观的选样方法挑选出的样本股形成的指数，所以能更准确地认识和评价市场。而综合指数包含了市场上所有的股票，在反映市场状况上存在不少缺陷。

上证180指数样本股的选择标准和步骤是：首先，根据总市值、流动市值、成交金额和换手率对股票进行排名；然后，按各行业的流通市值比例分配样本只数；接下来按照行业的样本分配数量，在该行业内选取排名靠前的股票；最后，对各行业选取的样本做进一步调整，使成分股的总数为180家。上证成分股指数每年调整一次，每次调整比例一般不超过10%。

（四）上证50指数

上证50指数由上海证券交易所编制，于2004年1月2日正式发布，基日为2003年12月31日，基点为1000点。

上证50指数是根据科学客观的方法，从上证180指数样本股中挑选上海证券市场规模大、流动性好的最具代表性的50只股票组成样本股，以综合反映上海证券市场最具市场影响力的一批优质大盘企业的整体状况。

（五）其他上海的股价指数的基日、基期以及发布时间

上证A股指数以1990年12月19日为基日，以该日所有A股的市价总值为基期，基期指数定为100点，自1992年2月21日起正式发布。

上证B股指数，以1992年2月21日为基日，以该日所有B股的市价总值为基期，基期指数定为100点，自1992年8月17日起正式发布。

上证分类指数自1993年5月3日起正式发布，对上市公司按其所属行业分成五大类别，分别是工业类、商业类、房地产业类、公用事业类和综合业类。行业分类指数的样本股是该行业全部沪市上市股票，反映不同行业的景气状况及其股价整体变动状况。

（六）深证指数

深证指数是由深圳证券交易所编制的股价指数，是国内外普遍采用的反映深圳股

市总体走势的统计指标。深证指数包括深证综合指数和深证成分股指数。

1. 深证综合指数

深证综合指数的计算方法基本与上证指数相同，其样本为所有在深圳证券交易所挂牌上市的股票，权数为股票的总股本。由于以所有挂牌的上市公司为样本，其代表性非常广泛，且它与深圳股市的行情同步发布，它是股民和证券从业人员研判深圳股市股票价格变化趋势必不可少的参考依据。以 1991 年 4 月 3 日为基日，1991 年 4 月 4 日开始发布，基日指数为 100 点。

2. 深证成分股指数

深证成分股指数包括深证成分指数、成分 A 股指数、成分 B 股指数、工业类指数、商业类指数、金融类指数、地产类指数、公用事业类指数、综合企业类指数。它是从上市的所有股票中抽取具有市场代表性的 40 家上市公司的股票作为计算对象，并以流通股为权数计算得出的加权股价指数，综合反映深交所上市 A、B 股的股价走势。

成分股中 A 股和 B 股都参与计算深证成分股指数，其中 A 股用于计算成分 A 股指数，B 股用于计算成分 B 股指数。深证成分股指数以 1994 年 7 月 20 日为基日，1995 年 1 月 23 日开始发布，基日指数定为 1000 点。

（七）沪深 300 指数

沪深 300 指数是由上海证券交易所和深圳证券交易所联合编制的第一只反映沪深两市 A 股综合表现的跨市场成分指数，自 2005 年 4 月 8 日起正式发布。目前 300 只样本股中覆盖了银行、钢铁、石油、电力、煤炭、水泥、家电、机械、纺织、食品、酿酒、化纤、有色金属、交通运输、电子器件、商业百货、生物制药、酒店旅游、房地产等数十个主要行业的龙头企业。沪深 300 指数以 2004 年 12 月 31 日为基日，以该日 300 只成分股的调整市值为基期，基期指数定为 1000 点。

（八）香港恒生指数

香港恒生指数是香港股票市场上历史最悠久、影响最大的股票价格指数，由香港恒生银行于 1969 年 11 月 24 日开始编制发布，以 1964 年 7 月 31 日为基日，基点确定为 100 点。

恒生股票价格指数是从香港 500 多家上市公司中选取 33 家有代表性且经济实力雄厚的大公司股票作为成分股，并分为四大类——4 种金融业股票、6 种公用事业股票、9 种房地产业股票和 14 种其他工商业（包括航空和酒店）股票。这些股票占香港股票市值的 63.8%，又涉及香港的各个行业，因此具有较强的代表性。

恒生指数的计算方法是将 33 种股票按每天的收盘价乘以各自的发行股数为计算日的市值，再与基期的市值相比较，乘以 100 就得出当天的股票价格指数。由于恒生股票价格指数所选择的基期适当，因此，不论股票市场狂升或猛跌，还是处于正常交易水平，恒生股票价格指数基本上能反映整个股市的活动情况。

另外需要注意的是，恒生指数服务有限公司于 2006 年 6 月 30 日宣布将成分股数目由 33 只增加至 38 只（当中包括 33 只非 H 股及 5 只 H 股），并于 2007 年 2 月 9 日宣布将成分股逐渐增加至 50 只，当中 H 股与非 H 股数目将不会被固定于持平水平。

四、世界主要的股票价格指数

（一）道琼斯股票价格平均指数

道琼斯股票价格平均指数，简称道琼斯指数，是一个股价指数系列，是国际上历史最为悠久、使用最为广泛的股价指数，它被誉为反映西方经济的“晴雨表”，是由美国的道琼斯公司计算和发布的。它以在纽约证券交易所挂牌上市的部分具有代表性大公司股票为编制对象，为优等股票提供了直接的市场全貌，也基本反映了股票市场的变化趋势。

道琼斯股票价格平均指数主要包括：道琼斯工业股票平均价格指数（Dow Jones industry average，DJIA）、道琼斯运输业股票价格平均指数（Dow Jones transportation average，DJTA）和道琼斯公用事业股票价格平均指数（Dow Jones utility average，DJUA），成分股数目分别为30、20和15。将此三类指数的65只成分股综合起来，道琼斯编制了道琼斯股价综合平均指数（Dow Jones composite average，DJCA）。

道琼斯股票价格平均指数所选用的股票都具有代表性，这些股票的发行公司都是本行业具有重要影响力的著名公司，其股票行情为世界股票市场所瞩目，各国投资者都极为重视。同时，为了保持这一特点，道琼斯公司对其编制的股票价格平均指数所选用的股票经常予以调整，用具有活力的更有代表性的公司股票替代那些失去代表性的公司股票。自1928年以来，仅用于计算道琼斯工业股票价格平均指数的30种工商业公司股票，已有30次更换，几乎每两年就有一个新公司的股票代替老公司的股票。这个神秘指数的细微变化，给无数人带来惊恐或狂喜，它已经不是一个普通的财务指标，而是世界金融文化的代号。

（1）道琼斯工业股票平均价格指数。平常所说的道琼斯指数就是指道琼斯工业股票平均价格指数，于1896年5月26日问世。这是一种代表性强、应用范围广、作用突出的股价指数，是目前世界上影响最大、最有权威性的一种股票价格指数。道琼斯工业平均指数中的30种成分股是美国蓝筹股的代表。

（2）道琼斯运输业股票价格平均指数。它包括20种有代表性的运输业公司的股票，即8家铁路运输公司、8家航空公司和4家公路货运公司。

（3）道琼斯公用事业股票价格平均指数。它是由代表着美国公用事业的15家煤气公司和电力公司的股票所组成。

（4）道琼斯股价综合平均指数。它是综合前三组股票价格平均指数共65种股票而得出的综合指数，这组综合指数显然为优等股票提供了直接的股票市场状况。

（二）《金融时报》指数

《金融时报》指数是由英国《金融时报》于1935年7月1日起编制的、用以反映伦敦证券交易所行情变动的一种股票价格指数。它是英国最权威、最著名的股票价格指数，又称伦敦证券交易所股价指数。该指数最早选取在伦敦证券交易所挂牌上市的30家代表英国工业的大公司的股票为样本，是欧洲最早和最有影响力的股票价格指数。

目前的《金融时报》指数由三种股票价格平均数构成，一种是由30种股票组成的《金融时报》工业普通股票价格指数（目前已扩展为50种）；第二种是《金融时报》100种股票交易指数，又称FT 100指数；第三种是由500种股票组成的价格指数。

（三）标准普尔股票价格指数

标准普尔股票价格指数是美国最大的证券研究机构——标准普尔公司编制的股票价格指数，在美国也很有影响力。该公司于1923年开始编制发表股票价格指数。最初选取了230种股票，编制两种股票价格指数。到1957年，这一股票价格指数的范围扩大到500种股票，分成95种组合。其中最重要的四种组合是工业股票组、铁路股票组、公用事业股票组和500种股票混合组。

由于该指数是根据纽约证券交易所上市股票的绝大多数普通股票的价格计算而得，能够灵活地对认购新股权、股份分红和股票分割等引起的价格变动作出调节，指数数值较精确，并且具有很好的连续性，所以往往比道琼斯指数具有更好的代表性。从1976年7月1日开始，改为400种工业股票，20种运输业股票，40种公用事业股票和40种金融业股票。几十年来，虽然有股票更迭，但始终保持为500种，股票总价值很大，其成分股的90%都在纽约证券交易所上市，其中也包括一些在别的交易所和店头市场交易的股票，所以它的代表性比道琼斯平均指数要广泛很多，故更能真实地反映股票市价变动的实际情况。

比较起来，道琼斯工业股价指数对股价的短期走势具有一定的敏感性，而标准普尔混合指数用于分析股价的长期走势则较为可靠。从对股票市场价格分析研究的角度来看，一些银行的证券专家和经济学家偏向采用标准普尔混合指数。而从实用的角度来看，大多数证券公司和投资者喜欢采用道琼斯工业股价指数。

（四）日经股价指数

日经股价指数是由日本经济新闻社编制并公布的反映日本股票市场价格变动的股票价格平均数。该指数从1950年9月7日开始计算编制，样本股票为在东京证券交易所内上市的225家公司的股票，并以当日为基期，以当日的平均股价176.2日元为基数，当时称为“东证修正平均股价”。

日经股价指数的采样股票分别来自制造业、建筑业、运输业、电力和煤气业、仓储业、水产业、矿业、不动产业、金融业及服务业等行业，覆盖面极广，而在各行业中又是选择最有代表性的公司发行的股票作为样本股票。不仅样本股票的代表公司和组成成分随着情况的变化而变化，而且样本股票的总量也在不断增加，目前已从225种扩增为500种。因此，该指数被看作日本最有影响和代表性的股价指数，通过它可以了解日本的股市行情变化和经济景气变动状况。

按计算对象的采样数目不同，该指数主要分为日经225指数和日经500指数。

日经225指数（简称“日经225”），是由日本经济新闻社推出的反映东京证券交易所股票价格变动的股价指数，包括225种股票。因此种指数延续时间较长，具有很好的可比性，成为考察日本股票市场股价长期演变及最新变动最常用和最可靠的指标，传媒日常引用的日经指数就是这个指数，也是运用最广的指数。

日经 500 指数（简称“日经 500”）。此指数是从 1982 年 1 月 4 日起开始编制的。由于其采样包括 500 种股票，其代表性就相对更为广泛，但它的样本是不固定的，每年 4 月份要根据上市公司的经营状况、成交量和成交金额、市价总值等因素对样本进行更换。

部分国外著名股价指数一览表见表 3－2。

表 3－2 部分国外著名股价指数一览表

股价指数名称	权重	采样股票的范围
道琼斯指数	价格和价值	美国蓝筹股以及全球性的股票
《金融时报》100 股价指数	价值	英国 100 家大型公司股票
日经 225 种、500 种股票平均数指数	价值	日本股票
雷塞尔指数（美国）	价值	美国小公司股票
标准普尔 500 指数	价值	美国大型公司的股票
东京股票价格指数	价值	东京股票交易所上市的 1100 种股票
纳斯达克指数	价值	美国场外交易非上市股票

【知识链接 3－2】

世界著名证券交易所网址

东京股票交易所 http：//www. tse. or. jp/
纽约股票交易所 http：//www. nyse. com/
美国股票交易所 http：//www. amex. com/
伦敦股票交易所 http：//www. londonstockex. co. uk/
巴黎股票交易所 http：//www. bourse－de－paris. fr/
意大利股票交易所 http：//www. borsaitalia. it/
德国股票交易所 http：//www. exchange. de/
香港交易所 http：//www. hkex. com. hk/
韩国股票交易所 http：//www. kse. or. kr/
澳洲股票交易所 http：//www. asx. com. au/

本章小结

1. 证券市场是股票、债券、投资基金等有价证券发行和交易的场所，是金融市场的重要组成部分。

2. 证券市场的分类方式：按照证券进入市场的顺序而形成的结构关系划分，可分为发行市场和交易市场；按照证券投资品种的不同，可以分为股票市场、债券市场、基金市场以及衍生证券市场；按照市场组织形式的不同，可以分为场内交易市场和场外交易市场；按照证券发行和流通的地理范围，可分为国内证券市场和国际证券市场。

3. 证券投资者是指通过买入证券而进行投资的各类机构法人和自然人，可分为机构投资者和个人投资者两大类。

4. 个人投资者是指从事证券投资的社会自然人，即以自然人身份从事股票买卖的投资者，他们是证券市场最广泛的投资者。

5. 证券市场中介机构是指为证券的发行、交易提供服务的各类机构。按照提供服务的内容的不同，可以分为证券经营机构和证券服务机构。

6. 股票价格指数是由证券交易所或金融服务机构编制的用于表明股票行市变动情况的股票价格平均数，是投资者进行投资决策的重要参考指标。

7. 上证指数是由上海证券交易所编制的股价指数，从1991年7月15日起编制并公布的。该股价指数的样本为所有在上海证券交易所挂牌上市的股票。

8. 深证指数是由深圳证券交易所编制，国内外普遍采用的反映深圳股市总体走势的统计指标。

9. 道琼斯股票价格平均指数，简称道琼斯指数，是一个股价指数系列，是国际上历史最为悠久、使用最为广泛的股价指数，它被誉为反映西方经济的“晴雨表”，为优等股票提供了直接的市场全貌，也基本反映了股票市场的变化趋势。

同步练习

1. 简述证券市场的概念与功能。
2. 证券市场的主要参与者有哪些?
3. 简述股票价格指数的编制方法。

第四章　证券发行与流通市场

【学习目标】

- 掌握证券发行市场和流通市场的含义、证券发行市场的构成及发行方式。
- 理解证券流通上市制度、证券交易程序、股票的发行条件及程序。

【关键术语】

证券发行市场　证券流通市场　公募发行　私募发行　注册制　包销　证券经纪商　证券交易所　场外交易市场　市价委托　限价委托　集合竞价　连续竞价

【引例】

华泰证券非公开发行A股股票获证监会发行审核委员会审核通过

2017年12月8日，中国证监会发行审核委员会审核通过本次华泰证券非公开发行A股股票的申请。2018年3月19日，该公司收到中国证监会《关于核准华泰证券股份有限公司非公开发行股票的批复》（证监许可〔2018〕315号），核准本次非公开发行。

本次发行的股票种类为境内上市人民币普通股（A股），每股面值为人民币1.00元；向特定投资者非公开发行，发行对象为阿里巴巴（中国）网络技术有限公司、苏宁易购集团股份有限公司、安信证券股份有限公司、中国国有企业结构调整基金股份有限公司、上海北信瑞丰资产管理有限公司、阳光财产保险股份有限公司。

本次发行募集资金总额14 207 942 160.00元，扣除发行费用74 736 488.79元后，实际募集资金净额为14 133 205 671.21元，其中股本为人民币1 088 731 200.00元，资本公积为人民币13 044 474 471.21元。截至2018年7月31日，公司募集资金专用账户已收到上述款项。2018年7月31日，毕马威华振会计师事务所出具了毕马威华振验字第1800286号《华泰证券股份有限公司非公开发行人民币普通股（A股）股票验资报告》，对公司本次非公开发行新增注册资本及实收资本（股本）情况进行了审验。公司将根据《上市公司证券发行管理办法》的有关规定，对本次募集资金实施专户管理，专款专用。

从华泰证券定向增发的例子可以看出：证券发行市场具有筹资的功能；证券发行市场私募发行的方式；股票发行的程序包括：做出发行决定、准备及办理报批、提出申请、公告招股说明书等。

第一节　证券发行市场

一、证券发行市场概述

（一）证券发行市场的含义和构成

1．证券发行市场的含义

证券发行市场也称为初级市场或一级市场，是证券发行人以筹集资金为目的，按照一定的法律规定和发行程序，向投资者出售新发行的证券所形成的市场，是整个证券市场的基础。一方面通过发行市场，将企业、机构和政府发行的新证券销售给投资者，为资金需求者提供筹措资金的渠道，另一方面为资金供应者提供投资的机会，使社会储蓄转化为投资，资金及其他生产要素流向最能产生效益的行业和企业，促进资源的优化配置。

证券发行市场具有显著的特征：第一，证券发行是直接融资的实现形式；第二，证券发行市场是个无形市场，通常不存在具体的市场形式和固定场所，是个抽象的、观念上的市场；第三，证券发行市场的证券具有不可逆转性，只能由发行人流向认购人，这是证券发行市场与证券交易市场的一个重要区别。

2．证券发行市场的构成

证券发行市场由证券发行人、证券认购人、证券承销商和专业服务机构构成。证券发行人是指为筹措资金而发行债券、股票等证券的政府及其机构、金融机构、公司和企业，是证券发行的主体。证券认购人是以取得利息、股息或资本收益为目的而根据发行人的招募要约，将要认购或已经认购证券的个人或机构，它可以是个人，也可以是团体，后者主要包括证券公司、信托投资公司、共同基金等金融机构和企业、事业单位以及社会团体等。证券承销商是指与发行人签订证券承销协议，协助公开发行证券，借此获取相应的承销费用的证券经营机构。证券专业服务机构是为证券发行、上市或者证券交易活动出具审计报告、资产评估报告或者法律意见书等文件的专业机构，主要包括会计师事务所、综合类资产评估机构和专项资产评估机构以及律师事务所。

（二）证券发行方式

1．证券按发行对象可分为公募发行和私募发行

公募发行（public placement）也称公开发行，是指发行人向不特定的社会公众投资者发售证券的发行方式。在公募发行方式下，任何合法的投资者都可以认购拟发行的证券。采用公募发行的有利之处在于以众多投资者为发行对象，证券发行的数量多，筹集资金的潜力大；投资者范围大，可避免发行的证券过于集中或被少数人操纵；公募发行可增强证券的流动性，有利于提高发行人的社会信誉。但公募发行的发行条件比较严格，发行程序比较复杂，登记核准的时间较长，发行费用较高。公募发

行是证券发行中最常见、最基本的发行方式，适合于证券发行数量多、筹资额大、准备申请证券上市的发行人。

私募发行（private placement）也称不公开发行或私下发行、内部发行，是指以少数特定投资者为对象的发行。私募发行的对象有两类：一类是老股东或员工；另一类是投资基金、社会保险基金、保险公司、商业银行等金融机构以及与发行人有密切业务往来关系的企业等机构投资者。私募发行有确定的投资者，发行手续简单，可以节省发行时间和发行费用，但投资者数量有限，证券流通性较差，不利于提高发行人的社会信誉。

2. 证券按有无发行中介可分为直接发行和间接发行

直接发行即发行人直接向投资者推销、出售证券的发行。这种发行方式成本较低；发行者负担发行责任和风险，此种发行方式比较适合公司内部集资，主要面向与发行者有业务往来关系的机构。

间接发行又称证券承销，是指发行人委托证券承销机构发行股票的方式。间接发行又可分为承销、包销、代销三种具体方式。采用这种发行方式，能使发行人在较短的时间内筹足所需资金，但发行成本较高，比较适合筹资额大的公司。

一般情况下，间接发行是最基本的、最常见的方式，特别是公募发行，大多采用间接发行，而私募发行则以直接发行为主。

（三）证券发行制度

证券发行制度也称证券发行审核制度，是国家证券监督管理部门对发行人利用证券向社会公开募集资金的有关申报资料进行审查的制度。只有具备了证券发行条件，才能进入证券市场发行证券。由于各国经济发展状况不平衡，尤其是证券市场的发育程度不同，对证券发行的审核方式各不相同。

1. 两种主要的证券发行制度：注册制、核准制

（1）注册制。注册制实行公开管理原则，实质上是发行公司的财务公开制度。它要求发行人在准备发行证券时，必须将依法公开的各种资料完全、准确地向证券主管机关呈报并申请注册，只要具有证券发行资格，并做到完全准确披露相关信息，就具备了证券发行条件。注册制对证券发行条件要求相对较宽松。目前，澳大利亚、巴西、加拿大、德国、法国、意大利、荷兰、菲律宾、新加坡、英国、美国等国家，在证券发行上均采取注册制。

（2）核准制。核准制是指发行人在申请发行证券时，不仅要以真实状况的充分公开为条件，而且必须符合有关法律和证券管理机关规定的必备条件，并经过证券主管机关对证券发行申请的严格审核，经过批准后才能发行。审核制的证券发行条件要求比较严格。

2. 我国的证券发行制度

我国证券市场上市交易的金融工具包括股票、债券、证券投资基金、权证等。根据《中华人民共和国证券法》《中华人民共和国公司法》等有关法律法规的规定，公开发行股票、可转换公司债券、公司债券和国务院依法认定的其他证券，必须依法报

经中国证监会核准。

（1）证券发行实行核准制。在我国，证券发行核准制是指证券发行人提出发行申请，保荐机构（主承销商）向中国证监会推荐，中国证监会进行合规性初审后，提交发行审核委员会审核，最终经中国证监会核准后发行。核准制不仅强调公司信息披露，同时还要求必须符合一定的实质性条件，如企业盈利能力、公司治理水平等。核准制的核心是监管部门进行合规性审核，强化中介机构的责任，加大市场参与各方的行为约束，减少新股发行中的行政干预。

（2）证券发行上市保荐制度。证券发行上市保荐制度是指有保荐机构及其保荐代表人负责发行人证券发行上市的推荐和辅导，经尽职调查核实公司发行文件资料的真实、准确和完整性，协助发行人建立严格的信息披露制度，主要包括以下内容：① 发行人申请首次公开发行股票并上市，上市公司发行新股、可转换公司债券或公开发行法律、行政法规实行保荐制度的其他证券的，应当聘请具有保荐资格的机构担任保荐人，依法进行保荐。中国证监会或证券交易所只接受由保荐机构推荐的发行或上市申请文件。② 保荐机构及保荐代表人应当尽职调查，对发行人申请文件、信息披露资料进行审慎核查，向中国证监会、证券交易所出具保荐意见，并对相关文件的真实性、准确性和完整性负连带责任。③ 保荐机构及其保荐代表人对其所推荐的公司上市后的一段时期负有持续督导义务，并对公司在督导期间的不规范行为承担责任。④ 保荐机构要建立完备的内部管理制度。⑤ 中国证监会对保荐机构实行持续监管。

（3）发行审核委员会制度。发行审核委员会制度是证券发行核准制的重要组成部分，《中华人民共和国证券法》规定国务院证券监督管理机构设发行审核委员会（以下简称发审委）。发审委审核发行人股票发行申请和可转换公司债券等中国证监会认可的其他证券的发行申请，发审委的主要职责是：根据有关法律、行政法规和中国证监会的规定，审核股票发行申请是否符合相关条件；审核保荐机构、会计师事务所、律师事务所、资产评估机构等证券服务机构及相关人员为股票发行所出具的有关材料及意见书；审核中国证监会有关职能部门出具的初审报告；对股票发行申请进行独立表决，依法对发行申请提出审核意见。中国证监会依照法定条件和法定程序做出予以核准或者不予以核准股票发行申请的决定，并出具相关文件。发审委制度的建立和完善是不断提高发行审核专业化程度和透明度、增加社会监督和提高发行效率的重要举措。

现阶段，我国正在探索证券发行注册制，未来几年，有望实现注册制制度。

【知识链接 4－1】

我国证券发行注册制最新进展

作为证券发行交易大法，全面修订后的证券法已于 2020 年 3 月 1 日施行。证券发行提出注册制，如今路线图也已明确。无需核准，只需责任人按规定披露信息，投资者盈亏全由所披露的信息自主判断。新证券法的实施，意味着投资者保护以及纠纷解决机制将面临巨大的变革。

新证券法第九条修改旧法第十条，关于证券发行时，新法“注册”二字取代旧法“核准”。新证券法明确，公开发行证券，必须符合法律行政法规规定的条件，并依法报经证监会或国务院授权的部门注册，未经依法注册，任何单位和个人不得公开发行证券。但新法也同时提出，证券发行注册制的具体范围、实施步骤，由国务院规定。

基于此，国务院在新证券法实施前夕发布《关于贯彻实施修订后的证券法有关工作的通知》（以下简称《通知》），明确指出，分步实施股票公开发行注册制改革。在科创板已试点实行注册制基础上，要求证监会会同有关方面，进一步完善科创板相关制度规则。研究制定在深交所创业板试点股票公开发行注册制的总体方案，并积极创造条件，适时提出在证券交易所其他板块和国务院批准的其他全国性证券交易场所实行股票公开发行注册制的方案。在证券交易所有关板块和国务院批准的其他全国性证券交易场所的股票公开发行实行注册制前，继续实行核准制。

《通知》同时提出，要落实好公司债券公开发行注册制要求。依据修订后的证券法规定，公开发行公司债券应当依法经中国证券监督管理委员会或中华人民共和国国家发展和改革委员会注册，完善证券发行注册程序。

（四）证券承销制度

发行人销售证券的方法有两种：一是发行人自己将证券销售给认购者，也即“自销”；二是委托专门的证券经营机构（承销商）销售，也即“承销”。一般情况下，公开发行以承销为主。按照发行风险的承担、所筹资金的划拨以及手续费的高低等因素划分，承销方式包括包销和代销。

1. 包销

证券包销是指证券公司将发行人的证券按照协议全部购入或者在承销期结束时将售后剩余证券全部自行购入的承销方式。

包销分为全额包销和余额包销两种。全额包销是由承销商与发行人签订协议，由承销商按约定价格买下约定的全部证券，然后以稍高的价格向社会公众出售，即承销商低价买进高价售出，赚取的中间差额为承销商的利润。余额包销，是指承销商与发行人签订协议，在约定的期限内发行证券，并收取佣金，到约定的销售期满，售后剩余的证券，由承销商按协议价格全部认购。

2. 代销

代销（securities proxy sale）是指证券公司代发行人发售证券，在承销期结束时，将未售出的证券全部退还给发行人的承销方式。

《中华人民共和国证券法》规定，发行人向不特定对象发行的证券，法律、行政法规规定应当由证券公司承销的，发行人应当同证券公司签订承销协议；向不特定对象发行的证券票面总值超过人民币 5000 万元的，应当由承销团承销。承销团应当由主承销和参与承销的证券公司组成。我国《证券发行与承销管理办法》和《上市公司证券发行管理办法》规定，上市公司发行证券，应当由证券公司承销；上市公司非公开发行股票未采用自行销售方式或者上市公司向原股东配售股份的，应当采用代销方式发行。上市公司非公开发行股票，发行对象均属于前10名股东的，可以由上市公司自行销售。

二、股票发行市场

证券发行市场包括股票发行市场、债券发行市场、证券投资基金发行市场等，在此以股票发行市场为例讲解其含义、发行条件、程序及价格问题。

（一）股票发行市场的含义

股票发行市场是新股票初次发行的市场，是股份公司筹集资金将社会闲散资金转化为生产资金的场所。股票的发行包括首次公开发行、增资发行。首次公开发行（IPO）是拟上市公司首次在证券市场公开发行股票募集资金并上市的行为；增资发行是指已设立并运作一定时间（一年以上）的股份公司为扩充资本而发行股票。增资发行包括：

（1）配股。配股发行是指公司按股东的持股比例向原股东分配该公司的新股认购权，准其优先认购的增资方式。

（2）向不特定对象公开募集股份，简称“增发”。其目的是向社会公众募集资金，扩大股东人数，分散股权，增加股票的流通性，避免股份过于集中。

（3）发行可转换公司债券。可转换公司债券是债券的一种，它可以转换为债券发行公司的股票，通常具有较低的票面利率。从本质上讲，可转换债券是在发行公司债券的基础上，附加了一份期权，并允许购买人在规定的时间范围内将其购买的债券转换成指定公司的股票。

（4）非公开发行股票，也称“定向增发”，是股份公司向特定对象发行股票的筹资方式。特定对象包括：公司控股股东、实际控制人及其控制的企业；与公司业务有往来的企业、银行；证券投资基金、证券公司、信托投资公司等金融机构；公司董事、员工等。这种增资方式会直接影响公司原股东利益，需经股东大会特别批准。

（二）我国股票发行条件

1. 首次公开发行的基本条件

《首次公开发行股票并上市管理办法》规定，首次公开发行的发行人应当是依法设立并合法存续的股份有限公司；持续经营时间应当在3年以上；注册资本已足额缴纳；生产经营合法；最近3年内主营业务和董事会、高级管理人员没有发生重大变化，实际控制人没有发生变更；股权清晰；发行人已经依法建立健全股东大会、董事会、监事会、独立董事、董事会秘书制度，相关机构和人员能够依法履行职责；发行人应规范运行。发行人的财务指标应满足以下要求：

（1）最近3个会计年度净利润均为正数且累计超过人民币3000万元，净利润以扣除非经常性损益后较低者为计算依据。

（2）最近3个会计年度经营活动产生的现金流量净额累计超过人民币5000万元；或者最近3个会计年度营业收入累计超过人民币3亿元。

（3）发行前股本总额不少于人民币 3000 万元。

（4）最近 1 期期末无形资产（扣除土地使用权、水面养殖权和采矿权等后）占净资产的比例不高于 20%。

（5）最近 1 期期末不存在未弥补亏损。

2. 增发新股的条件

增发新股的条件除一般规定外，还包括：最近 3 个会计年度加权平均净资产收益率平均不低于 6%，扣除非经常性损益后的净利润与扣除前的净利润相比，以低者为加权平均净资产收益率的计算依据；除金融类企业外，最近 1 期期末不存在持有金额较大的交易性金融资产和可供出售的金融资产、借予他人款项、委托理财等财务性投资的情形；发行价格应不低于公告招股意向书前 20 个交易日公司股票均价或前一交易日的均价。

3. 配股的条件

配股的条件除一般规定外，还应符合以下条件：拟配售股票数量不超过本次配售股份前股本总额的 30%；控股股东应当在股东大会召开前公开承诺认配股份的数量；采用《中华人民共和国证券法》规定的代销方式发行。《证券发行与承销管理办法》规定，上市公司向原股东配售股票，应当向股权登记日在册的股东配售，且配售比例应当相同。

（三）股票发行程序

（1）做出发行公司股票的决定。拟设立的股份有限公司首先应取得政府有关部门关于公司设立的批准，然后由发起人办理股票发行申请手续；已设立的股份有限公司发行新股，首先由董事会就新股发行问题做出决议，然后召开股东大会决议。在新股发行前及发行后的一段时期应由有资格的证券咨询机构给予有关辅导。

（2）准备报批文件，办理报批。股票发行申请人聘请具有证券业务资格的会计师事务所、律师事务所、资产评估机构等专业机构，对其资信、资产、财务状况等进行审定、评估，并就有关事项出具与新股发行有关的文件，随同招股说明书、股份发行承销方案等文件，向证券发行主管部门提出申请、报请审批。

（3）向证券交易所提出申请。证券发行主管部门审批同意后，申请人应向其上市的证券交易所提出申请，经同意后才可以发行股票。

（4）公告招股说明书，履行承销协议。股份有限公司股票发行人应公告按照证监会规定格式制作的招股说明书，证券承销机构履行承销协议。申请以配售股份形式发行新股的，按照证监会的有关规定实施。

公开招股说明书是指公开发行和出售其证券的公司向证券购买人说明该公司财务状况和发行证券的数量、价格的正式印刷文件。该说明书应该尽可能全面和详尽，以便投资人能够对发行公司的情况做必要的了解，并据以做出是否投资的决定。其内容除对发行涉及的基本问题，如发行种类、数量、价格、股东权益、起止日期、认购方法等做出明确规定外，还须详细介绍公司的历史沿革、组织设置、经营内容、当年的财务状况等情况。

我国公司法和股票发行与交易管理暂行条例对招股说明书有明确的内容和格式的

要求。招股说明书应包括的主要内容有：公司的名称、住所；发起人或发行人简况；筹资目的；公司现有股本总额；本次发行的股票种类、总额；每股面值、售价；发行前每股净资产值和发行后每股预期资产值；发行费用和佣金；初次发行的发起人认购股本情况、股权结构及验资证明；承销机构的名称、承销方式与承销数量；发行的对象、时间、地点及股票认购和股票缴纳的方式；所筹资金的运用计划及收益、风险预测；公司近期发展规划和经注册会计师审核并出具审核意见的公司下一年的盈利预测文件；重要的合同；设计公司的重大诉讼事项；公司董事、监事名单及其简历；近三年或者成立以来的生产状况和有关业务发展的基本情况；经会计师事务所审计的公司近三年或者成立以来的财务报告和由两名以上注册会计师及其所在事务所签字、盖章的审计报告；增资发行的公司上次公开发行股票所筹资金的运用情况；证监会要求载明的其他事项。

（四）股票发行价格

股票发行价格是指股份有限公司出售新股票的价格。在确定股票发行价格时，可以按票面金额确定（等价发行），也可以超过票面金额确定（溢价发行），但不得以低于票面金额的价格发行（折价发行）。溢价发行所得的溢价款列入发行公司的资本公积金。

股票发行可以采取协商定价方式，也可以采取一般询价、上网竞价方式。

（1）协商定价方式是指发行企业和承销机构参考企业经营业绩、净资产、发展潜力、发行数量、行业特点、股市状态，提供定价发行报告，确定发行价格。

（2）一般询价方式是通过向询价对象询价来确定发行价格的。询价对象是指依法设立的证券投资基金、符合证监会规定条件的证券公司，以及其他证监会认可的机构投资者。

（3）上网竞价发行是指利用证券交易所的交易系统，主承销商作为股票的唯一卖方，以发行人宣布的发行底价为最低价格，以新股实际发行量为总的卖出数，由投资者在规定的时间内竞价委托申购。确认投资者的有效申购后，就可以确定发行价格。当有效申购量等于或小于发行量时，发行底价就是最终的发行价格；当有效申购量大于发行量时，主承销商可以采用比例配售或者抽签的方式确定每个有效申购实际应配售的新股数量。

我国《证券发行与承销管理办法》规定，首次公开发行股票以询价方式确定股票发行价格。上市公司发行证券，可以通过询价方式确定发行价格，也可以与主承销商协商确定发行价格。

第二节　证券上市制度

一、证券上市的概念及类型

证券上市是指证券交易所根据一定的条件和标准，批准公开发行的证券在证券交易所作为买卖对象，自由地公开买卖。按照不同的标准，证券上市分为不同的类型：

（1）根据证券的上市程序不同，分为授权上市与认可上市。

授权上市，又称核准上市，是指证券交易所根据证券发行人的申请，依照规定程序核准的证券上市。

认可上市，是指经证券交易所认可后，证券即可进入证券交易所上市交易的上市方式，主要适用于各种政府债券。

（2）根据证券上市与证券发行之间的关系不同，证券上市可以分为普通上市与首次上市。

普通上市，是指证券发行人于股票或公司债券发行后，另择日期申请并获准上市。

首次发行上市，是指公司发行人在公开发行股票或者公司债券的同时，已确定近期上市计划，并于发行成功后的合理时间内申请股票或公司债券的上市交易。

（3）根据上市的内容不同，分为股票上市和债券上市。

股票上市，是指符合规定条件的公司的股票在证券交易所挂牌交易。股份有限公司申请股票上市交易，应当向证券交易所提出申请，由证券交易所依法审核同意，并由双方签订上市协议。同时应聘请有保荐资格的机构担任保荐人，依法进行保荐。

债券上市，主要是指经证券交易所依法审核同意的公司所发行的债券在证券交易所上市交易。此外，证券交易所根据国务院授权部门的决定安排政府债券上市交易。

二、证券上市的条件

（一）股票上市的条件

（1）股票已公开发行；

（2）股票经国务院证券监督管理机构核准、已公开发行公司股本总额不少于人民币 3000 万元（创业板上市）或 5000 万元（上海、深圳证券交易所主板上市）；

（3）公开发行的股份达到公司股份总数的 25% 以上；公司股本总额超过人民币 4 亿元的，公开发行股份的比例为 10% 以上；

（4）公司股东人数不少于 200 人（创业板上市条件）；

（5）公司最近三年无重大违法行为，财务会计报告无虚假记载。

证券交易所可以规定高于上述规定的上市条件，并报国务院证券监督管理机构批准。国家鼓励符合产业政策并符合上市条件的公司股票上市交易。

申请股票上市交易，应当向证券交易所报送下列文件：① 上市报告书；② 申请股票上市的股东大会决议；③ 公司章程；④ 公司营业执照；⑤ 依法经会计师事务所审计的公司最近三年的财务会计报告；⑥ 法律意见书和上市保荐书；⑦ 最近一次的招股说明书；⑧ 证券交易所上市规则规定的其他文件。

（二）债券上市的条件

（1）公司债券的期限为一年以上；

（2）公司债券实际发行额不少于人民币 5000 万元；

（3）公司申请债券上市时仍符合法定的公司债券发行条件。

申请公司债券上市交易，应当向证券交易所报送下列文件：① 上市报告书；② 申请公司债券上市的董事长决议；③ 公司章程；④ 公司营业执照；⑤ 公司债券募集办法；⑥ 公司债券的实际发行数额；⑦ 证券交易所上市规则规定的其他文件。申请可转换为股票的公司债券上市交易，还应当报送保荐人出具的上市保荐书。

三、证券上市的程序

1. 上市申请

拟上市的公司向证券交易所报送上述相关材料。

2. 上市审核

除政府债券由证券交易所根据国务院授权的部门决定安排上市交易外，证券上市的审核机构为证券交易所。

证券交易所在审核股票上市申请时，通常应考虑以下因素。① 上市条件因素。股票上市申请必须符合《中华人民共和国证券法》等法律法规规定的上市条件以及本证券交易所制定的上市条件。② 产业政策因素。根据《中华人民共和国证券法》第45条规定，国家鼓励符合产业政策同时又符合上市条件的公司股票上市交易。产业政策一般包括产业结构政策、产业组织政策、产业技术政策和产业布局政策，以及其他对产业发展有重大影响的政策和法规。在一国的不同时期、不同地区，产业政策各有不同，同时产业政策具有很强的变动性。

证券交易所根据法律法规及证券交易所的上市规则对债券上市申请进行审核，并在受理申请文件之日起三个交易日内做出是否同意公司债券上市的决定。在审核申请文件时，发行人有以下情形之一的，证券交易所做出终止审核决定：① 主动要求撤回申请文件的；② 未在规定时间内提交书面回复意见，且未及时向证券交易所说明原因、征得证券交易所认可的。发行人或保荐人主动要求撤回申请文件的，应当向证券交易所提出书面申请。证券交易所对发行人的公司债券上市申请予以同意的，出具同意上市文件；不予同意的，出具书面意见，说明不予同意的理由。

3. 上市协议

证券交易所审核同意上市申请后，公司与证券交易所签订上市协议。上市协议明确了证券交易所和上市公司的权利义务，是调整双方之间法律关系的基础性文件，也为证券交易所对上市公司进行监管提供了重要法律依据。上市协议在各国一般均为格式合同。

我国股票上市协议应当包括如下内容：① 上市费用的项目和数额；② 双方的权利与义务；③ 公司证券事务负责人；④ 上市公司定期报告、临时报告的报告程序；⑤ 股票停牌事宜；⑥ 协议双方违反上市协议的处理；⑦ 仲裁条款；⑧ 证券交易所认为需要在上市协议中规定的其他内容。须特别注意的是，上市协议中均要求上市公司董事、监事、高级管理人员做出承诺，保证遵守证券交易所现有的和将来做出的有关规定，督促上市公司遵守证券交易所的上市规则。

我国债券上市协议一般包括如下内容：① 债券的名称代码、信用评级、面额、期限、利率、发行价格、发行总量等基本情况；② 双方的权利与义务；③ 公司证券事务负责人；④ 上市公司定期报告、临时报告的报告程序；⑤ 债券停牌事宜；⑥ 协议双方违反上市协议的处理；⑦ 仲裁条款；⑧ 证券交易所认为需要在上市协议中规定的其他内容。

4. 上市公告

上市公告，是证券发行人向社会公众告知所发行证券获准上市交易的一系列行为的总和，也是证券上市交易的重要程序。

根据《中华人民共和国证券法》第 53 条规定，股票上市交易申请经证券交易所审核同意后，签订上市协议的公司应当在规定的期限内公告股票上市的有关文件，并将该文件置备于指定场所供公众查阅。另依第 54 条规定，签订上市协议的公司还应当公告下列事项：① 股票获准在证券交易所交易的日期；② 持有公司股份最多的前十名股东的名单和持股数额；③ 公司的实际控制人；④ 董事、监事、高级管理人员的姓名及其持有本公司股票和债券的情况。

对公司债券上市公告事宜，《中华人民共和国证券法》仅作有原则性规定。第 59 条规定，公司债券上市交易申请经证券交易所审核同意后，签订上市协议的公司应当在规定的期限内公告公司债券上市文件及有关文件，并将其申请文件置备于指定场所供公众查阅。证券交易所对公司债券上市公告的时间、内容、方式等均作明确规定。

四、证券上市的暂停与终止

证券交易所一般要对上市证券进行定期和不定期的复核。在复核中如果发现上市证券不宜继续上市，就可以开具“暂停上市通知书”，暂停上市证券的上市。此外，上市公司在增发股票或发放股息、红利期间，其股票自动暂停上市。

（一）股票上市的暂停与终止

上市公司有以下情形之一的，由证券交易所决定暂停其股票上市交易：① 注册公司股票总额、股权分布等发生变化不再具备上市条件的；② 注册公司不按照规定公开其财务状况，或者对财务会计报告虚假记载，可能误导投资者；③ 注册公司有重大违法行为；④ 注册公司最近三年连续亏损；⑤ 证券交易所上市规则规定的其他情形。

上市公司有下列情形之一的，由证券交易所决定终止其股票上市交易：① 注册公司股本总额、股票分布等发生变化不再具备上市条件，在证券交易所规定的期限内不能达到上市条件；② 注册公司不按照规定公开其财务状况，或者对财务会计报告做出虚假记载，且拒绝纠正；③ 注册公司最近三年连续亏损，在其后一个年度内未能恢复盈利；④ 注册公司解散或者被宣告破产；⑤ 证券交易所上市规则规定的其他情形。

【知识链接4-2】

瑞幸咖啡造假导致其退市

2020年4月2日，瑞幸咖啡发布公告，承认虚假交易22亿人民币，股价暴跌80%，盘中数次暂停交易。4月5日，瑞幸咖啡发布道歉声明 。2020年4月22日，银保监会谈到瑞幸咖啡财务造假，表示将积极配合主管部门依法严厉惩处。4月27日，瑞幸咖啡官方称，公司正在积极配合市场监管部门对瑞幸咖啡经营情况相关工作的了解 。5月12日，瑞幸咖啡宣布调整董事会和高级管理层，CEO钱治亚和COO刘剑被暂停职务。北京时间2020年5月19日晚间，瑞幸咖啡发布公告称，收到纳斯达克交易所通知，要求从纳斯达克交易所退市 。6月27日，瑞幸咖啡发布声明：将于6月29日停牌并进行退市备案。

（二）债券上市的暂停与终止

上市公司有以下情形之一的，由证券交易所决定暂停其债券上市交易：① 公司有重大违法行为；② 公司情况发生重大变化不符合公司债券上市条件；③ 公司债券所募集资金不按照审批机关批准的用途使用；④ 未按照公司债券募集办法履行义务；⑤ 公司最近两年连续亏损。

上市公司有以下情形之一的，由证券交易所决定终止其债券上市交易：① 公司有重大违法行为，经查实后果严重的；② 公司情况发生重大变化不符合公司债券上市条件，在期限内未能消除的；③ 公司债券所募集资金不按照审批机关批准的用途使用，在限期内未能消除的；④ 未按照公司债券募集办法履行义务，经查实后果严重的；⑤ 公司最近两年连续亏损，在限期内未能消除的；⑥ 公司解散或者宣告破产的。

（三）基金上市的暂停和终止

上市公司有以下情形之一的，由证券交易所决定暂停其基金上市交易：① 发生重大变更而不符合上市条件的；② 违反国家法律、法规，中国证监会决定暂停上市的；③ 严重违反投资基金上市规则的；④ 中国证监会和证券交易所认为须暂停上市的其他情形。

上市公司有以下情形之一的，由证券交易所决定终止其基金上市交易：① 不再具备《中华人民共和国证券投资基金法》规定的条件；② 基金合同期限届满而未延期；③ 基金份额持有人大会决定提前终止上市交易；④ 基金合同约定的其他情形。

第三节　证券流通市场

证券流通市场是指买卖已发行证券的市场，又称二级市场、次级市场。证券流通市场是已发行的证券通过买卖交易实现流通转让的场所。证券流通市场一般由两个子市场构成：一是证券交易所市场，其交易有固定的场所和固定的交易时间，是最重要的集中的证券流通市场；二是场外交易市场，是证券经营机构开设的证券交易柜台，不在证券交易所上市的证券可申请在场外交易市场进行交易。

一、证券流通市场的特点及功能

（一）证券流通市场的特点

证券流通市场的特点主要体现在以下几个方面：

（1）证券交易市场参与者的广泛性。参与主体广泛，主要为政府部门、投资银行、商业银行、证券公司、信托公司、财务公司、个人等投资者，还包括证券经纪人等服务中介。

（2）证券交易市场的多层次性，包括全国性及区域性的场内、场外交易场所。

（3）证券交易方式的规范化和手段的现代化。有明确的交易规则及交易方式，采取现代化系统及通信设备，即时公布交易行情。

（4）交易时间的确定性与交易价格的不确定性。有稳定明确的交易时间，交易价格始终处于变动中，风险较大。

（5）证券交易市场交易的连续性。在全世界范围内，已经形成每天 24 小时的连续交易，且期货、期权交易等大大减弱了地点和时间限制，使交易连续性增强。

（6）证券交易市场交易的投机性。证券交易市场存在大量的投机者，市场存在较大的风险。

（二）证券流通市场的功能

证券流通市场的主要功能在于有效地集中和分配资金，具体功能体现在下面四个方面：

（1）促进短期闲散资金转化为长期建设资金。

（2）调节资金供求，引导资金流向，沟通储蓄与投资的融通渠道。

（3）流通市场的价格变动能反映出整个社会的经济情况，有助于抽调劳动生产力和促进新兴产业的兴起。

（4）维持证券的合理价格，交易自由、信息灵通、管理缜密，保证买卖双方的利益都受到严密的保护。证券交易价格由买卖双方共同来决定，价格随市场供求情况而不断波动。

二、证券交易所市场

证券交易所市场也叫场内交易市场，是依据国家有关法律，经政府证券主管机关批准设立的集中进行证券交易的有形场所，它是高度组织化的有形市场，是证券交易市场的核心。在我国有四个证券交易所：上海证券交易所、深圳证券交易所、香港交易所、台湾证券交易所。

（一）证券交易所市场的功能

1. 提供持续性的证券交易

证券交易所的统一交易规则和固定交易时间集中了大量交易者，使证券买卖随时可以成交，保证了证券较强的流动性，为证券的发行和交易创造了条件，为投资者和变现者提供便利。

2. 形成合理的证券价格

证券交易所市场是一个完全竞争的市场，为各种证券交易提供公平、公开、充分的价格竞争条件，以发现合理的交易价格，这也是证券交易所集中交易优于场外交易的原因。

3. 公开披露交易信息

形成合理的证券价格是以实施公开、公正和及时的信息披露为条件的。证券交易所公开披露的不仅包括价格信息，而且包括证券发行人的一切可能影响证券价格波动的信息。符合这一要求既是证券交易所的法律责任，也是现代证券交易所必不可少的商业职能。

4. 管理和监督交易活动

证券交易所作为有组织的市场，有一套严格的管理制度和管理方法，会员证券公司、上市公司、交易所工作人员以及投资者必须严格遵守各种规章制度，否则将受到处罚。同时，证券交易所通过反垄断、反内部交易和反欺诈等监督证券交易活动维护交易秩序。

5. 引导投资的合理流向

证券交易所为资金的自由流动提供了方便，并通过每天公布的行情和上市公司信息，反映证券发行公司的获利能力与发展情况，使社会资金向最需要和最有利的方向流动。

6. 预测经济发展趋势，提供必要商情信息

由于证券交易所的公平竞争和连续交易，使证券价格的波动能够敏感地预测和反映公司未来利润前景和整个国民经济未来发展趋势，因而被称为国民经济的“晴雨表”。

（二）证券交易所的组织形式

各国证券交易所的组织形式主要有两种：一是以会员协会的形式设立的证券交易所，是不以营利为目的的事业法人或非法人；二是以公司形式设立的证券交易所，是以营利为目的的企业法人。目前世界上绝大多数国家的证券交易所都是会员制交易所。我国上海、深圳证券交易所采取不以盈利为目的的会员制形式。

1. 会员制证券交易所

会员制证券交易所是不以营利为目的，由会员自治自律、互相约束，参与经营的会员可以参加股票交易中的股票买卖与交割的交易所，通常由证券公司、投资公司等证券商自愿组成会员加入交易活动中。交易所运转所需的各项费用由会员证券商共同负担，所以这类证券交易所的最大优点就是交易费用较低，能够吸引更多的证券交易者。但是，由于经营交易所的会员本身就是股票交易的参加者，因而在股票交易中难免会出现交易的不公正性。同时，因为参与交易的买卖方只限于证券交易所的会员，新会员的加入一般要经过原会员的一致同意，这就形成了一种事实上的垄断，不利于

提供服务质量和降低收费标准。

2. 公司制证券交易所

公司制证券交易所是以营利为目的，提供交易场所和服务人员，以便利证券商的交易与交割的证券交易所；是由银行、证券公司、投资公司以及其他企业共同出资，按照股份公司的原则设立的以营利为目的的企业法人。它本身不参与证券交易，只向投资者提供交易场所和交易设施，以便证券交易顺利进行。证券商与交易所签订合同，进行注册，缴纳营业保证金。从股票交易实践可以看出，这种证券交易所要收取发行公司的上市费与证券成交的佣金，其主要收入来自买卖成交额的一定比例。而且，经营这种交易所的人员不能参与证券买卖，从而在一定程度上保证交易的公平，但运行成本较高。其典型代表是纽约证券交易所。

（三）证券交易所市场的参与者

会员制证券交易所的参与者只能是各会员单位，包括证券承销商、证券经纪商、证券自营商和做市商。

1. 证券承销商

证券承销商是指与发行人签订证券承销协议，协助公开发行证券，借此获取相应的承销费用的证券经营机构。依《中华人民共和国证券法》第28条规定，发行人向不特定对象发行的证券，法律、行政法规规定应当由证券公司承销的，发行人应当同证券公司签订承销协议。证券经营机构从事股票承销业务，应当取得中国证监会颁发的经营股票承销业务资格证书。

2. 证券经纪商

证券经纪商又称经纪人，是专门接受客户委托买卖证券的中介人。他自己不直接买卖证券，而根据投资者的指令代理投资者买卖证券，从中收取佣金。交易佣金是证券经纪商的主要利润来源。

3. 证券自营商

证券自营商是指自行买卖证券，从中获取差价收益，并独立承担风险的证券经营机构。它们可以从证券发行机构或筹资单位购买证券，也可以以交易所会员资格在证券交易所自行买卖，还可以兼营证券的零散交易，通过证券买卖差价赚取利润，获得收益。

4. 做市商

做市商是指在证券市场上，由具备一定实力和信誉的独立证券经营法人作为特许交易商，不断向公众投资者报出某些特定证券的买卖价格（即双向报价），并在该价位上接受公众投资者的买卖要求，以其自有资金和证券与投资者进行证券交易。买卖双方不需等待交易对手出现，只要有做市商出面承担，交易对手方即可达成交易。做市商要发挥其稳定市场的作用，不仅要资本雄厚，而且要持有相当数量的股票，才能在股价暴涨时抛售抑制股价，在股价持续下跌时买进维持股价平稳。

（四）场内交易市场价格形成机制

场内交易实行的是竞价交易制度也称指令驱动交易制度。竞价交易制度是指以投资者或股票持有者竞价形成证券交易价格，并由投资者和股票持有人通过经纪人直接完成的交易制度。投资者和证券持有人向经纪人发出买卖证券的委托指令，投资者的交易对象是其他投资者，证券的交易价格采用买卖双方的竞价为基准实行撮合成交。

竞价交易制度包含两方面的内容：一是竞价原则，一是竞价方式，相关内容将在“证券交易程序”一节中详细讲解，在此不做赘述。

三、场外交易市场

场外交易市场也即 OTC 市场（over the counter），又称柜台交易市场或店头市场，是指在证券交易所外进行证券买卖的市场。场外交易市场为已发行又未上市的证券提供流通转让的机会，是证券交易所的必要补充，是二级市场的重要组成部分。

（一）场外交易市场的特点

（1）场外交易市场是一个分散的无形市场，它没有固定的、集中的交易场所，而是由许多各自独立经营的证券经营机构分别进行交易的，并且主要依靠电话、电报、传真和计算机网络联系成交。

（2）场外交易市场的组织方式采取做市商制，投资者直接与证券商进行交易。

（3）场外交易市场是一个拥有众多证券种类和证券经营机构的市场，以未能在证券交易所批准上市的股票和债券为主，由于证券种类繁多，每家证券经营机构只固定地经营若干种证券。

（4）场外交易市场以议价方式进行证券交易，其管理比证券交易所宽松。

（二）场外交易市场的参与者

在国外，场外交易市场的参加者主要是证券商和投资者。参加场外交易的证券商包括：会员证券商，即证券交易所会员设立机构经营场外交易业务；非会员证券商，或称柜台证券商，他们不是证券交易所会员，但经批准设立证券营业机构，以买卖未上市证券及债券为主要业务；证券承销商，即专门承销新发行证券的金融机构，有的国家新发行的证券主要在场外市场销售；专职买卖政府债券或地方政府债券以及地方公共团体债券的证券商；等等。

（三）场外交易市场的分类

场外交易市场主要由柜台交易市场、第三市场、第四市场组成。

1. 柜台交易市场

柜台交易市场也叫店头市场，是在证券交易所之外的某一固定场所，供未上市的证券或批量不足以成交的证券进行交易的市场。该市场因买卖双方多通过电话、电报协商完成交易，故又称之为电话市场。店头市场是一个广泛而又复杂的市场，其证券交易量远远超过证券交易所交易量。店头市场的特点是：① 属于场外交易。既没有统一的组织和交易场所，也没有一个系统的交易程序和交易章程，而是在柜台或通过电信设施完成交易；② 其主要交易证券为各种债券和不能在证券交易所登记上市的股票；③ 其证券交易价格由证券买卖双方协议成交。店头市场的参加者包括自营商、店头证券商、证券交易所会员、经纪商和个人投资者。店头市场有加速证券的发行、提高证券的变现性、促进证券交易价格公平等优点，但店头市场缺乏统一的组织和管理，容易引起纠纷。

2. 第三市场

第三市场是指已上市证券在证券交易所之外进行交易的证券买卖市场。第三市场的交易主体多为实力雄厚的机构投资者，如养老基金、互助基金、保险公司、投资公司等。第三市场出现的原因是证券交易所不允许随意降低佣金，这样当每笔股票成交数额很大时，经纪人收取的佣金就会很高，加大了股票的交易成本。由于能够上市的股票往往信誉较好，因此，很多机构投资者就和非证券交易所会员的证券商在证券交易所之外买卖上市股票。通常，第三市场的经纪人收取的佣金费用低于交易所的费用，这就使投资者的交易成本降低，而且投资机构和证券商都彼此了解，可以节约其他费用，如市场分析、信息收集等。

第三市场产生于1960年的美国，发展迅速，但美国于1975年取消固定佣金制，同时改善交易所交易条件，使第三市场的吸引力有所降低。

3. 第四市场

第四市场是指证券交易不通过经纪人进行，而是通过电子计算机网络直接进行大宗证券交易的场外交易市场。第四市场这种交易形式的优点在于：第一，交易成本低；第二，由于买卖双方直接谈判，因此可望获得双方都满意的价格，并迅速成交；第三，交易不必公开报道，有利于保持交易的秘密性；第四，由于在第四市场交易而不是证券交易所交易，不冲击证券市场。

（四）我国的场外交易市场

1. 代办股份转让系统

代办股份转让系统又称“新三板市场”，是指经中国证券业协会批准，具有代办系统主办券商业务资格的证券公司采用电子交易方式，为非上市股份有限公司提供规范转让服务的股份转让平台。在代办股份转让系统挂牌的公司大致可分为两类：一是原STAQ、NET挂牌公司和沪、深证券交易所退市公司，这类公司按其资质和信息披露履行情况，其股票采取每周集合竞价1次、3次或5次的方式进行转让；另一类是非上市股份有限公司的股份报价转让，目前主要是中关村科技园区高科技公司，其股票转让主要采取协商配对和定价委托的方式进行成交。

代办股份转让系统是一个以证券公司及相关当事人的契约为基础，依托证券交易所和中央登记公司的技术系统和证券公司的服务网络，以代理买卖挂牌公司股份为核心业务的股份转让平台。代办股份转让系统由中国证券业协会负责自律性管理，以契约明确参与各方的权利、义务和责任。证券公司以其自有或租用的业务设施，为非上市股份有限公司提供股份转让服务。

2. 银行间债券市场

银行间债券市场是指依托于中国外汇交易中心暨全国银行间同业拆借中心（简称同业中心）和中央国债登记结算公司（简称中央登记公司）包括商业银行、农村信用联社、保险公司、证券公司等金融机构在内进行债券买卖和回购的市场。各金融机构完成联网、交易人员培训和在中央登记公司开立债券托管账户后，即可在银行间债券市场进行交易。经过近几年的迅速发展，银行间债券市场目前已成为我国债券市场的主体部分，参与者以询价方式与自己选定的交易对手逐笔达成交易。记账式国债的大部分、政策性金融债券都在该市场发行并上市交易。

2018 年 10 月 16 日，中国人民银行发布消息称，为促进银行间债券市场平稳、健康发展，强化货币市场风险防控，助力打赢防范化解重大风险攻坚战，在银行间债券市场正式推出三方回购交易。

第四节　证券交易程序

证券交易程序是在证券交易市场买进或者卖出证券的具体步骤。在不同的证券交易市场以及不同的证券商参加的证券交易关系中，证券交易程序不尽相同，但由证券经纪商参加的证券交易所交易程序最具有代表性，主要包括开设账户、委托买卖、竞价成交、清算与交割、过户等步骤。证券交易程序如图 4－1 所述：

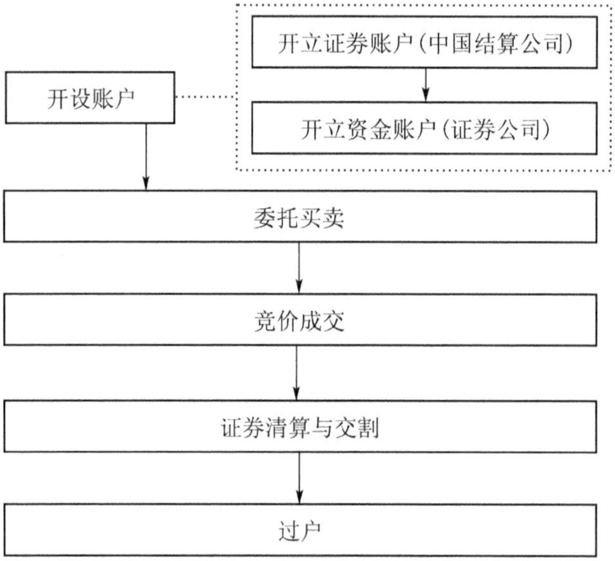

图 4－1　证券交易程序

一、开设账户

投资者欲进行证券交易，首先要开立证券账户和资金账户，以及实行证券托管与存管。

（一）开立证券账户

证券账户用来记载投资者所持有的证券种类、数量和相应的变动情况。

1. 证券账户的种类

按照交易场所划分，证券账户可以分为上海证券账户和深圳证券账户，分别用于记载在上海、深圳证券交易所所持有的证券种类、数量及相应变动情况。按照用途的不同，证券账户分为：① 人民币普通股票账户（也称 A 股），用于境内投资者和合格境外机构投资者买卖人民币普通股票、债券、上市基金、权证等证券，是目前用途最广、数量最多的通用型证券账户；② 人民币特种股票账户，用于投资者购买境内上市外资股（也称 B 股）；③ 证券投资基金账户，是用于买卖上市基金的一种专用型账户。

【知识链接 4－3】

开立证券账户流程见图 4－2。

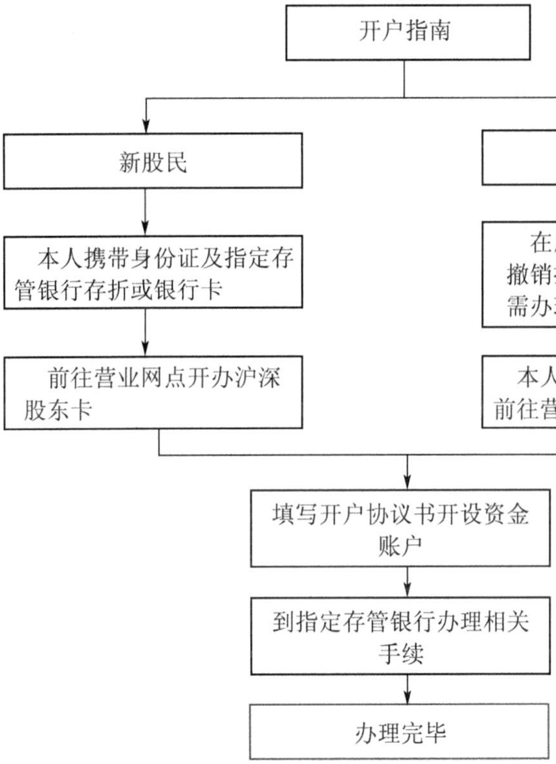

图 4－2　开立证券账户流程

2. 证券账户的开立原则及程序

开立证券账户的原则主要如下。① 合法性。只有国家法律允许进行证券交易的自然人和法人才能开立证券账户，原则上一个自然人、法人只能开立一个，保险公司、证券公司、信托公司、基金公司、社会保障类公司和合格境外机构投资者等机构，若需要资产分户管理，可按规定向中国结算公司申请开立多个证券账户。② 真实性。投资者开立证券账户时所提供的资料必须真实有效，不得有虚假隐匿。

证券公司和基金管理公司等特殊法人机构开立证券账户，由中国结算公司上海分公司和深圳分公司直接受理，需前往办理。自然人及一般机构开立证券账户，可以通过中国结算公司上海分公司和深圳分公司委托的分布在全国各地的开户代理机构办理。开户程序为：开户代理机构受理投资者申请，材料审核合格后实时向中国结算公司分公司上传开户申请；公司收到后进行审核，予以配号，并实时将审核结果返回各开户代理机构；接收结果后开户代理机构使用统一制作的证券账户纸卡，打印证券账户。上海证券账户当日开立，次日才可以交易。深圳证券账户当日开立，当日即可用于交易。

（二）开立资金账户

资金账户用来记载和反映投资者买卖证券的货币收付和结存数额，证券公司通过资金账户，对客户证券交易结算资金进行清算交收和计付利息。开立资金账户严格实行实名制，必须客户本人去证券营业部柜台办理，并自行设置交易密码和资金密码。

客户交易结算资金实行第三方存管制度。第三方存管是指证券公司客户的交易结算资金应当存放于指定的商业银行，以每个客户的名义单独立户管理。第三方存管从制度上保证客户资金安全、维护投资者利益、控制证券行业风险、维护市场稳定。

（三）证券托管与存管

证券托管是指投资者将持有的证券委托给证券公司保管，并由后者代为处理有关证券权益事务的行为。证券存管是指证券公司将投资者交给其保管的证券以及自身持有的证券统一交给证券登记结算机构保管，并由后者代为处理有关证券权益事务的行为。证券登记结算机构一般以证券公司为单位，采用电脑记账方式记载证券公司交给的证券；证券公司也采用电脑记账的方式记载投资者的证券。

上海证券交易所托管实行指定交易制度。指定交易是指凡在上海证券交易所交易市场从事证券交易的投资者，均应事先明确指定一家证券营业部作为其委托、交易清算的代理机构，并将本人所属的证券账户指定于该机构所属席位号后方能进行交易的制度，投资者需要通过其托管证券公司领取相应的红利、股息、债息、债券兑付款等。投资者如不办理指定交易，上海证券交易所电脑系统将自动拒绝其证券账户的交易申报指令（从事 B 股交易的境外投资者除外），直至该投资者完成办理指定交易手续。

深圳证券交易所证券托管实行自动托管、随处通买、哪买哪卖、转托不限的制度。客户持有的证券需在自己选定的证券营业部托管，接受其管理。投资者的证券托管是自动实现的，投资者在哪家证券营业部买入证券，就自动托管到改价。投资者可以利用同一证券账户在国内任意一家证券营业部买入证券，但必须到托管营业部卖出证券，投资者可以将其全部或部分证券从一家营业部转移到另一家营业部托管，即转托管。

二、委托买卖

开户后，投资者就可以在证券营业部办理证券委托买卖。在证券交易市场，投资者不能直接进入交易所买卖证券，而必须通过证券交易所的会员来进行，换而言之，投资者需要通过经纪商的代理才能在证券交易所买卖证券。在这种情况下，投资者向经纪商下达买进或卖出证券的指令，称为“委托”。

（一）委托指令

（1）根据委托订单的数量，有整数委托和零数委托。

整数委托是指投资者委托的数量是交易所规定的成交单位或成交单位的倍数，所谓整数就是证券交易中交易的基本单位。一般情况下，整数多指100股股票，也称1手。委托买卖的数量通常为一手或一手的整数倍。

零数委托是指投资者委托证券经纪商买卖证券时，买进或卖出的证券不足交易所规定的一个交易单位。按现行规定，1股至99股均为零数委托。通常只有卖出的时候，才会出现零数委托，零数股份来自股票的配股。

（2）根据买卖证券的方向，有买进委托和卖出委托。

买进委托是指投资者委托证券经纪商买进某种证券。卖出委托是指投资者委托证券经纪商卖出某种证券。

（3）按委托价格限制，有市价委托和限价委托（我国目前采用）。

市价委托即委托人向证券商发出买卖某种证券的指令时，只提出买进或卖出的数量，对买进或卖出的价格不作限定，只要求证券商按照委托当时的市场价格尽快买卖，但证券商有义务以最有利的价格为客户成交。

限价委托是指委托人要求证券商按限定的价格买进或卖出证券，证券商执行指令时，只能在委托人限定的最高价格及其以下买进证券，在委托人限定的最低价格或以上卖出证券。

目前投资者委托只能以市价委托进行，而不可以以限价委托进行。

（4）根据委托时效限制，有当日委托、当周委托、无期限委托、开市委托和收市委托等。

当日委托、当周委托、无期限委托、开市委托和收市委托等委托指令的有效期分别是当天、当周、无期限、开市时、收市时。

（二）委托方式

证券委托有很多种方式，投资者可根据自己的情况和开户券商所提供的服务来进行选择。

（1）柜台委托。又称当面委托，是指投资者到证券部营业柜台填写书面买卖委托单，委托证券商代理买卖股票的方式。

（2）电话委托。投资者通过拨号进入券商电话委托系统，下达委托指令进行证券买卖的委托方式，其最大的特点就是投资者可以不必亲临证券营业部，而无论在家里、办公室或其他场所，只要有一台双音频电话即可进行委托。

（3）自助终端委托。自助终端委托是指投资者通过证券商在其营业厅或专户室内设置的与证券商自动委托交易系统联结的电脑终端，按照系统发出的指示输入买入或卖出证券的委托指令，以完成证券买卖委托和有关信息查询的一种先进的委托方式。自助终端委托适用于大中型客户。

（4）网上委托。网上委托是国际证券市场已经发展起来并日益成熟的新业务，所谓网上证券委托，就是指券商通过数据专线将证券交易所的股市行情和信息资料实时发送到Internet上，投资者将自己的电脑通过调制解调器等设备连上Internet，通过

Internet观看股市实时行情，分析个股，查阅上市公司资料和其他信息，委托下单买卖股票。

除此之外，还有磁卡委托、可视电话委托等多种委托方式。

三、竞价成交

竞价成交包含的内容：竞价原则、竞价方式、竞价申报时的有效申报价格范围和交易费用。

（一）竞价原则

竞价原则的核心内容是价格优先、时间优先。

价格优先原则是在买进证券时，较高的买进价格申报优先于较低的买进价格申报；卖出证券时，较低的卖出价格申报优先于较高的卖出价格申报。时间优先原则要求当存在若干相同价格申报时，应当由最早提出该价格申报的一方成交，即同价位申报，按照申报时序决定优先顺序。

（二）竞价方式

竞价方式包括集合竞价方式和连续竞价方式，如图4－3所示。集合竞价方式是指交易中心将不同时点上收到的订单积累起来，到一定时刻再集中竞价成交。连续竞价方式是指竞价和交易可以在交易日的各个时点上连续不断地进行。每个交易日上午9：15至9：25电脑撮合系统对接受的全部有效委托进行集合竞价处理。上海证券交易所在每周一～五上午9：30～11：30、下午13：00～15：00为连续竞价时间；深圳证券交易所在每周一～五上午9：30～11：30、下午13：00～14：57为连续竞价时间，14：57～15：00为收盘集合竞价时间，法定节假日除外。

决定开盘价和收盘价、交易停止后的最初的价格、特别行情显示时的价格

卖出累计	卖出数量	价格	买入数量	买入累计
32	11	502	2	2
21	3	501	3	5
18	12	500	13	18
6	5	499	8	26
1	1	498	6	32

当卖出委托和买入委托价格平衡时成交

(a) 集合竞价方式

决定开盘价确定后到收盘价之间的价格

卖出数量	价格	买入数量
13	502	
7	501	5
	500	7
	499	13
	498	10

当卖出委托和买入委托价格平衡时成交

(b) 连续竞价方式

图4－3　集合竞价与连续竞价方式比较

集合竞价的操作方法是将买单和卖单分别排队，买单以价格从高到低排列，同价的，按进入系统的先后排列。系统根据竞价规则自动确定集合竞价的成交价，所有成交的最终竞价均以此价格成交；集合竞价的成交价确定原则是，以此价格成交，能够得到最大成交量。

连续竞价的操作方法是对买卖申报逐笔连续撮合，坚持成交时价格优先原则和时间优先原则，即买进申报价格较高者优先，卖出申报价格较低者优先，买卖方向、价格相同的，先申报者优先于后申报者。先后顺序按交易主机接受申报的时间确定。

（三）竞价申报时的有效申报价格范围

1. 实行涨跌幅限制的证券的有效申报价格范围

竞价申报时还涉及证券价格的有效申报范围。根据现行制度规定，不论买入或卖出股票（含 A、B 股）、基金类证券在 1 个交易日内的交易价格相对于上一交易日收市价格的涨跌幅度不得超过 10%，其中 ST 股票和 * ST 股票等被实施特别处理的股票价格涨跌幅度不得超过 5%。

买卖有价格涨跌幅限制的证券，在价格涨跌幅限制内的申报为有效申报，超过涨跌幅限制的申报为无效申报。

2. 不实行涨跌幅限制的证券的有效申报价格范围

对于无价格涨跌幅限制的证券，我国上海证券交易所都规定了其发生的情形和有效申报价格范围。

上海证券交易所规定，属于下列情形之一的，首个交易日不实行价格涨跌幅限制：

（1）首次公开发行上市的股票和封闭式基金；

（2）增发上市的股票；

（3）暂停上市后恢复上市的股票；

（4）退市后重新上市的股票。

（5）上海证券交易所认定的其他情形。

根据上海证券交易所的规定，买卖无价格涨跌幅限制的证券，集合竞价阶段的有效申报价格应符合下列规定：

（1）股票交易申报价格不高于前收盘价格的 200%，并且不低于前收盘价格的 50%。

（2）基金、债券交易申报价格最高不高于前收盘价格的 150%，并且不低于前收盘价格的 70%。

集合竞价阶段的债券回购交易申报无价格限制。

在上海证券交易所买卖无价格涨跌幅限制的证券，连续竞价阶段、收盘集合竞价阶段和开市期间停牌的有效申报价格范围统一调整为“申报价格不得高于发行价格的 144% 且不得低于发行价格的 64%”（144% 为开盘集合竞价阶段有效申报价格范围上限的 120%，64% 为开盘集合竞价阶段有效申报价格范围下限的 80%）。

当日无交易的，前收盘价格视为最新成交价格。根据市场需要，交易所可以调整申报价格限制的规定。

深圳证券交易所规定，属于下列情形之一的，股票上市首日不实行价格涨跌幅限制：

（1）首次公开发行股票上市的。

（2）暂停上市后恢复上市的。

（3）中国证监会或本所认定的其他情形。

深圳证券交易所买卖无涨幅限制证券，按下列方法确定有效竞价范围：

（1）股票开票集合竞价的有效竞价范围为即时行情显示的前收盘价的900%以内，连续竞价、盘中临时停牌复牌集合竞价、收盘集合竞价的有效竞价范围为最近成交价的上下10%。

（2）债券上市首日开盘集合竞价的有效竞价范围为发行价的上下30%，连续竞价、收盘集合竞价的有效竞价范围为最近成交价的上下10%；非上市首日开盘集合竞价的有效竞价范围为前收盘价的上下10%，连续竞价、收盘集合竞价的有效竞价范围为最近成交价的上下10%。

（3）债券质押式回购非上市首日开盘集合竞价的有效竞价范围为前收盘价的上下100%，连续竞价、收盘集合竞价的有效竞价范围为最近成交价的上下100%。债券质押式回购上市首日的有效范围设置，由深圳证券交易所另行规定。

（四）交易费用

1. 佣金

佣金是指投资者在委托买卖证券成交之后按成交金额的一定比例支付给券商的费用。此项费用一般由券商的经纪佣金、证券交易所交易经手费及管理机构的监管费等构成。

2. 过户费

过户费是指投资者委托买卖的股票、基金成交后买卖双方为变更股权登记所支付的费用。这笔收入属于证券登记清算机构的收入，由证券经营机构在同投资者清算交割时代为扣收。2015 年 8 月 1 日起沪深市场 A 股交易过户费统一调整为成交金额的 0.02%，向买卖双方投资者分别收取。

3. 印花税

印花税是根据国家税法规定，在股票（包括 A 股和 B 股）成交后对买卖双方投资者按照规定的税率分别征收的税金。印花税的缴纳是由证券经营机构在同投资者交割中代为扣收，然后在证券经营机构同证券交易所或登记结算机构的清算交割中集中结算，最后由登记结算机构统一向征税机关缴纳。

证券清算是指在每一营业日中每个证券经营机构成交的证券数量与价款分别予以轧抵，对证券和资金的应收或应付净额进行计算的处理过程。清算结束后，证券买卖双方交付实际成交的证券和资金的过程称为交割。

四、证券清算与交割

证券清算与交割原则主要有如下几方面。

1. 净额清算原则

净额清算又称差额清算，就是在一个清算期中，对每个结算参与人价款的清算只计其各笔应收、应付款项相抵后的净额。净额清算又分为双边净额清算和多边净额清算。双边净额清算指将结算参与人相对另一个交收对手方的证券和资金的应收、应付额加以轧抵，得出结算参与人相对于另一个交收对手方的证券和资金的应收、应付的净额。多边净额清算是指将结算参与人所有达成交易的应收、应付证券或资金以充抵轧差，计算出该结算参与人相对于所有交易对手方累计的应收、应付的证券或资金的净额。将结算参与人对应的所有双边净额清算结果加以累计，可以得出给净额结算参与人的多边净额结算结果。目前，通过证券交易所达成的交易，多采取多边净额清算方式。

净额清算方式的主要优点是可以简化操作手续，提高清算效率。应该注意的是，清算价款时，同一清算期内发生的不同种类证券的买卖价款可以合并计算，但不同清算期发生的价款不能合并计算；清算证券时，只有在同一清算期内且同种证券才能合并计算。

2. 共用对手方制度

为保证多边净额清算结果的法律效力，一般需要引入“共同对手方”的制度安排。“共同对手方”（central counter party，CCP）是指在结算过程中，同时作为所有买方和卖方的交收对手并保证交收顺利完成的主体，一般由结算机构充当。如果买卖中的一方不能按约定条件履约交收，结算机构也要依照结算规则向守约方先行垫付其应收的证券或资金。

“共同对手方”的引入，使得交易双方无需担心交易对手的信用风险，有利于增强投资信心和活跃市场交易。实际上，由于结算机构充当共同对手方，卖出证券的投资者相当于将证券卖给了结算机构，买入证券相当于从结算机构买入了证券。在我国，中国证券登记结算有限责任公司事实上是作为证券市场中央结算系统各参与方的共同对手方，根据交易所的交易结果及其他非交易数据，与结算参与人之间进行资金的多边净额结算。

3. 货银对付原则

货银对付（delivery versus payment，DVP）又称款券两讫、钱货两清。银货对付是指证券登记结算机构与结算参与人在交收过程中，当且仅当资金交付时给付证券，证券交付时给付资金。通俗地说，就是“一手交钱，一手交货”。根据银货对付原则，一旦结算参与人未能履行对结算机构的资金交收义务，登记结算机构就可以暂不向其交付其买入的证券；反之亦然。银货对付通过实现资金和证券的同时划转，可以有效规避交收对手方交收违约带来的风险，大大提高证券交易的安全性。目前，银货对付已经成为各国证券市场普遍遵循的原则，主要是为了规避交收中的风险。

4. 分级结算原则

证券和资金结算实行分级结算原则。证券登记结算机构负责证券登记结算机构与结算参与人之间的集中清算交收；结算参与人负责办理结算参与人与客户之间的清算交收。但结算参与人与其客户的证券划付，应当委托证券登记结算机构代为办理。实行分级结算，意味着对证券公司接受投资者委托达成的证券交易，证券公司需承担相应的证券或资金的交收责任。实行分级结算，可防范登记结算机构与客户没有直接业务联系而产生的违约风险。

五、过户

证券过户是指证券的所有者向新所有者转移有关证券全部权利的记录行为。证券过户是完成证券交易的最后程序，但并非所有的证券交易都必须办理过户手续。比如，无记名证券无须办理过户手续。

证券过户包括交易性过户、非交易性过户和账户挂失转户。交易性过户是指由于记名证券的交易使股权（债权）从出让人转移到受让人，从而完成股权（债权）的过户；非交易性过户指由于继承、赠与、财产分割或法院判决等原因而发生的权益转移。账户挂失转户不存在财产转移即可直接办理过户。

本章小结

1. 证券发行市场也称为初级市场或一级市场，是证券发行人以筹集资金为目的，按照一定的法律规定和发行程序，向投资者出售新发行的证券所形成的市场，是整个证券市场的基础。证券发行市场具有显著的特征：第一，证券发行是直接融资的实现形式；第二，证券发行市场是个无形市场；第三，证券发行市场的证券具有不可逆转性。

2. 证券发行市场由证券发行人、证券认购人、证券承销商和专业服务机构构成。按发行对象分类，证券发行市场可分为公募发行和私募发行。公募发行（public placement）也称公开发行，是指发行人向不特定的社会公众投资者发售证券的发行方式。私募发行（private placement）也称不公开发行或私下发行、内部发行，是指以少数特定投资者为对象的发行。按有无发行中介分类，证券发行市场可分为直接发行和间接发行。

3. 注册制实行公开管理原则，实质上是发行公司的财务公开制度。核准制是指发行人在申请发行证券时，不仅要以真实状况的充分公开为条件，而且必须符合有关法律和证券管理机关规定的必备条件，并经过证券主管机关对证券发行申请的严格审核，经过批准后才能发行。我国证券发行实行核准制，并正向注册制迈进。

4. 证券包销是指证券公司将发行人的证券按照协议全部购入或者在承销期结束时将售后剩余证券全部自行购入的承销方式。代销是指证券公司代发行人发售证券，在承销期结束时，将未售出的证券全部退还给发行人的承销方式。

5. 证券上市是指证券交易所根据一定的条件和标准，批准公开发行的证券在证券交易所作为买卖对象，自由地公开买卖。证券上市需符合一定的条件，证券上市的程序概括为：上市申请、上市审核、上市协议、上市公告。

6. 证券流通市场是指买卖已发行证券的市场，又称二级市场、次级市场。证券流通市场一般由两个子市场构成：一是证券交易所市场；二是场外交易市场。

7. 证券交易所市场也叫场内交易市场，是依法成立的集中进行证券交易的有形场所，是证券交易市场的核心。证券交易所市场的参与者有证券承销商、证券经纪商、证券自营商、做市商。证券交易所的组织形式主要有会员制证券交易所和公司制证券交易所，我国上海、深圳证券交易所采取不以营利为目的的会员制形式。

8. 场外交易市场也即 OTC 市场（over the counter），又称柜台交易市场或店头市场，是指在证券交易所外进行证券买卖的市场。场外交易市场为已发行又未上市的证券提供流通转让的机会，是证券交易所的必要补充，是二级市场的重要组成部分。

9. 证券交易所交易程序主要包括开设账户、委托买卖、竞价成交、清算与交割和过户等步骤。

同步练习

一、名词解释

证券发行市场　证券流通市场　公募发行　私募发行　注册制　包销　证券经纪商　证券交易所　场外交易市场　市价委托　限价委托　集合竞价　连续竞价

二、判断题

1. 证券交易所是为证券集中交易提供场所和设施，组织和监督证券交易，实行自律管理的法人。(　　)

2. 证券的柜台自营买卖通常交易手续简单、清晰、费时少，且多为债券买卖，因而具有吞吐量大的特点。(　　)

3. 证券登记结算公司是以营利为目的的企业法人。(　　)

4. 投资者开立证券账户后就可以直接买卖证券。(　　)

5. 根据《中华人民共和国公司法》和《中华人民共和国证券法》的相关规定，股票和债券都可以采用平价发行、溢价发行或折价发行的发行方式。(　　)

6. 证券交易所交易系统主机接受申报后，要根据订单的成交规则进行撮合配对。符合成交条件的予以成交，不符合成交条件的继续等待成交，超过了委托时效的订单失效。(　　)

7. 证券交易所内的证券交易按“价格优先，时间优先”原则竞价成交。(　　)

8. 集合竞价未能成交的委托将自动进入连续竞价。(　　)

9. 证券交易的公平原则的核心要求是实现市场信息的公开化。(　　)

三、简答

1. 什么是证券发行市场？发行方式有哪些？
2. 什么是证券流通市场？流通市场如何分类？
3. 股票上市的条件及程序是什么？
4. 如何理解集合竞价与连续竞价制度？

第五章　投资组合理论

【学习目标】

- 掌握资产预期收益和风险、最优风险资产组合、资本市场线、证券市场线、贝塔系数。
- 理解可行集、有效集、分离定理、资本资产定价模型。

【关键术语】

收益　风险　无差异曲线　效用价值　风险厌恶系数　相关系数　协方差　标准差　可行集　有效集　最优投资组合　无风险资产　风险资产　最优风险资产组合　资本资产定价模型　分离定理　资本市场线　证券市场线

第一节　马柯威茨的投资组合理论

一、投资者的风险偏好分析

1. 风险与风险厌恶

在一般的投资分析中，我们都假设投资者是对风险厌恶的。风险是对投资者预期收益的背离，或者说是收益不确定性的产生者。在投资活动中，投资者投入的本金是当前行为，数额是确定的，目的是希望获得预期的收益，但在持有投资资产的时间内，有很多因素可能使预期收益减少甚至使本金遭受损失，而且相隔时间越长，预期收益的不确定性越大。

大量事实证明，投资者普遍是风险厌恶者，即人们在投资决策时，总是希望预期收益越大越好，而风险越小越好，即会选择预期收益更大而风险更小的投资；在预期收益相同时，会选择风险较小的投资，或在风险相同时，会选择预期收益较大的投资。但如果预期收益和风险都高，此时投资决策就取决于投资者的风险偏好，即收益率的增加能否弥补投资者个人对风险补偿的要求。

如图 5－1 所示，投资者 A 认为增加的预期收益率恰好能补偿增加的风险，即 i 与 j 两种资产的满意程度相同，则两种资产是无差异的；投资者 B 认为增加的预期收益率不足以补偿增加的风险，则 j 令他更满意，即 j 比 i 好；投资者 C 认为增加的预期收益率超过了增加风险的补偿，i 比 j 更令人满意，即 i 比 j 好。

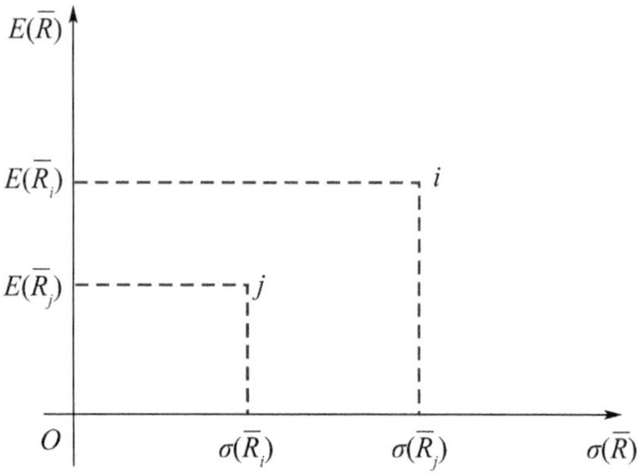

图 5-1　两种资产的风险与收益

$E(\bar{R})$ ——资产的收益率；$E(\bar{R}_i)$ ——i 种资产的收益率；$E(\bar{R}_j)$ ——j 种资产的收益率；$\sigma(\bar{R}_i)$ ——i 种资产的风险；$\sigma(\bar{R}_j)$ ——j 种资产的风险；$\sigma(\bar{R})$ ——资产的风险。

实际上，在风险相同的情况下，投资者要求的预期收益率补偿越高，表明该投资者对风险越厌恶。在上述三位投资者中，B 对风险厌恶的程度最高，最保守，A 次之，而 C 的风险厌恶程度最低，最具冒险精神。

2. 投资者的无差异曲线

对一个特定的投资者，任意给定一项资产，根据他对风险的态度，按照预期收益率对风险补偿的要求，可以得到一系列满意程度相同的证券或组合。如图 5-2 所示，某投资者认为经过 j 的那一条曲线上所有资产或组合对他的满意程度相同，这条曲线就称为该投资者的一条无差异曲线。根据无差异曲线，任何资产或组合均可与资产 j 进行比较。在图中，对该投资者而言，资产 i 与 j 无差异，无差异曲线上方的资产 k 比 j 好，而无差异曲线下方的资产 h 比 j 坏。

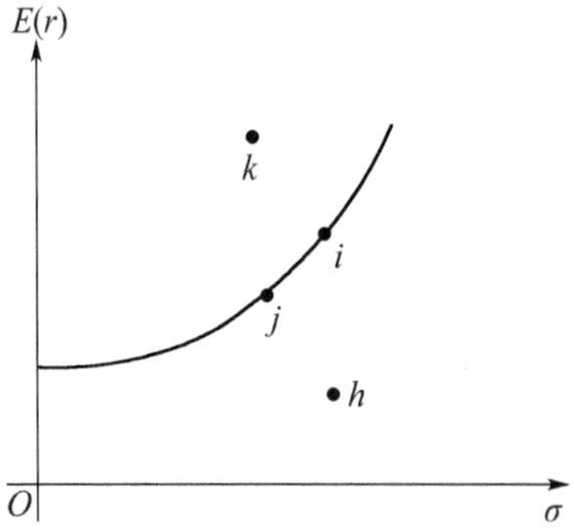

图 5-2　无差异曲线

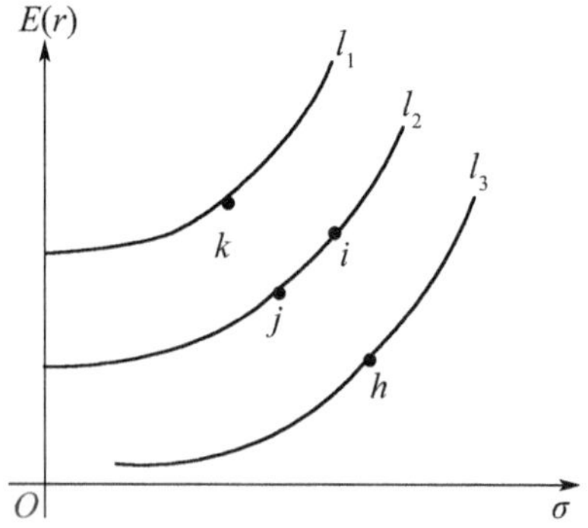

图 5-3　无差异曲线族

同样，也有一系列资产或组合与 k 和 h 无差异，从而形成经过 k 和 h 的无差异曲线，如图 5-3 所示。实际上，对一个特定的投资者而言，任何一个资产或组合都将落在某一条无差异曲线上，而落在不同的无差异曲线上则有不同的满意程度。一个资产或组合不会同时落在两条不同的无差异曲线上，即两条无差异曲线不会相交。此外，无差异曲线的位置越高，所带来的满意程度也越高。对于一个特定的投资者而言，所有的无差异曲线形成一个曲线族，称为该投资者的无差异曲线族。无差异曲线的数量是无限的，而且将密布整个平面。

对于风险厌恶者而言，投资者的无差异曲线具有以下特点：

（1）向右上方倾斜，表明收益与风险之间是正相关的；

（2）凸向坐标轴，表明投资者边际风险的收益替代率递增，或边际收益的风险替代率递减；

（3）在同一坐标轴平面不能相交，此时无差异曲线的位置越高，所带来的满意程度也越高；

（4）充满整个坐标平面，表明无差异曲线系统是对投资者满意程度或效用的完全反映；

（5）左上方的无差异曲线，比右下方的无差异曲线，给投资者带来的满意程度或效用更大。

3. 风险厌恶程度与无差异曲线

一般情况下，无差异曲线越陡峭表明风险越大，投资者要求的边际收益补偿也越大，但不同投资者厌恶风险的程度不同，也就有着不同的无差异曲线族。图 5－4 表示了高风险厌恶者、中等风险厌恶者、轻微风险厌恶者的无差异曲线族。

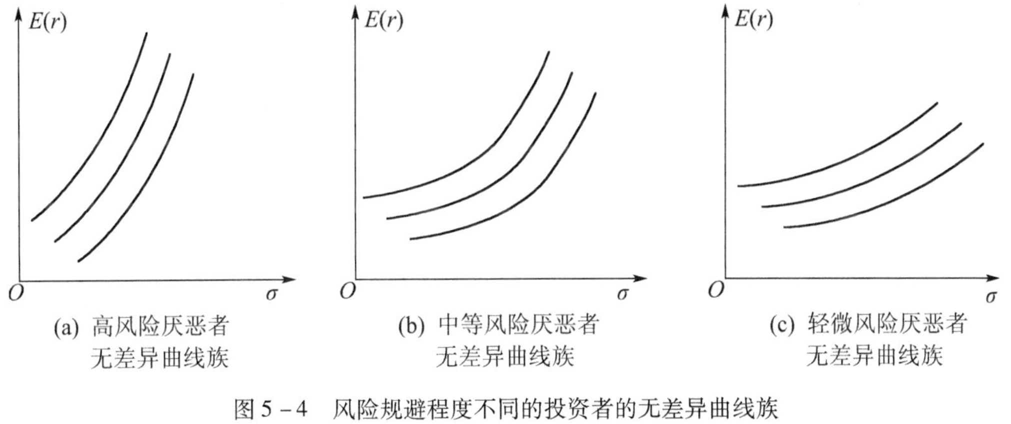

图 5－4　风险规避程度不同的投资者的无差异曲线族

在某些极端的情况下，有些投资者只关心风险，希望风险越小越好，对预期收益毫不在意，这类投资者的无差异曲线族是水平线；而另一类投资者对风险毫不在意，只关心预期收益，收益越高越好，这类投资者的无差异曲线族是垂直线。

4. 效用价值与风险厌恶

如果预期收益为 $E(r)$，收益标准差为 σ，效用价值 U 为：

$$U = E(r) - \frac{1}{2}A\sigma^2$$

A 为投资者的风险厌恶系数。根据这一公式，效用会随着预期收益的增加和风险的减少而增长，无风险的投资组合的效用值等于其收益率。效用的程度取决于投资者的风险厌恶系数，投资者对风险厌恶程度越高，对有风险的投资就越谨慎。

风险厌恶型的投资者会放弃公平博弈或更糟的投资组合，他们更愿意考虑无风险资产或正风险溢价的投机性投资。假定无风险利率为 5%，投资者面对三种不同投资组合的预期收益、风险和风险溢价如表 5－1 所示。表中投资组合的风险溢价和风险程度分别用来表示低风险债券（L）、中等风险债券（M）和高风险债券（H）的特征。相应地，这些投资组合提供了高的风险溢价来补偿高的风险。在这三种投资组合中，投资者会如何选择呢？

表 5－1　三种不同投资组合的预期收益率、风险和风险溢价

投资组合	预期收益率（%）	风险（SD）（%）	风险溢价（%）
低风险债券（L）	7	5	2
中等风险债券（M）	9	10	4
高风险债券（H）	13	20	8

给定三个投资者，风险厌恶程度分别为 2、3.5 和 5，对上表中的投资组合进行评估。结果如表 5－2 所示，风险厌恶程度最低的投资者（风险厌恶系数为 2）会选择最高风险投资组合 H。风险厌恶程度最高的投资者（风险厌恶系数为 5）会选择最低风险投资组合 L。

表 5－2　风险厌恶系数不同的投资者在各种组合下的效用值

投资者风险厌恶系数 A	投资组合 L 的效用值	投资组合 M 的效用值	投资组合 H 的效用值
	$E(r)=0.07$，$\sigma=0.05$	$E(r)=0.09$，$\sigma=0.10$	$E(r)=0.13$，$\sigma=0.20$
2	$0.07-1/2\times2\times0.05^2$ $=0.0675$	$0.09-1/2\times2\times0.1^2$ $=0.0800$	$0.13-1/2\times2\times0.2^2$ $=0.09$
3.5	$0.07-1/2\times3.5\times0.05^2$ $=0.0656$	$0.09-1/2\times3.5\times0.1^2$ $=0.0725$	$0.13-1/2\times3.5\times0.2^2$ $=0.06$
5	$0.07-1/2\times5\times0.05^2$ $=0.0638$	$0.09-1/2\times5\times0.1^2$ $=0.0650$	$0.13-1/2\times5\times0.2^2$ $=0.03$

二、资产的关联性与风险分散

投资组合的业绩取决于组合中各项资产的收益，分散投资后的收益就是各项资产收益的加权平均，但投资组合的风险则更复杂，并不是各项资产的加权平均，而取决于两个因素：一是单个资产的风险，二是不同资产之间的关联性。

1. 相关系数

在统计学中，衡量资产收益之间关联性的一种方法是相关系数。相关系数取值范围在 -1 ～ 1 之间，用于度量资产之间相关性的相对指标，相关系数为 1 时表示完全正相关，相关系数为 -1 时表示完全负相关，相关系数为 0 表示零相关（或相互独立）。

（1）完全正相关

在完全正相关时，收益之间是完全的直线相关关系。例如，股票 A 和 B 在 2013—2018 年的 6 年中有相同的收益形态，当股票 A 的收益上升时，股票 B 的收益也上升，反之亦然。构造投资组合，股票 A 和 B 的比例为 1∶1，组合后的平均收益介于股票 A 和 B 的平均收益之间，而组合的风险（标准差）却没有变化，具体见表 5 -3。

表 5 -3　完全正相关的股票 A、B 及投资组合 AB 在 2013—2018 年的收益率

年份	股票 A	股票 B	投资组合 AB（1∶1）
2013	0. 36	0. 66	0. 51
2014	-0. 12	0. 18	0. 03
2015	-0. 1	0. 2	0. 05
2016	0. 34	0. 64	0. 49
2017	-0. 06	0. 24	0. 09
2018	0. 3	0. 6	0. 45
平均收益	0. 12	0. 42	0. 27
标准差	0. 215	0. 215	0. 215

（2）完全负相关

在完全负相关的情况下，资产的收益是完全相反的线性关系。股票 A 和 C 呈完全负相关的关系，例如，股票 A 和 B 在 2013—2018 年的 6 年中有相反的收益形态，当股票 A 的收益上升时，股票 C 的收益也上升，反之亦然。构造投资组合，股票 A 和 C 的比例为 1∶1，组合后的平均收益相较于股票 A 和 C 的平均收益没有变化，而组合的风险（标准差）却降为 0，具体见表 5 -4。

表 5 -4　完全负相关的股票 A、C 及投资组合 AC 在 2013—2018 年的收益率

年份	股票 A	股票 C	投资组合 AC（1∶1）
2013	0. 36	-0. 12	0. 12
2014	-0. 12	0. 36	0. 12
2015	-0. 1	0. 34	0. 12
2016	0. 34	-0. 1	0. 12
2017	-0. 06	0. 3	0. 12

续表

年份	股票 A	股票 C	投资组合 AC（1:1）
2018	0.3	-0.06	0.12
平均收益	0.12	0.12	0.12
标准差	0.215	0.215	0.000

（3）零相关

在零相关的情况下，资产收益之间没有线性相关。把两种零相关的资产组合在一起可以降低投资组合的风险。如果更多没有相关性的资产加入到资产组合中可以更显著地降低风险，但在这种情况下风险不能完全被消除。

（4）不完全相关

假设股票 A 和 D 正相关程度为0.55，从表5-5中我们可以发现每只股票的标准差仍为0.215，平均收益为0.12，但按1:1组合后，组合的平均收益相较于股票 A 和 D 没有变化，而组合的风险（标准差）在某种程度上降低了，变为0.180。也就是说，在正相关的情况下，组合后风险的降低不会对收益产生负面影响，风险可以降低但不可能完全消除。对投资者而言，最理想的是能找到负相关或正相关性较低的资产，但通常遇到的资产都具有一定的正相关性。

表5-5 不完全相关的股票 A、D 及投资组合 AD 在2013—2018年的收益率

年份	股票 A	股票 D	投资组合 AD（1:1）
2013	0.36	0.25	0.355
2014	-0.12	0.13	0.005
2015	-0.1	0.19	0.045
2016	0.34	0.28	0.31
2017	-0.06	-0.35	-0.205
2018	0.3	0.22	0.26
平均收益	0.12	0.12	0.12
标准差	0.215	0.215	0.180

2. 协方差

（1）协方差的含义

由于资产收益之间普遍存在着相关性，因而必须量化互动性的实际程度，并将其应用到投资组合风险的度量中，因为这种互动性影响到投资组合的方差（或标准差）。我们可以用协方差来量化资产之间的互动性。协方差是两个资产收益的相关程度的绝对度量方法，与相关系数相同，协方差也可以是正数、负数或者零。当协方差为正数时，表明两个资产的收益倾向于同时同方向变动，一个上升或下降时，另一个也做相同变动；协方差为正数时，相关系数也为正。当协方差为负数时，表明两个资产的收益倾向于反向变动，一个上升或下降时，另一个做反向变动；协方差为负数时，相关系数也为负。当协方差为零时，表明两个资产的收益独立变动，并且没有同方向或反方向变动的趋势。

（2）协方差的计算

两种资产 A、B，资产 A 的收益和预期收益率分别为 $r_A, E(r_A)$，资产 B 的收益和预期收益率分别为 $r_B, E(r_B)$，则资产 A 和 B 的协方差 σ_{AB}（也可用 $\text{cov}(r_A, r_B)$ 表示）可表示为：

$$\sigma_{AB} = \text{cov}(r_A, r_B) = E\{[r_A - E(r_A)][r_B - E(r_B)]\}$$

（3）协方差与相关系数的联系

两种资产 A 和 B，其协方差 $\text{cov}(r_A, r_B)$ 与相关系数 ρ_{AB} 之间关系可用下式来表示：

$$\rho_{AB} = \text{cov}(r_A, r_B)/\sigma_A\sigma_B$$

其中，σ_A 和 σ_B 分别表示资产 A 和 B 的标准差。

三、资产组合的收益与风险

1. 两种资产组合的收益与风险

（1）收益

假设有两种资产 A 和 B，其预期收益率分别为 $E(r_A)$ 和 $E(r_B)$，$E(r_A) > E(r_B)$ 则分别以 x_A 和 x_B 的比例投资于两种资产构成的投资组合的预期收益率 $E(r_P)$ 为：

$$E(r_P) = x_A E(r_A) + x_B E(r_B)$$

其中，$x_A + x_B = 1$。

投资组合的预期收益率是各资产预期收益率的一种线性组合，因为 $x_A + x_B = 1$，则上式又可写为：

$$E(r_P) = x_A E(r_A) + (1 - x_A) E(r_B)$$

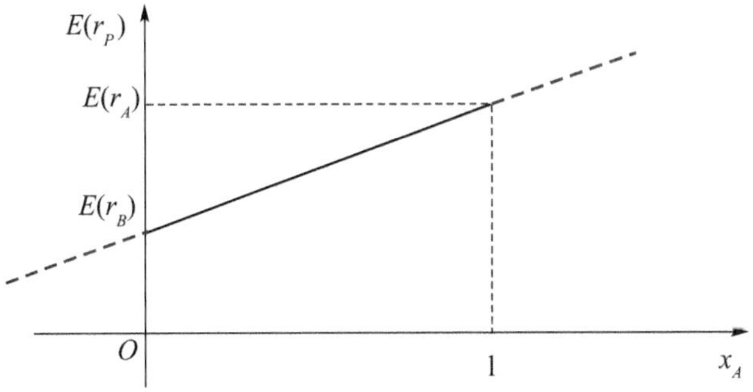

图 5－5　投资组合预期收益率与持有资产 A 比例的线性关系

图5－5表明投资组合预期收益率$E(r_P)$为x_A的线性函数。x_A可以为负，表示投资者可以卖空资产A，并将所得的资金连同自有资金买入资产B，则x_B大于1。当然，在允许卖空时，x_A也可以大于1，表明投资者卖空资产B。在图5－5中，实线部分表明不允许卖空的情况，延长线则表明允许卖空的情况。

（2）风险

假设有两种资产A和B，其预期收益率分别为$E(r_A)$和$E(r_B)$，标准差分别为σ_A和σ_B，相关系数为ρ_{AB}，协方差为$\text{cov}(r_A,r_B)$。则分别以x_A和x_B（$x_B=1-x_A$）的比例投资于两种资产构成的投资组合的风险可用收益的方差σ_P^2或标准差σ_P表示如下：

$$\sigma_P^2 = x_A^2\sigma_A^2 + x_B^2\sigma_B^2 + 2x_Ax_B\sigma_A\sigma_B\rho_{AB} = x_A^2\sigma_A^2 + x_B^2\sigma_B^2 + 2x_Ax_B\text{cov}(r_A,r_B)$$

$$\sigma_P = \sqrt{x_A^2\sigma_A^2 + x_B^2\sigma_B^2 + 2x_Ax_B\sigma_A\sigma_B\rho_{AB}} = \sqrt{x_A^2\sigma_A^2 + x_B^2\sigma_B^2 + 2x_Ax_B\text{cov}(r_A,r_B)}$$

由上式可见，投资组合的风险大小取决于持有的每一种资产的比例、持有资产的方差（或风险）和资产之间的相关程度。给定资产的方差和相关程度后，选择不同的投资比例，就可以得到不同的投资组合，从而得到不同的预期收益率和标准差。

例：1992—2001年可口可乐公司和Duke能源股票的平均收益率分别为12.12%和15.16%，标准差分别为21.58%和25.97%，相关系数为0.29，假定投资于每只股票的资金相同，则组合的标准差为：

$$\begin{aligned}\sigma_p &= \sqrt{x_A^2\sigma_A^2 + x_B^2\sigma_B^2 + 2x_Ax_B\sigma_A\sigma_B\rho_{AB}} \\ &= \sqrt{0.5^2\times(21.58\%)^2 + 0.5^2\times(25.97\%)^2 + 2\times0.5\times0.5\times21.58\%\times25.97\%\times0.29} \\ &= 19.14\%\end{aligned}$$

（3）相关性与两种资产组合的风险

假设有两种资产A和B，其预期收益率分别为$E(r_A)$和$E(r_B)$，标准差分别为σ_A和σ_B，投资组合投资于A和B两种资产的比例分别为x_A和x_B（$x_B=1-x_A$），相关系数为ρ_{AB}，相关系数不同的投资组合的风险也不同。

例：假设A、B种资产的标准差分别为37.3%和23.3%，如果投资权重各占一半，则在不同相关系数下，该组合的标准差分别为：

如果相关系数为1，组合标准差为30.3%；如果相关系数为0.5，组合标准差为26.5%；

如果相关系数为0.15，组合标准差为23.4%，如果相关系数为0，组合标准差为22%；

如果相关系数为－0.5，组合标准差为16%；如果相关系数为－1，组合标准差为7.0%。

由上可见，如果将相关性较低的资产组合在一起，投资组合的风险将会降低。

① 完全正相关下两种资产组合的风险

完全正相关时，$\rho_{AB}=1$，则

$$\sigma_P = \sqrt{x_A^2\sigma_A^2 + x_B^2\sigma_B^2 + 2x_A x_B\sigma_A\sigma_B\rho_{AB}} = |x_A\sigma_A + x_B\sigma_B| = |x_A\sigma_A + (1-x_A)\sigma_B|$$

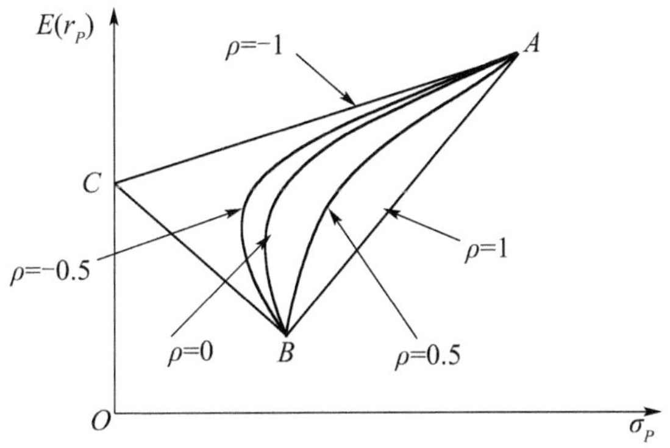

图 5 -6　相关系数不同的资产组合

平面图上用 A、B 两点分别表示 A、B 两种资产的标准差和预期收益率，此时，投资组合的风险为投资比例的线性函数，即为连接 A、B 两点的直线的横坐标，如图 5 -6 所示。

② 完全负相关下两种资产组合的风险

在完全负相关时，$\rho_{AB}=-1$。则

$$\sigma_P = \sqrt{x_A^2\sigma_A^2 + x_B^2\sigma_B^2 + 2x_A x_B\sigma_A\sigma_B\rho_{AB}} = |x_A\sigma_A - x_B\sigma_B| = |x_A\sigma_A - (1-x_A)\sigma_B|$$

设投资组合的标准差为 0，即 $\sigma_P=0$，可得

$$x_A = \frac{\sigma_B}{\sigma_A+\sigma_B},\ x_B = \frac{\sigma_A}{\sigma_A+\sigma_B}$$

即按上述比例进行投资，就可以使组合的风险降为 0，即为图 5 -6 上的 C 点。风险就是连接 A、C 和 B、C 的两条直线的横坐标。

③ 不相关下两种资产组合的风险

在不相关下，$\rho_{AB}=0$，则

$$\begin{aligned}\sigma_P &= \sqrt{x_A^2\sigma_A^2 + x_B^2\sigma_B^2 + 2x_A x_B\sigma_A\sigma_B\rho_{AB}} \\ &= \sqrt{x_A^2\sigma_A^2 + x_B^2\sigma_B^2} = \sqrt{x_A^2\sigma_A^2 + (1-x_A)^2\sigma_B^2}\end{aligned}$$

此时存在一个最小方差组合，令 $\partial\sigma_P/\partial x_A = 0$，可得：

$$x_A = \frac{\sigma_B^2}{\sigma_A^2+\sigma_B^2},\ x_B = \frac{\sigma_A^2}{\sigma_A^2+\sigma_B^2}$$

此时最小标准差为：

$$\sigma_{\min} = \frac{\sigma_A\sigma_B}{\sqrt{\sigma_A^2 + \sigma_B^2}}$$

④ 不完全相关下两种资产组合的风险

在完全不相关下，$\rho_{AB}=0$，则

$$\begin{aligned}\sigma_P &= \sqrt{x_A^2\sigma_A^2 + x_B^2\sigma_B^2 + 2x_Ax_B\sigma_A\sigma_B\rho_{AB}} \\ &= \sqrt{x_A^2\sigma_A^2 + (1-x_A)^2\sigma_B^2 + 2x_A(1-x_A)\sigma_A\sigma_B\rho_{AB}}\end{aligned}$$

令 $\partial\sigma_P/\partial x_A = 0$，可得最小方差组合为：

$$x_A = \frac{\sigma_B^2 - \mathrm{cov}(r_A,r_B)}{\sigma_A^2 + \sigma_B^2 - 2\mathrm{cov}(r_A,r_B)},\ x_B = \frac{\sigma_A^2 - \mathrm{cov}(r_A,r_B)}{\sigma_A^2 + \sigma_B^2 - 2\mathrm{cov}(r_A,r_B)}$$

注意：x_A 可能为负值，如果为负，表明投资者需要卖空资产 A 才能得到最小方差组合。

2. n 种资产组合的收益与风险

假设有 n 种资产，各资产的预期收益率分别为 $E(r_i)$（$i=1,2,\cdots,n$），标准差为 σ_i（$i=1,2,\cdots,n$），资产 i 和 j 之间协方差为 σ_{ij}（$i,j=1,2,\cdots,n$），分别以 x_i（$i=1,2,\cdots,n$）的比例投资于这 n 种资产构成的组合的收益和风险分别为：

（1）收益：$E(R_P)=\sum_{i=1}^{n}[x_iE(R_i)]$。

（2）风险：投资组合风险是各单项资产风险和各资产之间协方差的函数，以方差来表示投资组合风险，公式如下：

$$\sigma_P^2 = \sum_{i=1}^{n} x_i^2\sigma_i^2 + \sum_{i=1}^{n}\sum_{j=1}^{n} x_ix_j\sigma_{ij}\ (i \neq j)$$

上式可简化为：

$$\sigma_P^2 = \sum_{i=1}^{n}\sum_{j=1}^{n} x_ix_j\sigma_{ij} = \sum_{i=1}^{n}\sum_{j=1}^{n} x_ix_j\rho_{ij}\sigma_i\sigma_j$$

式中，ρ_{ij} 表示资产 i 和 j 的相关系数。

（3）协方差的重要性

当组合中资产数量由 1 种增加到 n 种时，组合中资产方差和协方差的项数与构成组合的资产数量之间的关系如表 5－6 所示。

表 5－6 组合中资产方差和协方差的项数与构成组合的资产数量之间的关系

构成组合的资产数量	组合中资产方差的项数	组合中协方差的项数	组合中方差总项数
1	1	0	1
2	2	2	4

续表

构成组合的资产数量	组合中资产方差的项数	组合中协方差的项数	组合中方差总项数
3	3	6	9
10	10	90	100
100	100	9 900	10 000
…			
n	n	n^2-n	n^2

当我们将一个新的资产添加到一个由很多投资组成的投资组合之中，会发生两种影响：一是新资产本身的风险被加入到投资组合的风险之中；二是新资产与其他资产之间两两对应的协方差也被加入到投资组合中。随着投资组合中资产数量的增加，单项资产自身风险的重要性降低，而协方差的重要性则逐步上升。如表 5－6 所示，一个有 100 种资产的投资组合，每种资产自身的风险对投资组合风险的贡献非常小，投资组合的风险基本上由资产之间的协方差风险组成。

四、有效投资组合与最优投资组合

1. 有效投资组合

（1）可行集与有效集

可行集又称机会集，是所有资产各种可能组合的全部集合。一般来说，投资者的可行集无穷无尽，即使在资产组合数目一定的情况下，由于投资比例可以有不同组合，可行集也是无穷无尽的。

有效投资组合是指投资者以预期收益率和标准差作为衡量资产组合标准时所选择的最优组合。有效集是指有效投资组合的集合，即最优投资组合的全部集合。有效集一旦确定，投资者即可根据自身的偏好选出满足其偏好的最优投资组合。

（2）有效集的标准

① 风险相同时，收益高比收益低好，因此选择收益高的；

② 收益相同时，风险小比风险大好，因此选择风险小的。

（3）有效集的确定

如图 5－7 所示，曲线围成部分表示所有可能投资组合的可行集，每一投资者组合的风险－收益组合可被上述坐标轴里的任意点所决定。从图中可以看出，有些风险和收益组合比其他组合更令人满意，尤其是可行集左上方的边界，这是最优风险组合的集合，这就是有效边界。位于有效边界上的组合的点都优于所有的内部各点。如 S 和 V 比，收益率相同，而风险较大；S 与 Q 比，风险相同而收益率较低。因此在 S、V、Q 三点都存在的情况下，没有人愿意选 S 点。有效边界上的所有点构成有效集，有效集是由那些风险一定而收益最高，或收益一定而风险最小的有效投资组合构成。

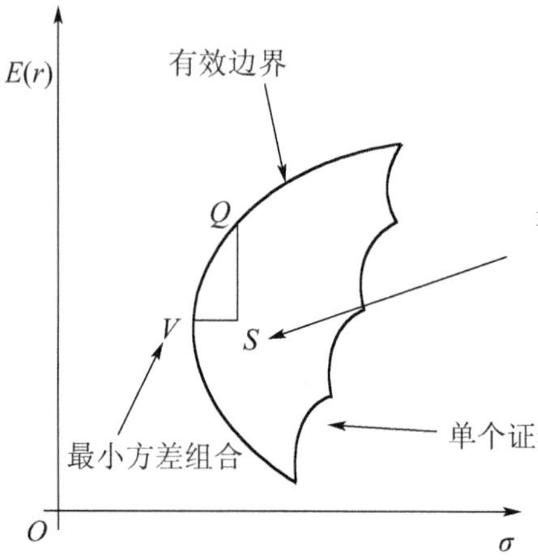

图 5 - 7　投资组合的可行集

寻找有效集的过程，实际上是以下两个问题的优化过程：一是约束风险，求收益最大的问题；二是约束收益，求最小风险的问题。

2. 最优投资组合的选择

根据投资者的无差异曲线和投资组合的有效集，就可以确定投资者的最优投资组合。将无差异曲线系统与有效集放在一起，两者的切点就是最优投资组合。在图 5 - 8 中，无差异曲线 l_2 与有效集的切点 B 就是投资者选择的最优投资组合。

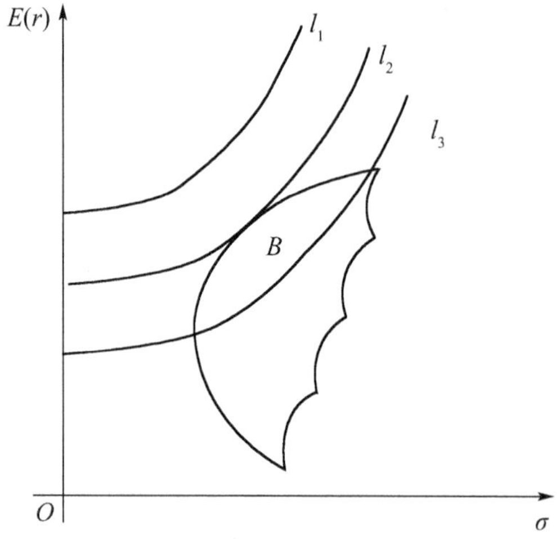

图 5 - 8　最优投资组合

五、无风险资产与风险资产的组合

在前面的分析中，有效集上的资产组合都是由风险资产构成的，现在我们将无风险资产纳入投资组合之中。首先，投资者不仅能投资于风险资产，也可以投资于无风险资产，其次投资者将被允许借入资金，但须支付与贷出相同的利率，即投资者可以卖空一定比例的无风险资产。

1. 无风险资产

无风险资产是指在持有期间具有确定收益率的资产。由于无风险资产的最终价值没有任何不确定性，故其标准差应为 0，而且无风险资产与任意风险资产之间的协方差也为 0。根据无风险资产的定义，由于公司发行的证券都存在违约的可能性，因此无风险资产只能选择政府发行的证券，但并不是所有政府证券都可以视为无风险资产。

如果投资者有一笔持有期为 3 个月的资金，他购买了 10 年到期的国债，这样的一种资产是有风险的，因为投资者不知道在投资期末这笔资产到底值多少钱，因为利率可能以不可预料的方式变化，利率风险的存在使得该政府债券具有不确定性，也就不能被视为无风险资产。再考虑一种政府债券，它在投资者的持有期结束之前到期，如 30 天到期的政府债券，但投资者的资金持有期为 3 个月，此时投资者在持有期期初不知道 30 天以后的利率，而这个利率正是投资者将其 30 天到期政府债券的收益在剩下持有期内进行再投资的基础。所有到期日少于投资者投资期的政府债券都存在这种再投资利率风险，而这种风险的存在也意味着这样一些证券同样不能被视为无风险资产。这样一来，只有到期日与投资者投资期长度相匹配的政府债券才可以作为无风险资产。

2. 无风险资产与风险资产的组合

根据对无风险资产的定义，无风险资产收益率的标准差 σ_f 为 0，预期收益率 $E(r_f)$ 为一常数，预期收益率等于实际收益率，即 $E(r_f)=r_f$。由风险资产 A 与无风险资产构成的投资组合的预期收益率 $E(r_P)$ 为：

$$E(r_P)=x_AE(r_A)+(1-x_A)r_f$$

其中，$E(r_A)$ 是风险资产 A 的预期收益率，x_A 是组合中风险资产 A 的投资比例。

由于无风险资产收益率的标准差 σ_f 为 0，无风险资产与任意风险资产 A 之间的协方差 $\mathrm{cov}(r_f,r_A)$ 也为 0，由风险资产 A 与无风险资产构成的投资组合的标准差 σ_P 为：

$$\sigma_P=\sqrt{x_A^2\sigma_A^2+(1-x_A)^2\sigma_f^2+2x_A(1-x_A)\mathrm{cov}(r_f,r_A)}=x_A\sigma_A$$

将预期收益率 $E(r_P)$ 和标准差 σ_P 两式中消去 x_A，可得：

$$E(r_P)=r_f+\frac{E(r_A)-r_f}{\sigma_A}\sigma_P$$

图 5-9 中的直线就代表了无风险资产与风险资产构成的投资组合的预期收益率 $E(r_P)$ 与标准差 σ_P 之间的关系。其中 r_f 至 A 的线段表示以无风险利率贷出部分资金和投资于风险资产的组合，如 H 点。如果允许无风险借入，则点 A 右上方的点表示卖空无风险资产以筹集资金投入风险资产，借入越多，离 A 点就越远，投资者的风险和预期收益率也将随之增大，如 K 点。

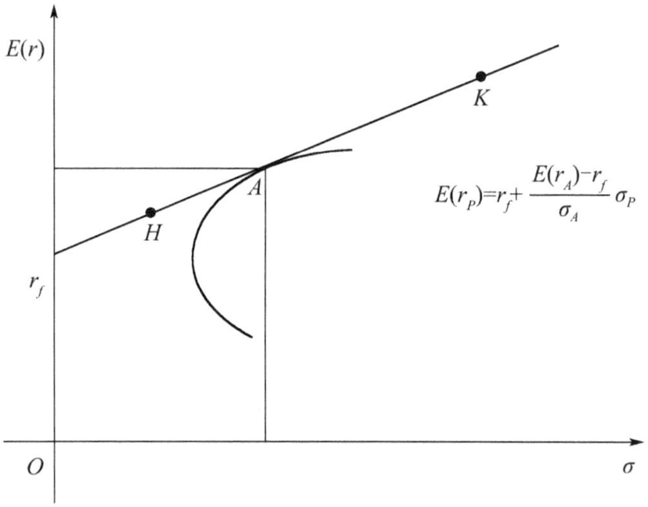

图 5－9 无风险资产与风险资产构成的投资组合

假设 $E(r_A)=0.20$，$r_f=0.10$，$x_A=50\%$，$\sigma_A=28.7\%$，则该投资组合的预期收益率为：$E(r_P)=0.5\times0.20+0.5\times0.10=15\%$，标准差为：$\sigma_P=0.5\times0.287=14.4\%$。假设一投资者有 1 万元，再借入 1 万元，全部共 2 万元投资于资产 A，则其持有风险资产比例为 $x_A=2$，无风险资产的比例为 $1-x_A=-1$。则该投资组合的预期收益率为 $E(r_P)=2\times0.20+(-1)\times0.10=30\%$，标准差为 $\sigma_P=2\times0.287=57.4\%$。可见，当无风险借入利率低于风险资产的预期收益率时，无风险借入具有提高投资组合预期收益率和风险的作用。

3. 最优风险资产组合

引入无风险资产后，新的可行投资组合将包含无风险资产与所有可行的风险资产组合的再组合，这里也可以将风险资产组合视为一种风险资产。这样，无风险资产与所有可行的风险资产组合的再组合就是从无风险资产发出的经过该风险资产组合的一系列射线。

如图 5－10 所示，经无风险利率所在的 F 点作一条与有效边界相切的切线，切点为 M，M 点即为最优风险资产组合点。M 点具有以下特点：首先，M 点是一个风险资产组合，既未借入也未贷出无风险资产，这个风险组合在没有无风险资产时就已是一个有效组合，现在仍是有效组合；其次，将无风险资产引入资产组合后，所有有效组合将由无风险资产与风险资产组合 M 的组合来产生，无论投资者对风险持何种态度，他拥有风险资产的最好组合都是 M。此时不同投资者的风险厌恶程度将体现在 FM 这条射线上并获得不同位置，这些位置均由无风险资产与风险资产组合 M 之间的组合产生。如果投资者相对保守一些，不愿承担太大的风险，则可以同时买入适量的无风险资产与风险资产的组合 M，从而获得 FM 之间的某个组合，如 H 点的组合；如果投资者愿意更冒险一些，希望承担更大一些的风险，则投资者可以借入无风险资产并将所获收入连同自有资金投资于风险资产组合 M，从而获得 M 点右

上方的组合如 K 点的组合。

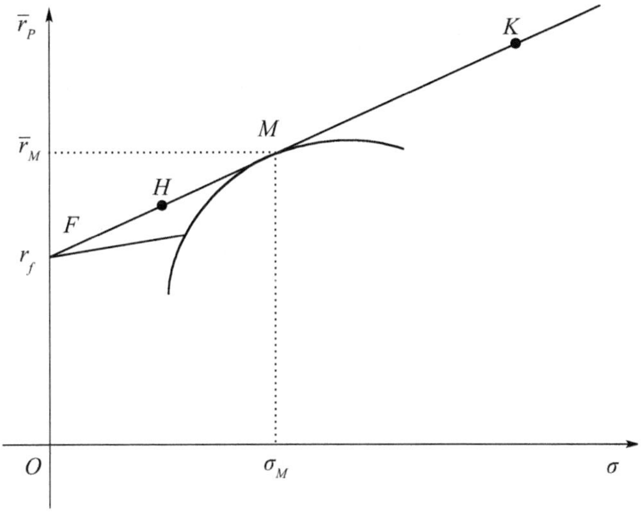

图 5 - 10　无风险资产与风险资产构成的投资组合

可见，最优风险资产组合 M 极大地简化了对投资组合的选择，投资者只须根据自己的偏好程度决定借入或贷出多少无风险资产即可，剩余资金的投资只有风险组合 M 是唯一最佳的选择。因此我们把风险资产组合称为最优风险组合或切点组合。最优风险组合的存在将投资者愿意承担多大风险的所谓金融决策，与具体确定持有多种风险资产比例的投资决策分离开来，因此这一特性通常被称为分离定理。

第二节　资本资产定价模型

资本资产定价模型（CAPM）是现代金融学的重要基石。该模型是在严格限定条件下单期静态对投资组合的最优求解，对资产收益和风险关系给出了精确的分析和预测。传统 CAPM 模型并未考虑不同投资者的异质性、动态跨期均衡、不同信息条件、资产价格形成过程对资产定价的影响，因而严格来说，传统的资本资产定价模型被称为证券市场风险 - 收益关系更为合适。

一、资本市场均衡

资本资产定价模型（CAPM）是关于资本市场理论的模型，是在马柯威茨的投资组合理论基础上发展起来的。马柯威茨的投资组合理论通过数学规划的原则，系统阐述了如何通过有效的分散化来选择最优的投资组合，但这一理论具有一定的局限性，即偏重规范性分析（投资者应如何去行动），而缺乏实证性分析（投资组合的风险与收益如何度量）。在资产投资组合分析中，投资者最关心的是资产的收益 - 风险关系，但马柯威茨的投资组合理论并不能确定最高收益和所能承担的最大风险，投资者也无从知道证券该分散到何种程度才能达到低风险高收益的最佳组合。为解决这些问题，夏普在马柯威茨投资组合理论的基础上对证券价格的风险－收益关系进行了深入研究，并于1964年提出了资本资产定价模型。此后，林特纳（1965）和莫森（1966）又分别提出了资本资产定价模型。CAPM较好地描述了证券市场上投资者行为准则，这些准则形成了证券均衡价格、证券收益－风险的均衡状态。

1. 资本资产定价模型的基本假设

资本资产定价模型对资本资产的定价问题从理论上给出了一个十分完美的解答，以一个简捷的方程描述了单个资产收益与市场收益之间的关系。这一模型是建立在一些严格条件之上的，尽管有些假设与现实不符，但还是抓住了一些主要因素，对实际问题在一定程度上给出了有力的说明，具有一定的指导作用。

资本资产定价模型考虑的是一个单一期限的情形，投资者在期初进行投资，在期末卖出资产，期间不考虑消费问题，同样假设市场上存在 n 个风险资产和1个无风险资产，同时假设：

（1）所有资产期末价值总是大于或等于零；

（2）市场是完备的，即不存在交易成本和税收，而且所有资产均为无限可分割的；

（3）市场上有足够多的投资者使得他们可以按市场价格买卖他们所想买卖的任意数量的任何可交易资产；

（4）资本市场上的借贷利率相等，且对所有投资者都相同；

（5）所有投资者均为风险厌恶者，同时具有不满足性，即对任何投资者，财富越多越好；

（6）所有投资者都追求期末财富的期望效用最大化；

（7）所有投资者均可免费地获得信息，市场上信息是公开的、完备的；

（8）所有投资者对未来具有一致性的预期，都正确地认识到所有资产的收益服从联合的正态分布；

（9）对于任何风险资产，投资者对其评价有两个主要的指标：风险资产收益率的预期和方差，预期代表收益、方差（或标准差）代表风险。

前四个假设是对资本市场的一种理想化假定，概括起来，其实质是认为一个理想的市场应该是完备的、无摩擦的，从而对资源的配置是有效的。当然，这种理想的市场在现实中是不存在的，但我们可以对这些条件放松，放松后发现对原来的结果影响不是根本的，即是说，这些理想的假设抓住了主要矛盾，结果也就十分有意义。同时，随着科学技术尤其是信息技术的发展，现实中的资本市场也正一步一步地向这一理想市场靠近。

假设（5）、（6）、（8）、（9）是关于投资者的假设。风险厌恶的假设是有代表性的，当然我们并不否认存在风险偏好的投资者；同时，这些假设还对投资者的选择标准给出了说明。假设（7）则是关于市场有效性的假设。

2. 资金借入与贷出

资本市场理论一般假定市场上存在可供投资的无风险证券，且投资者可根据其意愿以无风险利率 r_f 随意借入和贷出。在此基础上，投资者还可以将无风险资产与风险资产的投资组合 M 再组合起来，得到要求的风险－收益率组合。假定投资于无风险资产的收益率为 r_f，风险资产组合 M 的预期收益率与标准差分别为 $E(r_M)$ 和 σ_M。构造无风险资产与风险资产组合 M 的投资组合，无风险资产的投资比例为 w，风险资产的投资比例为 $1-w$，则投资组合的预期收益率 $E(r_P)$ 与标准差 σ_P 分别为：

$$E(r_P) = (1-w)E(r_M) + wr_f$$
$$\sigma_P = (1-w)\sigma_M$$

假设无风险资产的收益率为 5%，风险资产组合的预期收益率和标准差分别为 10% 和 0.2，考虑三种不同情形的投资组合：一是将资金等比例投资于无风险资产和投资于风险资产；二是仅投资于风险资产；三是借入无风险资产并投资于风险资产，具体情况见表 5－7。

表 5－7　不同借贷组合情况下的风险与收益率

无风险资产比重 w	无风险资产的收益率	风险资产比重	风险资产组合的预期收益率	风险资产组合的标准差	投资组合的收益率	投资组合的风险
0.5	5%	0.5	10%	0.2	7.5%	0.1
0	5%	1	10%	0.2	10%	0.2
－0.5	5%	1.5	10%	0.2	12.5%	0.3

从表 5－7 中可以看到，投资组合的收益率与风险随着无风险资产比重的减少而增加。

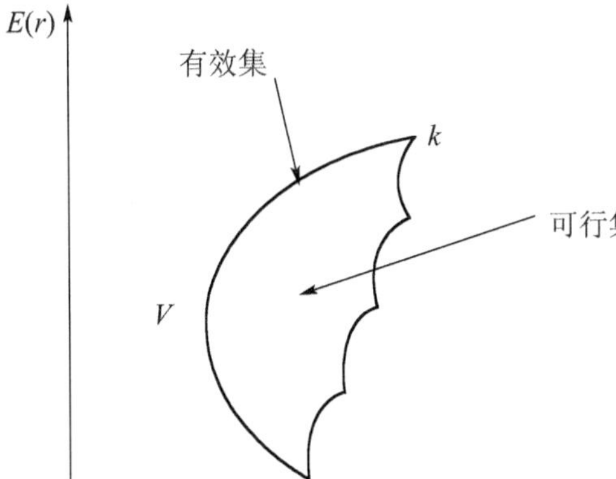

图 5－11　可行集与有效集

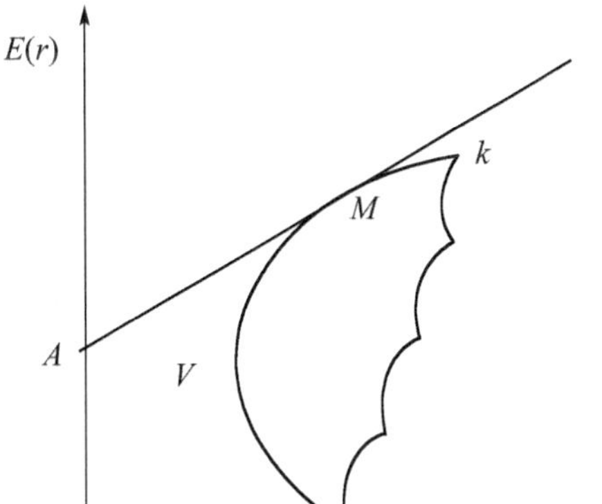

图 5－12　引入无风险资产后的有效集

图5－11和图5－12描述了无风险资产的借入和贷出将原来的有效集（即投资机会）改变成了射线AM，与原有效集相切于M，AM上包含了所有风险投资组合M与无风险借贷的组合。

无风险资产的引入可以允许投资者根据自身对风险的偏好即效用函数，在一系列不同风险、不同预期收益率的可能组合资产中进行选择。若没有无风险资产，投资者只能选择M点，而引入无风险资产后，直线上的所有组合都可以选择，激进型的投资者会大量借入资金购进风险资产，而保守型投资者则会将一部分资金以无风险利率水平贷出，将资产配置在无风险资产和风险资产上。在图5－13中，I_1代表保守型投资者的最优资产组合，是保守型投资者的效用函数U_1与资产组合的射线AM的切点。I_2代表激进型投资者的最优资产组合，是激进型投资者的效用函数U_2与资产组合的射线AM的切点。

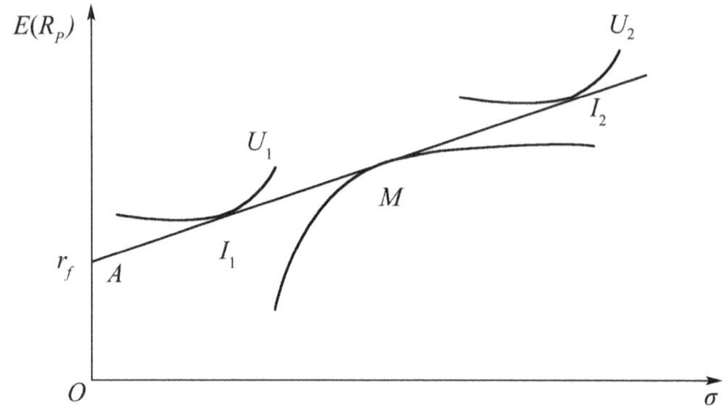

图5－13　无风险借贷对投资者效用的影响

以市场组合为基础，就可以引申出被动的、但有效的指数化投资策略，这种策略分两个步骤：第一步，按市场的组合比例构建风险资产组合，这在一定程度上实现了风险分散化；第二步，投资者将资金按照各自的效用函数分布于无风险资产和风险资产组合。这种被动式投资策略不但构造简单，而且也十分方便，只要投资者调低资产组合风险，适当增大无风险资产投资比例即可。

在金融市场上，市场指数反映了对应的市场所交易的各种资产的构成比例。以此指数为基础而开发的指数产品，往往作为风险市场组合的替代品，因而这种投资策略被称为指数化投资策略。在西方这种被动式的指数化投资策略被养老基金、共同基金等金融机构广泛采用，并用作评估其他主动性投资策略绩效的依据。

3．分离定理与资本市场的均衡

（1）分离定理

在资本市场处于均衡时，由于每个投资者对证券的预期收益率、方差、相互之间的协方差及无风险利率的估计是一致的，因此每个投资者的有效集相同。由于所有投资者都有相同的有效集，他们选择不同的证券组合的原因在于他们有不同的无差异曲线。因此，不同投资者对风险和收益的偏好不同，将在同一个有效集上选择不同的证券组合。所有的投资者，无论风险偏好如何，在构造投资组合时投资者通过资金借贷使其效用趋于最大化，将市场组合 M 和无风险资产搭配组合。也就是说，通过市场组合 M，不同风险偏好的投资者都可以达到最优的期望效用。

以无风险利率进行资金借贷的可能性将投资过程分成两个阶段：首先确定市场组合 M，然后投资者为获得风险和收益的最优组合，以无风险利率借入或贷出，再把所有的资金按相同比例投资到风险资产上，从而实现效用的最大化。在无风险资产与风险资产的组合中，融资的方式（即无风险资产的数量）取决于投资者对风险的厌恶程度：风险厌恶程度高的投资者将贷出更多的无风险资产，风险厌恶程度低的投资者将借入资金更多地投资于组合 M，这就是分离定理，也称为托宾分割定理。

（2）资本市场均衡

根据分离定理，可推导出证券市场均衡：如果无风险资产的借贷量相等，且风险资产的供给等于需求，则这种市场状态称为市场均衡。市场均衡时的风险资产价格向量 $\bar{r}=(r_1,\cdots,r_N)^{\mathrm{T}}$ 和无风险资产价格 r_f 称为均衡价格。

若一个市场达到均衡状态，则该市场具有如下性质：

① 每个投资者都持有正的一定数量的风险证券，即在切点证券组合 M 的构成中都占有非零的比例，这是由分离定理决定。根据分离定理，每个投资者所选择的证券组合中的风险证券的组成是一样的，都选择市场组合 M 作为资产组合中的风险证券组成部分；

② 证券的价格使得对每种证券的需求量正好等于市场上存在的证券数量；

③ 无风险利率使得资金的借贷量相等，即市场上所有无风险证券必须结清；所有个体的初始财富的和等于所有风险证券的市场总价值。

二、资本市场线与证券市场线

资本市场线（CML）和证券市场线（SML）是 CAPM 的两个主要结论，CML 是投资组合理论的直接延伸。

1. 资本市场线（CML）

资本市场线描述的是均衡的资本市场上任一投资组合的预期收益率与其风险之间的关系。当市场处于均衡状态时，市场组合 M 就为切点投资组合，代表了所有投资者对风险资产的投资方式。所有投资者在进行最优投资选择时都是将其资金在无风险资产与 M 之间进行分配，无风险资产 r_f 与市场组合 M 的连线也就是有效集。这条直线形状的有效集就是资本市场线，如图 5－14 所示。

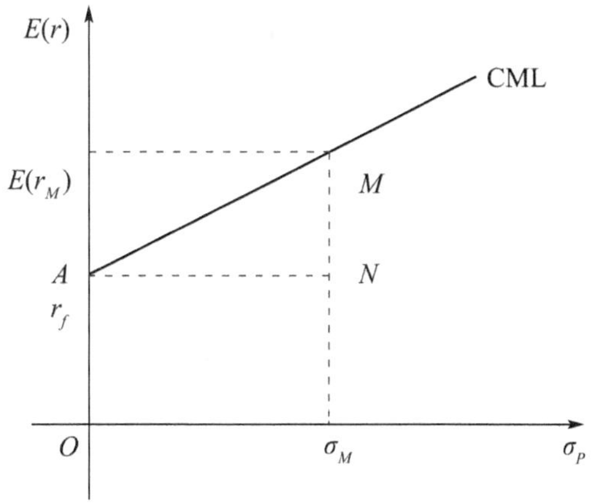

图 5－14　资本市场线

资本市场线描述了当市场处于均衡状态时，有效证券投资组合的预期收益率 $E(r_P)$ 和风险 σ_P 之间的关系。它表明证券投资组合的收益与风险呈线性关系，风险越高，预期收益越高；风险越低，预期收益越低。

根据上述分析，可求出资本市场线（CML）方程。图 5－14 中 M 点的坐标为 $(\sigma_M, E(r_M))$，A 点的坐标为（0，r_f），则可求出两点的直线方程，即标准的 CML 直线方程为：

$$E(r_P) = r_f + \frac{E(r_M) - r_f}{\sigma_M}\sigma_P$$

斜率 $\frac{E(r_M) - r_f}{\sigma_M}$ 表示的就是风险的价格，衡量的是增加单位风险需增加的预期收益率，或称为承担单位风险所要求的收益率；$E(r_M) - r_f$ 则表示投资组合 M 的超额收益。

资本市场线实际上给出了无风险资产与风险资产组合 M 构造的投资组合风险与收益之间的关系，提供了衡量有效投资组合的方法。在引入无风险资产后，有效投资组合就是分布在资本市场线上的点，这一直线就代表了有效边界。这一结论还表明：有效投资组合的风险与收益之间是一种线性关系。

例： 假定无风险利率为 4%，三种风险资产 A、B、C，它们的预期收益率和方差协方差矩阵分别为：

$$\begin{bmatrix} 16.2\% \\ 24.6\% \\ 22.8\% \end{bmatrix} \text{和} \begin{bmatrix} 0.0146 & 0.0187 & 0.0145 \\ 0.0187 & 0.0854 & 0.0104 \\ 0.0145 & 0.0104 & 0.0289 \end{bmatrix}$$

方差协方差矩阵对角线依次为三个证券的方差，其他位置列出的是协方差，由协方差矩阵可知：

$$\text{cov}(r_A, r_B) = 0.0187,\ \text{cov}(r_A, r_C) = 0.0145,\ \text{cov}(r_B, r_C) = 0.0104$$

假设市场组合 M 中包含三种资产的投资比例分别为 12%，19%，69%，根据投资组合理论，市场组合 M 的预期收益率 $E(r_M)$ 与标准差 σ_M 分别为：

$$E(r_M) = 12\% \times 16.2\% + 19\% \times 24.6\% + 69\% \times 22.8\% = 22.4\%$$

$$\sigma_M = \sqrt{\begin{aligned}&(12\%)^2 \times 0.0146 + (19\%)^2 \times 0.0854 + (69\%)^2 \times 0.0289 + 2 \times 12\% \times 19\% \\ &\times 0.0187 + 2 \times 12\% \times 69\% \times 0.0145 + 2 \times 19\% \times 69\% \times 0.0104\end{aligned}}$$

$$= 15.18\%$$

则

$$\frac{E(r_M) - r_f}{\sigma_M} = \frac{22.4\% - 4\%}{15.18\%} = 1.2121$$

则 CML 方程为：

$$E(r_P) = 4\% + 1.2121\sigma_P$$

2. 单个证券的风险和收益

CML 描述的是有效投资组合的预期收益率与标准差之间的均衡关系，即投资的收益与风险之间的关系，但这一结论并没有告诉我们单个证券的情形。只要市场上的风险资产不止一个，并且任何证券都不能表示为其他证券的线性投资组合，那么任何一个证券都不可能位于直线有效集上，它们都将在该直线之下。因此，单个证券的预期收益率和标准差不存在上述的直线关系。即到此为止，CAPM 还没有告诉我们关于单个证券的预期收益率和风险之间的关系。对于单个证券风险和收益的性质，我们必须明确：① 单个证券对市场组合预期收益率的贡献如何？② 单个证券对市场组合标准差的贡献如何？③ 单个证券的风险与预期收益的关系如何？

（1）单个证券对市场组合预期收益率的贡献

根据上一节投资组合的性质，市场组合 M 的预期收益率 $E(r_M)$ 可简单表示为构成市场组合 M 的单个证券的预期收益率 $E(r_i)(i=1,2,\cdots,N)$ 与其投资比重的加权 $w_i(i=1,2,\cdots,N)$ 之和：

$$E(r_M) = \sum_{i=1}^{N} w_i E(r_i)$$

由上式可得，单个证券 i 对市场组合 M 预期收益率的贡献为 $w_i E(r_i)$。单个证券 i 对市场组合 M 的贡献为：

$$\frac{\partial E(r_M)}{\partial w_{Mi}} = E(r_i)$$

（2）单个证券对市场组合标准差的贡献

根据上一节投资组合的性质，市场组合 M 的方差 σ_M^2 为：

$$\sigma_M^2 = \sum_{i=1}^{N}\sum_{j=1}^{N} w_i w_j \sigma_{ij}$$

式中　w_i ——资产 i 在市场组合 M 中的投资比例；

w_j ——资产 j 在市场组合 M 中的投资比例；

σ_{ij} ——资产 i 和资产 j 的协方差。

由于资产 i 与市场组合 M 的协方差 σ_{iM} 为：

$$\sigma_{iM} = \mathrm{cov}(r_i, r_M) = \sum_{j=1}^{N} w_j \sigma_{ij}$$

则：

$$\sigma_M^2 = \sum_{i=1}^{N} w_i \sigma_{iM}$$

由上式可得，单个证券对市场组合风险的贡献为 $w_i\sigma_{iM}$ ，而单个证券的风险可表示为：

$$\frac{\partial \sigma_M}{\partial w_i} = \frac{1}{2} \cdot \frac{\sigma_{iM}}{\sigma_M}$$

对第三个问题的回答就是证券市场线。

3. 证券市场线（SML）

资本市场线说明了有效投资组合风险和收益率之间的关系，但并没有说明非有效投资组合以及单个证券的响应情况。实际中，因为单个风险资产被看成是非有效的，因而单个风险资产总是在资本市场线以下。那么如何确定单个证券的收益率和标准差之间的均衡关系？

证券市场线描述的是当证券市场达到均衡时，单个风险资产的收益与风险之间的关系。单个风险资产 i 预期收益和标准差分别为 $E(r_i)$ 和 σ_i ，市场组合 M 的预期收益率和标准差分别为 $E(r_M)$ 和 σ_M ，两者的协方差为 σ_{iM} 。市场均衡时，则证券市场线（SML）可表示为：

$$E(r_i) = r_f + \frac{E(r_M) - r_f}{\sigma_M^2}\sigma_{iM}$$

令 $\beta_i = \sigma_{iM}/\sigma_M^2$ ，称为贝塔系数。上式还可写为：

$$E(r_i) = r_f + \beta_i(E(r_M) - r_f)$$

或者：

$$E(r_i) - r_f = \beta_i(E(r_M) - r_f)$$

上式表明，单个风险资产 i 的超额收益 $E(r_i) - r_f$ 与其贝塔系数 β_i 成正比。

图 5－15 中的直线，即为证券市场线（SML），这条直线由无风险资产的收益率和市场组合的预期收益率共同决定。证券市场线反映了资产或者组合的预期收益率与 β 系数之间的关系，资产 i 的预期收益率 $E(r_i)$ 等于无风险利率 r_f 和风险报酬 $\beta_i(E(r_M) - r_f)$ 之和，即资产 i 的预期收益率 $E(r_i)$ 等于无风险利率 r_f 加上该项资产的风险溢价。风险报酬 $\beta_i(E(r_M) - r_f)$ 又可分解为两个部分，即市场组合的风险报酬 $E(r_M) - r_f$ 和特定资产的风险 β_i 系数，其中市场组合的风险报酬 $E(r_M) - r_f$ 是证券市场线的斜率，对所有的资产都是相同的，所以 β_i 系数是决定资产 i 的必要风险报酬大小的唯一因素。

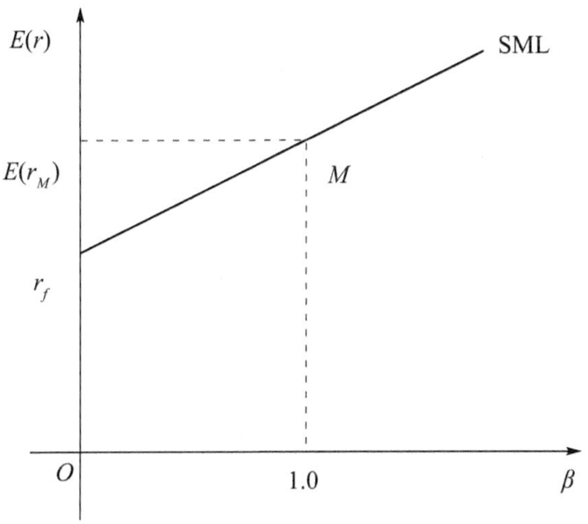

图 5－15　证券市场线

$\beta=0$ 时，则有 $E(r_i)=r_f$，说明这种资产是无风险的；$\beta=1$ 时，$E(r_i)=E(r_M)$，说明这种资产具有与市场相同的风险，因而资产价格与市场同等变动，这一资产收益率就等于市场组合的收益率；β 系数大于 1 时，$E(r_i)>E(r_M)$，说明这种资产是激进型的，预期收益率将大于市场组合收益率，如科技类股票；β 系数小于 1 时，$E(r_i)<E(r_M)$，说明这种资产是防御型的，预期收益率小于市场组合收益率，如基础设施类、消费类的股票。由上可见，β 系数越高，风险越大，资产要求的风险报酬率也就越高。当 β 系数小于 0 时，该资产与市场负相关，意味着该资产参与投资组合时，能对风险起到对冲作用，所需要的预期收益率小于无风险利率。

β 系数的一个重要特征就是线性可加性，如果一投资组合中各项资产比重为 w_i，β 系数为 β_i，则组合的 β 系数为：

$$\beta_P=\sum_{i}^{n}w_i\beta_i$$

4．资本市场线和证券市场线的关系

资本市场线和证券市场线是 CAPM 的重要结论，从不同侧面描述了风险资产的收益与其风险之间的关系。它们的公式分别为：

$$E(r_P)=r_f+\frac{E(r_M)-r_f}{\sigma_M}\sigma_P$$

$$E(r_i)=r_f+\beta_i(E(r_M)-r_f)$$

资本市场线描述的是有效的投资组合所满足的关系，给出的是投资组合的预期收益率与其标准差之间的线性关系，单个资产总是在资本市场线的下方；证券市场线描述的是均衡状态下单个证券所满足的关系，给出的是单个证券的预期收益率与 β 系数之间的关系，β 系数反映的是该资产对资产组合方差的影响程度或贡献度，在均衡市场中，所有的证券都落在证券市场线上。

证券市场线实际上是资本市场线的一个特例。当单个资产或资产组合有效率时，该项资产与市场组合 M 的相关系数为 1，此时的证券市场线和资本市场线是相同的。因为：

$$r_P = r_f + \frac{r_M - r_f}{\sigma_M^2}\sigma_{PM} = r_f + (r_M - r_f)\frac{\rho_{PM}\sigma_P\sigma_M}{\sigma_M^2}$$

$$= r_f + (r_M - r_f)\frac{\rho_{PM}\sigma_P}{\sigma_M} = r_f + (r_M - r_f)\frac{\sigma_P}{\sigma_M}$$

而该公式即为资本市场线。

5. 特征线

只考虑一种证券的投资组合，将证券市场线 $E(r_i) = r_f + \beta_i(E(r_M) - r_f)$ 稍做变形，就可以得到特征线方程：

$$E(r_i) - r_f = \beta_i(E(r_M) - r_f)$$

等式左边为单个证券的超额收益率，右边为市场组合的超额收益率与 β 值的乘积。如果单个证券收益与市场组合收益之间的关系依赖于过去的经验，那么超额收益可以依据历史数据计算出来，也可以用来估计证券未来的收益。

计算出单只证券和市场组合的超额收益率后，以横轴表示市场组合超额收益率，纵轴表示单个证券的超额收益，将其描出点来。根据散点图作出的回归曲线就是特征线。散点对特征线的偏离是该证券的非系统风险，是特定公司所特有的，通过投资组合可以降低非系统风险。由图 5－16 可见，特征线的斜率为正，市场组合的超额收益率越高，单个证券的超额收益率也就越大。

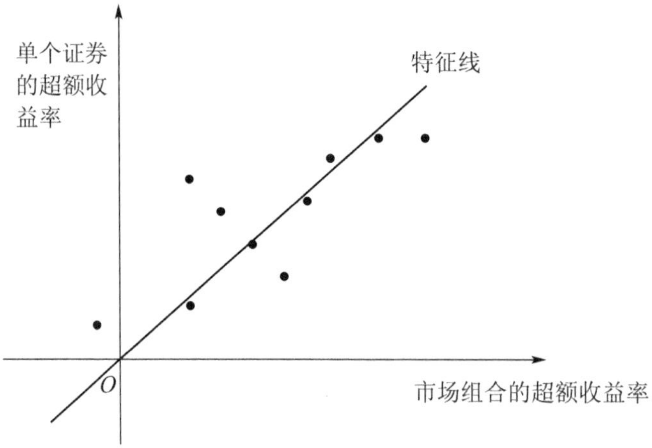

图 5－16　单个证券的超额收益率与市场组合的超额收益率之间的关系

根据散点图作出的特征线可能有截距项，因为现实的资本市场并不总是在有效的均衡点上运作。特征线在纵轴上的截距就是 a 值，表示市场组合预期超额收益率为 0 时，单个证券的预期超额收益。a 值小于 0 表示单个证券的预期收益小于无风险收益，理性的投资者将不会投资于该证券，证券的价格会下降，收益会提高，特征线平行上移 a 值为0；a 值大于0则有相反的过程发生。

特征线的斜率就是 β 值。β 值在证券市场线方程中反映为单个证券对于整个市场组合的风险程度，在特征线上反映为证券的超额收益对市场证券组合的超额收益变动的敏感程度。如果 β 值为1，表示证券的超额收益同市场组合超额收益的变动相同，也就是说该证券具有与整个市场相同的系统风险。如果 β 值大于1，则单个证券的系统风险要大于整个市场的系统风险；如果 β 值小于1，则该证券的系统风险小于整个市场的系统风险。

三、CAPM 的应用

CAPM 分析了风险资产的收益率与其对应的风险之间的关系，它指出，所有有效的风险资产或投资组合必定位于 CML 线上；均衡条件下，所有证券或投资组合必定位于 SML 上。利用这些结论，可以判断一种证券的定价是否被高估或低估，还可以用来作为资产定价的基准。

1. 证券价值的高估与低估

利用资本资产定价模型可以判断证券的相对吸引力。高风险的股票具有较高的收益率，低风险的股票具有较低的收益率，但难以判断其收益率与风险是否成比例。

如图5－17所示，可以根据证券市场线来判断证券价值的高估与低估。A、B、C 三种证券位于 SML 直线上方，证券 H、I、J 位于 SML 直线下方，证券 D、E、F 位于 SML 直线上；其中证券 A、D、H 的 β 系数为0.5，证券 B、E、I 的 β 系数为1，证券 C、F、J 的 β 系数为1.5，分别代表三种风险级别：低风险、中等风险和高风险。图中证券 A、B、C 位于直线上方，对于相同的风险，其收益率高于相应的证券 D、E、F 和 H、I、J，因而具有更强的吸引力，其价值均被低估；而证券 H、I、J 位于直线

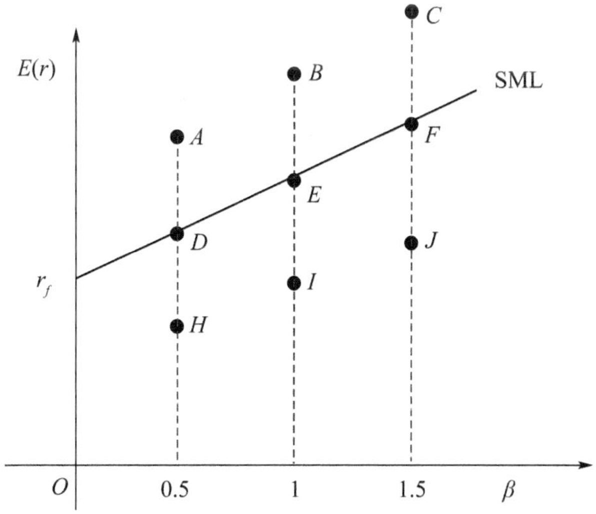

图5－17　证券价值的高估与低估

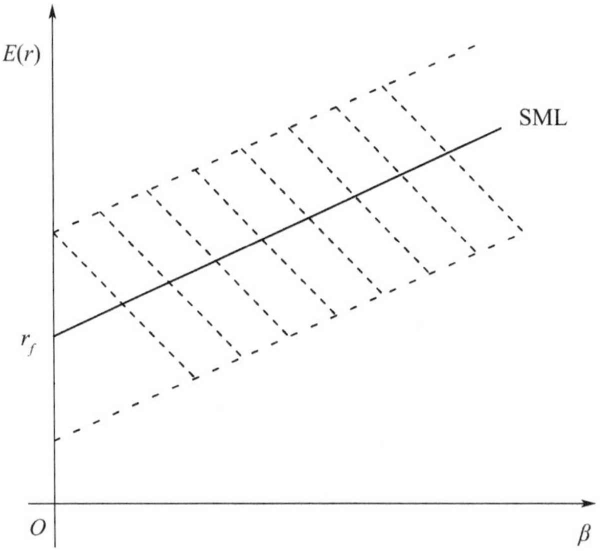

图 5－18　现实中的证券市场带

下方，其收益率低于相应风险所对应的收益率，其现期价格被高估，相对缺乏吸引力；而证券 D、E、F 位于直线上，收益率为平均水平，既未被高估，也未被低估。

在现实的证券市场上，由于存在交易成本以及税收等原因，证券一般不会恰好落在 SML 直线上，因此现实中的 CAPM 可能不是一条直线，而是一条带状的区域，如图 5－18 所示，这条带的宽度随市场的不完全性的程度不同而不同。

2. β 系数的应用

β 系数被作为度量某种投资风险的指标，表示证券或证券组合的收益随市场收益率变动而变动的程度。证券或证券组合的 β 系数越大，系统性风险越大。在证券投资管理中，β 系数被广泛应用于证券分析和投资决策中，其应用主要表现在：

（1）证券类型的划分。根据 β 系数大小可将证券或证券组合分为以下几种：β 系数大于 0 时证券或证券组合收益率与市场组合同方向运动，β 系数小于 0 时则反方向运动；β 系数小于 1 时为防御型证券或策略组合，证券或证券组合的收益率比市场组合收益率的波动水平低，如公用事业、食品工业的股票；β 系数等于 1 为中性投资策略，证券或证券组合的收益率与市场组合收益率的波动完全同步；β 系数大于 1 小于 1.5 时，证券或证券组合的收益率比市场组合收益率的波动水平高，这是一种激进型或攻击型的证券或资产组合，如高科技行业等；β 系数大于 1.5 时，证券或证券组合的收益率比市场组合收益率的波动水平高很多，这是高风险的投资策略选择，如高科技行业、网络行业、传媒行业等。不同的证券投资基金由于风险收益偏好不同，因而构造了不同投资风格的证券组合，如激进型、稳健型等。不同投资风格的基金，证券组合的 β 系数差异很大，这为投资策略选择和策略调整提供了依据。因此中小投资者可根据自身风险承受程度选择不同风格和风险水平的基金，而基金经理可根据投资组合的β系数调整组合结构。

（2）测度风险报酬与证券估值。β系数测度的是能够带来收益补偿的系统风险，这部分风险不能通过投资组合进行消除。β系数越大，这一证券或证券组合要求的风险报酬就越高。如果证券收益超过风险报酬，则这一证券或证券组合被市场高估；反之则被市场低估。如在证券市场线上，如果A、B两资产的β系数相同，即风险相同，但A的预期收益比B高，则投资者愿意买入A而卖出B，这样A的价格上升，B的价格下降，直到恢复均衡。可见，位于证券市场线上方的证券被低估了，因为在给定系统性风险水平的条件下，可以提供更高的预期收益率，而位于证券市场线下方的证券价值则被高估。

（3）作为证券投资组合的重要参数。在进行投资组合选择时，如果根据马柯威茨的投资组合理论，直接以协方差进行计算，计算量大而复杂，如果用β系数来替代，能大大简化计算过程，因而β系数的应用更为广泛，成为投资组合决策的重要参数。

（4）根据市场走势，选择不同β系数的证券或证券组合可获得超额收益。由于β系数是证券或证券组合与市场组合的敏感性指标，这样，投资者可根据不同的市场走势，选择不同β系数的证券或证券组合。具体而言，在牛市中，投资者选择高β系数证券，从而成倍放大市场收益率，取得高额收益；而在熊市中，则选择低β系数（甚至负β系数的证券），从而抵御市场下跌风险。这样，投资者可选择比市场组合更好的证券或组合，从而达到战胜市场的效果。

本章小结

1．假设有n种资产，各资产的预期收益率为$E(r_i)$（$i=1,2,\cdots,n$），标准差分别为σ_i（$i=1,2,\cdots,n$），资产i和j之间协方差为σ_{ij}，相关系数为ρ_{ij}，$i,j=1,2,\cdots,n$，投资组合分别以x_i（$i=1,2,\cdots,n$）的比例投资于这n种资产构成的预期收益$E(r_P)$和以方差σ_p^2表示的投资组合的风险分别为：$E(R_P)=\sum_{i=1}^{n}[x_iE(R_i)]$和$\sigma_P^2=\sum_{i=1}^{n}\sum_{j=1}^{n}x_ix_j\sigma_{ij}=\sum_{i=1}^{n}\sum_{j=1}^{n}x_ix_j\rho_{ij}\sigma_i\sigma_j$。

2．无差异曲线与只包含风险资产的投资组合的有效集的切点就是最优投资组合。

3．以无风险利率进行资金借贷的可能性将投资者过程分成两个阶段：首先确定市场组合M，然后投资者为获得风险和收益的最优组合，以无风险利率借入或贷出，再把所有的资金按相同比例投资到风险资产上，从而实现效用的最大化。在无风险资产与风险资产的组合中，融资的方式（即无风险资产的数量）取决于投资者对风险的厌恶程度：风险厌恶程度高的投资者将贷出更多的无风险资产，风险厌恶程度低的投资者将借入资金更多地投资于组合M，这就是分离定理，也称为托宾分割定理。

4. 资本市场线描述的是均衡的资本市场上任一投资组合的预期收益率与其风险之间的关系。当市场处于均衡状态时，市场组合 M 就为切点投资组合，代表了所有投资者对风险资产的投资方式。所有投资者在进行最优投资选择时都是将其资金在无风险资产与 M 之间进行分配，无风险资产 r_f 与 M 的连线也就是有效集。这条直线形状的有效集就是资本市场线。资本市场线的方程为：

$$E(r_P) = r_f + \frac{E(r_M) - r_f}{\sigma_M}\sigma_P$$

斜率 $\frac{E(r_M) - r_f}{\sigma_M}$ 表示的就是风险的价格，衡量的是增加单位风险需增加的预期收益率，或称为承担单位风险所要求的收益率；$E(r_M) - r_f$ 则表示投资组合 M 的超额收益 。

5. 证券市场线描述的是当证券市场达到均衡时，单个风险资产的收益与风险之间的关系。单个风险资产 i 预期收益率和标准差分别为 $E(r_i)$ 和 σ_i ，市场组合 M 的预期收益率和标准差分别为 $E(r_M)$ 和 σ_M ，两者的协方差为 σ_{iM} 。市场均衡时，则证券市场线（SML）可表示为：$E(r_i) = r_f + \beta_i(E(r_M) - r_f)$ 。$\beta_i = \sigma_{iM}/\sigma_M^2 = \text{cov}(r_i, r_M)/\sigma_M^2$ ，称为贝塔系数。$\beta = 0$ 时，则有 $E(r_i) = r_f$ ，说明这种资产是无风险的；$\beta = 1$ 时，$E(r_i) = E(r_M)$ ，说明这种资产具有与市场相同的风险，因而资产价格与市场同等变动，这一资产收益率就等于市场组合的收益率；β 系数大于 1 时，$E(r_i) > E(r_M)$ ，说明这种资产是激进型的，预期收益率将大于市场组合收益率，如科技类股票；β 系数小于 1 时，$E(r_i) < E(r_M)$ ，说明这种资产是防御型的，预期收益率小于市场组合收益率，如基础设施类、消费类股票。由上可见，β 系数越高，风险越大，资产要求的风险报酬率也就越高。当 β 系数小于 0 时，该资产与市场负相关，意味着该资产参与投资组合时，能对风险起到对冲作用，所需要的预期收益率小于无风险利率。

同步练习

一、思考题

1. 什么是资本市场线？什么是证券市场线？简述资本市场线和证券市场线的关系。

2. A、B、C 三种证券位于证券市场线（SML）上方，证券 H、I、J 位于证券市场线下方，证券 D、E、F 位于证券市场线直线上，根据证券市场线来判断上述证券价值的高估与低估。

3. 简述资本资产定价模型的核心观点及存在的问题。

二、计算题

1. 股票 A 和股票 B 的有关概率分布如表 5－8 所示：

表 5－8　股票 A 和股票 B 的有关概率

状态	概率	股票 A 的收益率（%）	股票 B 的收益率（%）
1	0.10	10	8
2	0.20	13	7
3	0.20	12	6
4	0.30	14	9
5	0.20	15	8

（1）股票 A 和股票 B 的预期收益率和标准差分别为多少？

（2）计算股票 A 和股票 B 的协方差和相关系数。

（3）若用投资的 40% 购买股票 A，用投资的 60% 购买股票 B，求投资组合的预期收益率和标准差。

2. 假设某投资者选择了 A、B 两个公司的股票构造其证券投资组合，两者各占投资总额的一半。已知股票 A 的预期收益率为 24%，方差为 16%；股票 B 的预期收益率为 12%，方差为 9%。请计算当 A、B 两只股票的相关系数各为：①$\rho_{AB}=1$；②$\rho_{AB}=0$；③$\rho_{AB}=-1$ 时，该投资者的证券组合资产的预期收益率和方差各为多少？

3. 下面给出了每种经济状况的概率和各个股票的收益，如表 5－9 所示：

表 5－9　每种经济状况的概率和各个股票的收益

经济状况	概率	股票 A 收益率	股票 B 收益率
好	0.2	15%	20%
一般	0.5	8%	15%
差	0.3	1%	－30%

（1）请分别计算这两只股票的预期收益率、方差和标准差。

（2）计算股票 A 和股票 B 的协方差和相关系数。

（3）制作表格，确定在这两只股票不同投资比重（股票 A 比重从 0% 开始，每次增加 10%）时，投资组合的收益、方差和标准差。

（4）在风险/收益图中标出（3）计算的结果，并找出方差最小时两只股票各自的投资比重。

4. 假定三只股票有如表 5－10 所示的风险（标准差）和预期收益率：

表 5－10　三只股票的预期收益率和标准差

股票	预期收益率	标准差
A	5%	8%
B	12%	15%
C	12%	15%

股票 *A* 和其他两只股票之间的相关系数分别是：$\rho_{AB}=0.35$，$\rho_{AC}=-0.35$。

（1）根据投资组合理论，判断 *AB* 组合和 *AC* 组合哪一个能够获得更多的多样化的好处？请解释为什么？

（2）分别画出 *A* 和 *B* 以及 *A* 和 *C* 的投资可能集。

（3）*AB* 中有没有哪一个组合相对于 *AC* 占优？如果有，请在风险/收益图上标出可能的投资组合。

5．假定无风险收益率为 5%，贝塔值为 1 的资产组合市场要求的预期收益率是 12%。则根据资本资产定价模型：

（1）市场资产组合的预期收益率是多少？

（2）贝塔值为 1.2 的股票的预期收益率是多少？

（3）假定投资者正考虑买入一只股票，价格为 15 元，投资者预期可以以 16.5 元卖出，股票贝塔值为 0.5，该股票是否应该买入？（该股票是高估还是低估了？）

6．假设你可以投资于市场资产组合和短期国库券，已知：市场资产组合的预期收益率是 23%，标准差是 32%，短期国库券的收益率是 7%。如果你希望达到的预期收益率是 15%，那么你应该承担多大的风险？如果你持有 10 000 元，为了达到这个预期收益率，你应该如何分配你的资金？

7．假设市场上有两种风险证券 *A*、*B* 及无风险证券 *F*。在均衡状态下，证券 *A*、*B* 的预期收益率和 β 系数分别为：

$$E(r_A)=10\%,\ E(r_B)=15\%,\ \beta_A=0.5,\ \beta_B=1.2$$

求无风险利率 r_f。

第二篇　证券投资分析

第六章　证券投资分析概述

【学习目标】

- 掌握证券投资分析的概念、证券投资的目标，证券投资分析的方法、策略，证券投资的信息来源渠道。
- 理解基本分析法与技术分析法的区别与联系。

【关键术语】

证券投资分析　基本分析法　技术分析法

证券投资分析是证券投资中不可缺少的部分，在证券投资中占有重要地位。科学的证券投资分析可以正确地评估证券的价值，有利于降低投资风险，尽可能地帮助投资者寻找风险小、回报大的投资时机。

第一节　证券投资分析的含义及目标

一、证券投资分析的含义

证券投资是指投资者（法人或自然人）购买股票、债券、基金等有价证券以及这些有价证券的衍生品，以获取红利、利息及资本利得的投资行为和投资过程，是直接投资的重要形式。

证券投资分析是指人们通过各种专业性分析方法，对影响证券价值或价格的各种信息进行综合分析以判断证券价值或价格及其变动的行为，是证券投资过程中不可或缺的一个重要环节。一般情况下，证券投资分析方法主要有以下两种，即：基本分析法和技术分析法。所谓基本分析法，即主要分析基本要素，如宏观经济指标、经济政策走势、行业发展状况、产品市场状况、公司销售和财务状况等，为投资者选择可靠的投资对象提供依据，指导投资者做出投资决策。所谓技术分析法，主要指采用各种技术方法对证券的市场行为和证券价格未来变化趋势进行分析，为投资者观察、判断股市走向，作出证券买卖决策提供依据。

二、证券投资分析的目标

投资者在进行投资的过程中，需要对证券进行科学合理的分析，以正确选择投资时机和投资方式，从而获得证券投资收益。具体来说，投资者进行证券投资分析的目标主要体现在以下几个方面：

（一）提高投资决策的科学性

投资决策贯穿于整个投资过程，其正确与否关系到投资的成败。尽管不同投资者投资决策的方法可能不同，但科学的投资决策无疑有助于保证投资决策的正确性。由于资金拥有量及其他主客观条件的不同，不同的投资者会拥有不同的风险承受能力、不同的收益要求和不同的投资周期。同时，由于受到各种相关因素的影响，每一种证券的风险－收益特性并不是一成不变的。此外，由于证券一般具有流通性，投资者可以通过在证券流通市场上买卖证券来满足自己的流动性需求。

因此，在投资决策时，投资者应当正确认识每一种证券在风险性、收益性、流动性和时间性方面的特点，借此选择在风险性、收益性、流动性和时间性方面与自己的自身条件、要求相匹配的投资对象，并制定相应的投资策略。只有这样，投资者的投资决策才具有科学性，才能尽可能保证投资决策的正确性，使投资获得成功。

进行必要的证券投资分析是使投资者正确认识证券风险性、收益性、流动性和时间性的有效途径，是投资者科学决策的基础。因此，进行证券投资分析要以减少投资决策的盲目性、提高投资决策的科学性为重要目标。

（二）正确评估证券的投资价值

投资者之所以对证券进行投资，是因为证券具有一定的投资价值。证券的投资价值受多方面因素的影响，并随着这些因素的变化而发生相应的变化。例如，债券的投资价值受市场利率水平的影响，并随着市场利率的变化而变化；影响股票投资价值的因素复杂，受宏观经济、行业形势和公司经营管理等多方面因素的影响。所以，投资者在决定投资某种证券前，首先应该认真评估该证券的投资价值。只有当证券处于投资价值区域时，投资该证券才有利可图，否则可能导致投资失败。证券投资分析正是对可能影响证券投资价值的各种因素进行综合分析，来判断这些因素及其变化可能会对证券投资价值带来的影响，因此在证券投资分析中我们要以有利于帮助投资者正确评估证券的投资价值作为分析的重要目标。

（三）降低投资者的投资风险

投资者从事证券投资是为了获得投资回报（预期收益），但这种回报是以承担相应风险为代价的。从总体来说，预期收益回报率和风险之间存在一种正相关关系。预期收益回报率越高，投资者所要承担的风险也就越大；预期收益回报率越低，投资者所要承担的风险也就越小。然而，每一证券都有自己的风险－收益特性，而这种特性又会随着各相关因素的变化而变化。因此，对于某些具体的证券，由于判断失误，投资者在承担较高风险的同时却未必能获得较高收益。理性投资者通过对证券投资的分析考察每一种证券的风险－收益特性及其变化，可以较为准确地确定哪些证券是风险较大的证券，哪些证券是风险较小的证券，从而避免承担不必要的风险，同时获得尽可能高的收益。从这个角度讲，我们在进行证券投资分析时尽量以降低投资者的投资风险为目标。

总体来说，证券投资分析是证券投资过程的一个核心环节，科学的证券投资分析是投资者获得投资成功的关键。证券投资的理想目标是证券投资净效用（即收益带来的正效用与风险带来的负效用的权衡）最大化，因此，在风险既定条件下投资收益率最大化和在收益率既定的条件下风险最小化是证券投资的两大具体目标，证券投资的成功与否和这两大目标的实现程度紧密相关。

但是，影响证券投资目标实现程度的因素很多，其作用机制也十分复杂。只有通过全面、系统和科学的专业分析，才能客观地把握住这些因素及其作用机制，并做出比较准确的预测。证券投资分析正是采用专业分析方法和分析手段对影响证券回报率和风险的诸因素进行客观、全面和系统的分析，揭示这些因素的作用机制以及规律，用于指导投资决策，从而在降低投资风险的同时获取较高的投资收益。

第二节　证券投资分析的主要方法

证券投资分析有三个基本要素：信息、步骤和方法。其中，来自不同渠道的信息通过各种方式对证券的价格发生作用，导致证券价格的上升或下降，从而影响证券的收益率。同时，证券投资分析的步骤也对证券分析的结果有极大的影响，另外，选择什么样的证券投资分析方法，对投资者的投资决策有极大影响，决定了证券投资分析的质量。

目前，证券投资分析所采用的分析方法主要有三大类。第一类是基本分析法，基本分析法通过对决定股票内在价值和影响股票价格的宏观经济指标、经济政策走势、行业发展状况、产品市场状况、公司销售和财务状况等进行分析，评估股票的投资价值和合理价值，并与股票的市场价格进行比较，相应形成买卖的建议。第二大类是技术分析法，是从证券市场入手，寻找、摸索出一套分析市场走势、预测市场未来趋势的金融市场分析方法。这是一种通过分析金融市场波动规律，得出结论的方法。第三类是量化分析法，是先通过定性风险分析排出风险的优先顺序的量化分析。

一、基本分析法

（一）基本分析法的定义

基本分析法又称基本面分析，是指证券投资分析人员根据经济学、金融学、财务管理学及投资学的基本原理，通过对决定证券投资价值及价格的基本要素进行分析，如宏观经济指标、经济政策走势、行业发展状况、产品市场状况、公司销售和财务状况等的分析，来评估证券的投资价值，判断证券的合理价位，从而提出合理的投资建议的一种分析方法。

（二）基本分析法的理论基础

1. 任何一种投资对象都有其内在价值，可以通过对该投资对象的分析获得内在价值，市场价格围绕内在价值上下波动。

2. 市场价格和内在价值之间的差距最终会被市场所纠正，因此市场价格低于内在价值之日，便是买入之时；高于内在价值之日，便是卖出之时。

（三）基本分析法的主要内容

基本分析法主要应用于对股票市场的分析，其主要内容包括以下几点。

1. 宏观经济分析，探讨各经济指标和经济政策对证券价格的影响，经济指标主要有先行性指标、同步性指标，滞后性指标等，经济政策主要包括货币政策、财政政策、信贷政策、税收政策、利率与汇率政策和产业政策等。

2. 行业和区域分析，行业分析主要分析行业所属的不同市场类型、所属的不同生命周期和行业业绩对证券价格的影响；区域分析主要是分析区域经济因素变动对证券价格的影响。

3. 公司分析，是基本分析法的重中之重，无论什么样的分析报告，总是要落实在具体某家公司证券价格的走势上。

（四）基本分析法的优缺点

基本分析法的优点主要有：① 能够较全面地把握证券价格的基本走势；② 应用相对简单，容易识别和操作。基本分析法的缺点如下：① 预测的时间跨度相对较长，对短线投资者作用不大；② 预测的准确度相对较低。

二、技术分析法

技术分析法是证券市场最古老的分析方法，是由众多的证券投资者在进行证券投资的实践中总结出来的。该分析法从证券市场入手，主要采用各种技术方法对证券的市场行为进行分析，对证券价格未来变化趋势进行预测，为投资者观察、判断股市走向，做出证券买卖决策提供依据。

（一）技术分析的三大假设前提

技术分析和基本分析所持的方法完全不同，基本分析所用的那些基本资料都已经反映在股票价格和交易量的变化中了，而技术分析则是预测价格未来走向的研究行为，依赖的是过去和现在的市场行为。

技术分析法是人们的一种经验总结，虽然也运用了统计学和心理学的一些成果，但还是缺乏充分的理论基础。随着技术分析的不断普及和研究的不断深入，技术分析的研究方法也不断得到充实、完善和发展，并逐步形成了一套颇为复杂的体系，人们对其理解也在不断加深。

其实，技术分析法也有其赖以生存的理论基础，它的理论基础是建立在三个假设之上的。

（1）市场行为包含一切信息，它是进行技术分析的基础。

证券投资者的市场行为有多种表现形式，其中证券的市场价格、成交量、价和量的变化以及完成这些变化所经历的时间是市场行为最基本的表现形式。简单来说，市场行为是指交易的价格、成交量或涨跌股数、涨跌时间长短、涨跌幅度变化等。技术分析者认为市场的投资者在决定交易行为时，已仔细地考虑了影响市场价格的各项因素，包括政治、经济、政府政策、心理、公司基本的盈利及财政状况等方面，然后才进行买卖，从而产生有关的市场行为。所以说市场行为反映一切信息，故只要研究这些市场行为就能了解目前市场状况，无须关心背后的影响因素。

技术分析者主张的是市场行为应该反映供给和需求变化。影响市场价格的各项因素属利好，股票需求自然增加；当求过于供，股价自然升，相反则下跌。这个理论基础说明了当市场人士都进行理性交易时，技术分析就能发挥最佳的测市功能。

（2）价格沿趋势移动。

证券价格的变动是按照一定规律进行的，而且其价格有保持原来方向运行的惯性。“趋势”概念是技术分析的核心。研究价格图表的全部意义，就是要在一个趋势发生发展的早期准确地把它揭示出来，从而达到顺着趋势交易的目的。该理论在本质上就是顺应趋势，即以判定和追随既成趋势为目的。

从“价格以趋势方式演变”可以自然而然地推断，对于一个既成的趋势来说，下一步常常是沿着现存趋势方向继续演变，掉头反向的可能性要小得多。这当然也是牛顿惯性定律的应用。还可以换个说法：当前趋势将一直持续到掉头反向为止。虽然这几句差不多是重复话，但反复强调的只有一个意思：坚定不移地顺应一个既成趋势，直至有反向的征兆出现为止，这就是趋势顺应理论的源头。

（3）历史会重演——将来是过去的翻版。

这是从人们的心理因素方面分析考虑的，投资者在某种情况下，如果按一种方法操作取得了成功，以后碰到相似或相同的情况，也会用同一种方法进行操作。技术分析和市场行为学与人类心理学有着千丝万缕的联系。比如价格形态，它们通过一些特定的价格图形表现出来，而这些图形表达了人们对某市场看好或看淡的心理。其实这些图形在过去的一百多年里早已广为人知、并被分门别类了。既然它们在过去很管用，就不妨认为它们在未来同样有效。因为它们是以人类心理活动为根据的，而人类心理活动从来都是“江山易改本性难移”。

（二）技术分析法的主要内容

技术分析法的主要内容就是市场行为的内容，可分为：K线理论、切线理论、形态理论、技术指标理论、波浪理论和循环周期理论，并已形成自身的分析流派。该流派以价格判断为基础，以证券的实际投资抉择为依据，其主要分析内容包括两个方面：① 趋势分析，即通过对股价、成交量和时间等因素的分析，预测证券市场价格变动的趋势；② 图形分析，将股票价格记录在特定图标上，通过对图标走势的分析预测股票变化趋势。

（三）技术分析法的优缺点

技术分析法的优点是同市场贴近，考虑问题比较单纯直接，有指导证券交易见效快、获得收益周期短的特点。技术分析法的缺点在于考虑问题的范围相对狭窄，对市场的长期趋势变化不能有效地判断。

三、量化分析法

量化分析法是利用统计、数值模拟和其他定量模型来进行证券市场相关研究的一种方法，在研究中使用大量数据、模型，广泛应用于解决证券估值、组合构造与优化、策略制定、绩效评估、风险计量与管理等投资相关问题。

量化分析法是继传统的基本分析法和技术分析法之后，发展起来的又一种重要的证券投资分析方法。量化分析法多采用复杂的数理模型风险，能提供较精细的分析结论，但这种方法对使用者的定量分析技术有较高的要求，此外量化分析法所采用的各种数理模型本身存在模型风险，如果外部环境发生较大变化，原有模型的稳定性也会受到一定影响。

四、证券投资分析需注意的问题

任何投资分析理论都有其适用的前提和假设条件，完美的证券分析方法并不存在，证券分析师进行证券投资分析时，应在熟悉各种方法的基础上，注意每种方法的适用范围及对各种方法的结合使用。例如，基本分析法的优点主要是能够比较全面地把握证券价格的基本走势，应用起来也相对简单；而缺点主要是对短线投资者的指导作用比较弱，预测的精确度相对较低。因此，基本分析法主要适用于预测周期相对比较长的证券价格，以及相对成熟的证券市场和对预测精确度要求不高的领域。与基本分析法相比，技术分析法对市场的反映比较直观，分析的结论时效性较强。因此，就我国的现实市场条件来说，技术分析法更适用于短期的行情预测。当然，为了使分析结论更具可靠性，应根据两种方法所得出的结论，做出综合判断。

鉴于上述原因，对于目前我国具有鲜明“资金推动型”特征的证券市场，证券分析师应以“长看基本、中看政策、短看技术”的综合分析手段来探寻中国证券市场波动的内在规律。其中“长看基本”指的是我国证券市场在宏观基本面作用下的运行状态。宏观经济对证券市场的长期走势起着决定性的作用。“中看政策”指的是从中期来看，国家有关管理部门通过实施政策性方针对证券市场运行的有形调控会对市场中期发展的影响。政策因素往往会在一定程度上改变证券市场先前运行轨道但不会改变证券市场的最终走向。“短看技术”即证券市场的短期走势受技术面的影响较大。目前我国证券市场上中小投资者占相当大的比例，技术指标等各种技术分析方法对投资者的心理因素影响尤其显著，表现为市场投资心态在短期内的剧烈波动，从而导致市场的涨跌。

第三节　证券投资分析信息来源

信息是进行证券投资分析的基础，来自不同渠道的信息最终都将通过各种方式对证券的价格发生作用，导致证券价格的上升或下降，从而影响证券的收益率。信息质量的高低、信息的多寡，都对证券投资分析的结果有直接的影响作用，并影响分析报告的最终结论。

从信息发布主题和发布渠道来看，证券市场上各种信息的来源主要有以下几个方面。

一、政府部门

政府部门是国家宏观经济政策的制定者，是信息发布的主体，是一国证券市场上有关信息的主要来源。政府部门的八个部门有：中华人民共和国国务院、中国证券监督管理委员会、财政部、中国人民银行、国家发展和改革委员会、商务部、国家统计局、国务院国有资产监督管理委员会。

（一）中华人民共和国国务院（以下简称“国务院”）

中华人民共和国国务院，是最高国家行政机关，国务院根据中华人民共和国宪法和法律所规定的各项行政措施，制定的各项行政法规、发布的各项决定和命令以及颁布的重大方针政策，都会对证券市场产生全局性的影响。

（二）中国证券监督管理委员会（以下简称“中国证监会”）

中国证监会为国务院直属正部级事业单位，依照法律、法规和国务院授权，统一监督管理全国证券期货市场，维护证券期货市场秩序，保障其合法运行。

中国证监会通过制定、颁发有关发行上市、市场交易、信息披露、上市公司治理、证券经营机构业务管理等的各类部门规章、规范性文件、政策性通知等，对证券市场产生直接或间接的引导作用。

（三）财政部

财政部是国家主管财政收支、财税政策、国有资本金基础工作的宏观调控部门。该部主要负责拟订财税发展战略、规划、政策和改革方案并组织实施，分析预测宏观经济形势，参与制定各项宏观经济政策，提出运用财税政策实施宏观调控和综合平衡社会财力的建议，拟订中央与地方、国家与企业的分配政策，完善鼓励公益事业发展的财税政策等，并起草财政、财务、会计管理的法律、行政法规草案，制定部门规章，组织涉外财政、债务等的国际谈判并草签有关协议、协定。

（四）中国人民银行

中国人民银行是我国的中央银行，是在国务院领导下制定和实施货币政策的宏观调控部门，该行主要职责包括：拟订金融业改革和发展战略规划，承担综合研究并协调解决金融运行中的重大问题、促进金融业协调健康发展的责任，参与评估重大金融并购活动对国家金融安全的影响并提出政策建议，促进金融业有序开放；起草有关法律和行政法规草案，完善有关金融机构运行规则，发布与履行职责有关的命令和规章；依法制定和执行货币政策；制定和实施宏观信贷指导政策；完善金融宏观调控体系，负责防范、化解系统性金融风险，维护国家金融稳定与安全；负责制定和实施人民币汇率政策，不断完善汇率形成机制，维护国际收支平衡，实施外汇管理，负责对国际金融市场的跟踪监测和风险预警，监测和管理跨境资本流动，持有、管理和经营国家外汇储备和黄金储备；监督管理银行间同业拆借市场、银行间债券市场、银行间票据市场、银行间外汇市场和黄金市场及上述市场的有关衍生产品交易等。

（五）国家发展和改革委员会

中华人民共和国国家发展和改革委员会（以下简称“国家发改委”），作为国务院的职能机构，是综合研究拟订经济和社会发展政策，进行总量平衡，指导总体经济体制改革的宏观调控部门。国家发改委的前身是国家计划委员会，成立于 1952 年，于 1998 年更名为国家发展计划委员会，又于 2003 年将原国务院体改办和国家经贸委部分职能并入，改组为国家发展和改革委员会，其主要职责有：拟订并组织实施国民经济和社会发展战略、中长期规划和年度计划，统筹协调经济社会发展，研究分析国内外经济形势，提出国民经济发展、价格总水平调控和优化重大经济结构的目标、政策，提出综合运用各种经济手段和政策的建议，受国务院委托向全国人大提交国民经济和社会发展计划的报告；同时负责监测宏观经济和社会发展态势，承担预测预警和信息引导的责任，研究宏观经济运行、总量平衡、国家经济安全和总体产业安全等重要问题并提出宏观调控政策建议，负责协调解决经济运行中的重大问题，调节经济运行，负责组织重要物资的紧急调度和交通运输协调，并参与制定财政政策、货币政策和土地政策，拟订并组织实施价格政策；综合分析财政、金融、土地政策的执行效果，监督检查价格政策的执行等。

（六）中华人民共和国商务部（以下简称“商务部”）

中华人民共和国商务部是由中华人民共和国国务院主管的商业经济和贸易的组成部门。为适应中国加入世贸组织后，中国市场与全球市场融为一体，很难再继续严格地区分内贸和外贸这一现实状况，2003 年举行的第十届全国人民代表大会第一次会议决定，把原国家经济贸易委员会内负责贸易的部门和原对外经济贸易合作部合并成“商务部”，由其统一负责国内外经贸事务。

作为主管国内外贸易和国际经济合作的部门，商务部的主要职责包括：拟订国内外贸易和国际经济合作的发展战略、方针、政策，起草国内外贸易、国际经济合作和外商投资的法律法规，制定实施细则、规章；研究提出我国经济贸易法规之间及其与国际多边、双边经贸条约、协定之间的衔接意见等。

作为国家宏观调控部门，国家发展改革委员会、中国人民银行、财政部及商务部发布的有关信息，对于分析证券市场的走势有着重要的意义。

（七）国家统计局

国家统计局是国务院直属机构，主管全国统计和国民经济核算工作，拟定统计工作法规、统计改革和统计现代化建设规划以及国家统计调查计划，组织领导和监督检查各地区、各部门的统计和国民经济核算工作，监督检查统计法律法规的实施。国家统计局定期对外发布的国民经济和社会发展中的有关统计数据，是证券投资分析中判断宏观经济运行状况、行业先进水平或平均水平等的重要数据类信息来源。

（八）国务院国有资产监督管理委员会（以下简称“国务院国资委”）

国务院国有资产监督管理委员会是根据第十届全国人民代表大会第一次会议批准的国务院机构改革方案和《国务院关于机构设置的通知》设置的，为国务院直属正部级特设机构。根据党中央决定，国有资产监督管理委员会成立党委，履行党中央规定的职责。国有资产监督管理委员会的监管范围是中央所属企业（不含金融类企业）的国有资产。

其主要职责包括：根据国务院授权，依照《中华人民共和国公司法》等法律和行政法规履行出资人职责，指导推进国有企业改革和重组；对所监管企业国有资产的保值增值进行监督，加强国有资产的管理工作；推进国有企业的现代企业制度建设，完善公司治理结构；推动国有经济结构和布局的战略性调整。国务院国资委制定的一系列关于国有资产监督管理的法规、政策，会直接或间接地影响诸如国有股持减等证券市场问题，因此也是证券分析的重要信息来源之一。

二、证券交易所

证券交易所是依据国家有关法律，经政府证券主管机关批准设立的集中进行证券交易的有形场所。在我国有四个交易所，分别是上海证券交易所、深圳证券交易所、香港交易所和台湾证券交易所。交易所主要负责提供证券交易的场所和设施，制定证券交易所的业务规则，接受上市申请，安排证券上市，组织、监督证券交易，对会员、上市公司进行监管等事宜。证券交易所向社会公布的证券行情、按日制作的证券行情表以及就市场内成交情况编制的日报表、周报表、月报表与年报表等成为技术分析的首要信息来源。

三、中国证券业协会

中国证券业协会是依据《中华人民共和国证券法》和《社会团体登记管理条例》的有关规定设立的证券业自律性组织，属于非营利性社会团体法人，接受中国证监会和国家民政部的业务指导和监督管理。协会的宗旨是：在国家对证券业实行集中统一监督管理的前提下，进行证券业自律管理；发挥政府与证券行业间的桥梁和纽带作用，为会员服务，维护会员的合法权益；维持证券业的正当竞争秩序，促进证券市场的公开、公平、公正，推动证券市场的健康稳定发展。根据我国证券法的规定，证券公司应当加入中国证券业协会。

四、证券登记结算公司

证券登记结算公司是为证券交易提供集中登记、存管与结算服务，不以营利为目的的法人。证券登记结算机构实行行业自律管理，设立证券登记结算公司必须经国务院证券监督管理机构批准。证券登记结算公司履行的职能主要有：证券账户、结算账户的设立和管理，证券的存管和过户，证券持有人名册登记及权益登记，证券交易所上市证券交易的清算、交收及相关管理，受发行人委托派发证券权益，办理与上述业务有关的查询、信息、咨询和培训服务，以及国务院证券监督管理机构批准的其他业务。

五、上市公司

上市公司，也称公开公司，是股份公司的一种，是指可以在证券交易所公开交易其公司股票、证券等的股份有限公司。公司把其证券及股份于证券交易所上市后，公众人士可根据各个交易所的规则，自由买卖相关证券及股份，买入股份的公众人士即成为该公司之股东，享有股东权益。

上市公司作为股票的经营主体，其经营状况的好坏直接影响投资者对其股票价值的判断，从而影响其股价水平的高低，一般来说，上市公司通过定期报告（如年度报告、中期报告等）和临时公告等形式向投资者披露其经营状况的有关信息，如公司盈利水平、公司股利政策、增资减资和资产重组等重大事宜。上市公司作为信息发布主体，它所公布的有关信息是投资者对其证券进行价值判断的最重要来源。

六、证券中介机构

证券中介机构是指为证券市场参与者如发行人、投资者等提供各种服务的专职机构。证券中介机构是连接证券投资人与筹资人的桥梁，是证券市场运行的组织系统。按提供服务的内容不同，证券中介机构可以分为证券经营机构、证券投资咨询机构以及可从事证券相关业务的资产评估事务所、会计师事务所、律师事务所及信用评级机构等。这些机构利用其人才、信息等方面的优势，为不同市场参与者提供相对的专业化服务，有助于投资者分析证券的投资价值。另外，由证券中介机构有偿提供的供投资者使用的研究报告，也是信息的一种重要来源。

证券市场功能的发挥，很大程度上取决于证券中介机构的活动。通过它们的经营服务活动，促进证券需求者与证券供应者之间的联系，不仅保证各种证券的发行和交易，还起到维持证券市场秩序的作用。

七、媒体

媒体是指传播信息的媒介，是信息发布的主体之一。由于证券市场上的信息内容繁多，信息量庞大，投资者个人难以有效提取相关信息，因此，媒体便运用专门的人员对各种信息进行搜集、整理、归纳和汇总，并按照有关规定予以公开披露，大大节省了信息使用者的时间，提高了效率。

媒体也是信息发布的主要来源。只要符合国家有关规定，各信息发布主体都可通过各种书籍，如报纸、杂志、其他公开出版物以及电视、广播、互联网等渠道发布、披露有关信息。这些信息包括政策信息、上市公司的相关信息等，为投资者的投资决策提供重要参考。

八、其他来源

除上述信息来源外，投资者还可以通过实地调研、专家访谈、市场调查等渠道获得有关消息，也可以通过朋友、邻居、家庭成员等获得有关消息，甚至包括内幕消息。但必须指出的是，根据有关证券投资咨询业务行为的规定，证券分析师从事面向公众的证券投资咨询业务时，所引用的信息仅限于完整务实、公开披露的信息资料，不得以虚假信息、内幕信息或市场传言等为依据向客户提供分析、预测或建议。所以，证券分析师在处理所获得的非公开信息时，应小心谨慎。

本章小结

1. 证券投资是指投资者（法人或自然人）购买股票、债券、基金等有价证券以及这些有价证券的衍生品，以获取红利、利息及资本利得的投资行为和投资过程，是直接投资的重要形式。

2. 进行证券投资分析的目标主要体现在以下三个方面：① 提高投资决策的科学性；② 正确评估证券的投资价值；③ 降低投资者的投资风险。

3. 基本分析法又称基本面分析，是指证券投资分析人员根据经济学、金融学、财务管理学及投资学的基本原理，通过对决定证券投资价值及价格的基本要素进行分析，如宏观经济指标、经济政策走势、行业发展状况、产品市场状况、公司销售和财务状况等的分析，来评估证券的投资价值，判断证券的合理价位，从而提出合理的投资建议的一种分析方法。

4. 技术分析法是仅从证券的市场行为来分析证券价格未来变化趋势的一种分析方法，它从证券市场入手，来帮助投资者选择投资时机和投资方式，以获得证券收益。证券的市场行为有多种表现形式，其中证券的市场价格、成交量、价和量的变化以及完成这些变化所经历的时间是市场行为最基本的表现形式。

5. 技术分析法的理论基础是建立在三个假设之上的：① 市场行为包含一切信息，它是进行技术分析的基础；② 价格沿趋势移动；③ 历史会重演——将来是过去的翻版。

同步练习

1. 进行证券分析的意义有哪些？
2. 进行证券投资分析有哪些方法？
3. 浅析基本分析法和技术分析法的优缺点。

第七章　证券投资的基本分析

【学习目标】

- 了解证券投资基本分析的概念、内在理论及研究维度。
- 了解宏观经济分析的概念、意义及基本指标，掌握宏观经济运行分析、宏观经济政策分析。
- 了解行业的分类及一般特征，能熟练掌握行业分析的方法，学会从行业特征、经济周期、行业的生命周期等角度分析所投资证券的价值及风险。
- 掌握上市公司基本分析和财务分析的方法，能通过上市公司的财务报表分析公司的财务状态，判断公司的投资价值。

【关键术语】

基本分析　宏观经济指标　经济周期　增长型行业　周期型行业　防守型行业　行业生命周期　公司分析

【引例】

降准对股市的影响

央行官网发布公告，从2018年10月15日起，下调大型商业银行、股份制商业银行、城市商业银行、非县域农村商业银行、外资银行人民币存款准备金率1个百分点，当日到期的中期借贷便利（MLF）不再续做。除去此部分，降准还可再释放增量资金约7 500亿元。

本次降准的主要目的是优化流动性结构，增强金融服务实体经济能力。当前，随着信贷投放的增加，金融机构中长期流动性需求也在增长。此时适当降低法定存款准备金率，置换一部分央行借贷资金，能够进一步增加银行体系资金的稳定性，优化商业银行和金融市场的流动性结构，降低银行资金成本，进而降低企业融资成本。同时，释放约7 500亿元增量资金，可以增加金融机构支持小微企业、民营企业和创新型企业的资金来源，促进提高经济创新活力和韧性，增强内生经济增长动力，推动实体经济健康发展。

本次降准仍属于定向调控，银行体系流动性总量基本稳定，银根是稳健中性的，货币政策取向没有改变。降准释放的部分资金用于偿还中期借贷便利，属于两种流动性调节工具的替代，而余下资金则与10月中下旬的税期形成对冲，因此，在优化流动性结构的同时，银行体系流动性的总量基本没有变化。

数据显示，从央行历次降准后次日大盘的表现来看2008年至2020年共25次降准，次日沪指上涨次数达12次，也接近半数。

证券投资的基本分析又称基本面分析，是指根据经济学、金融学、财务管理以及投资学等基本原理，对决定证券价值及价格的基本要素，如宏观经济指标、经济政策走势、行业发展情况、产品市场情况、公司销售以及财务方面的情况进行分析，评估证券的投资价值，判断证券的合理价位，提出相应的投资建议的一种分析方法。

基本分析法最初形成的理论基础是股票的内在价值理论，这种理论认为股票存在着内在价值，该价值由股票的收益和风险所决定，并且是股票价格波动的稳固基础。由于基本分析法重在研究股票的品质，对于那些主要以获取股利收益为投资目的的长期投资者来讲，基本分析方法显得尤其重要。

基本分析法一般从宏观经济分析、行业分析、上市公司分析三个维度进行研究和揭示。

第一节　宏观经济分析

证券市场被称为国民经济“晴雨表”，它是宏观经济的先行指标；而宏观经济的走向是影响证券市场长期走势的唯一因素，其他因素可以暂时改变证券市场的中期和短期走势，但是改变不了证券市场的长期走势。另外，宏观经济运行对证券市场中个股的价格形成重大影响，要探讨证券投资，追求证券投资的受益，首先必须进行宏观经济分析。

证券投资的宏观经济分析主要是分析各种宏观基本因素对证券投资的影响，见图7－1。

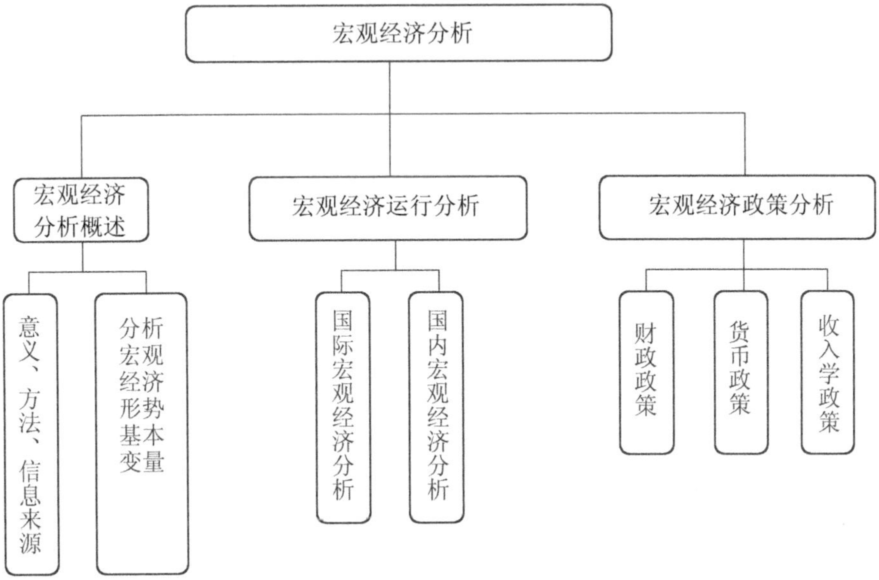

图7－1　宏观经济分析框架图

一、宏观经济分析概述

（一）宏观经济分析的意义

（1）把握证券市场的总体变动趋势。宏观经济分析有助于了解宏观经济运行的大方向，从而把握好证券市场的总体变动趋势，以便抓住有利投资时机，做出正确投资决策。

（2）判断整个证券市场的投资价值。宏观经济是个体经济的综合体现，证券市场的投资价值与宏观经济的好坏及国民经济结构密切相关。从某种意义上来讲，整个证券市场的投资价值就是整个国民经济增长质量与速度的反映。

（3）掌握宏观经济政策及经济转型对证券市场的影响力度与方向。在市场经济条件下，政府可以通过财政政策和货币政策来调控宏观经济，这些政策将会进一步作用于实体经济来调节经济产业结构及经济增长速度，从而影响整个证券市场的变动趋势及不同证券品种的投资价值。此外，对于中国这样的经济转型国家而言，具有国有成分比重较大、行政干预相对较多、投机性偏高、阶段性波动较大等特点，导致证券市场对宏观经济的反应存在一些不确定性。

（二）宏观经济分析的基本方法

（1）总量分析法。总量分析法是指对影响宏观经济运行总量指标的因素及其变动规律进行分析，如对国民生产总值、消费额、投资额、银行贷款总额及物价水平的变动规律的分析等，进而说明整个经济的状态和全貌。

（2）结构分析法。结构分析法是指对经济系统中各组成部分及其对比关系变动规律进行分析，如国民生产总值中三种产业的结构分析、消费和投资的结构分析、经济增长中各因素作用的结构分析等。

（三）分析宏观经济形势的基本指标

1. 国民经济总体指标

（1）国内生产总值（GDP）

国内生产总值是一个国家（或地区）所有常住居民在一定时期内（一般按年统计）生产的产品和提供的劳务的总和，是一国经济活动最终成果的根本反映。公式为：

$$\begin{aligned}\text{GDP} &= \text{GNP} - \text{本国居民在国外的收入} + \text{外国居民在本国的收入}\\ &= \text{GNP} - \text{国外要素收入净额}\end{aligned}$$

其中，GNP 为国民生产总值。

国内生产总值有三种表现形态：价值形态、收入形态和产品形态。对应这三种表现形态，在实际核算中，国内生产总值有三种计算方法，即生产法、收入法和支出法，常用的是支出法，公式为：

$$\text{GDP} = C + I + G + (X - M)$$

其中 C——消费；

I——投资；

G——政府支出；

X——出口；

M——进口；

$(X-M)$——净出口。

国内生产总值的增长速度一般用来衡量经济增长率（也称经济增长速度），是反映一定时期经济发展水平变化程度的动态指标，也是反映一个国家经济是否具有活力的基本指标。

（2）工业增加值

工业增加值是工业行业在报告期内以货币表现的工业生产活动的最终成果，反映降低中间消耗的经济效益，是衡量国民经济的重要统计指标之一。在企业之间、行业之间、地区之间存在着重复计算。工业增加值有两种计算方法：一是生产法，即工业总产出减去工业中间投入；二是收入法，即从收入的角度出发，根据生产要素在生产过程中应得到的收入份额计算。

工业增加值 = 工业总产值 - 中间消耗的差额

工业增加值率 = 工业增加值 ÷ 工业总产值

（3）失业率

失业率是指劳动力人口中失业人数所占的百分比，劳动力人口是指年龄在 16 岁以上具有劳动能力的人的全体。我国统计部门公布的失业率为城镇登记失业率。

失业率 = 失业人口 ÷ 劳动力人口

充分就业是指对劳动力的充分利用，但不是完全利用，在实际的经济生活中不可能达到失业率为零的状态。失业率的上升或是下降是以国内生产总值（GDP）相对于潜在 GDP 的变动为背景的，失业率高，意味着资源被浪费，人们收入减少，进而引发一系列社会问题。

（4）通货膨胀

通货膨胀表现为物价水平持续、普遍、明显的上涨，常用的指标有三种：零售物价指数、生产者物价指数、国民生产总值物价平减指数。

通货膨胀产生的原因主要有：需求拉上的通货膨胀、成本推进的通货膨胀和结构性通货膨胀。通货膨胀可分为三种类型：温和、严重、恶性。温和的通货膨胀是指年通货膨胀率低于 10% 的通货膨胀；严重的通货膨胀是指两位数的通货膨胀；恶性通货膨胀是指三位数以上的通货膨胀。

通货膨胀会引起收入和财富的再分配，扭曲商品的相对价格，降低资源配置的效率，引发泡沫经济乃至损害一国的经济基础和政权基础。政府为抑制通货膨胀需要付出很大的代价。

（5）国际收支

国际收支是指一国居民在一定时期内与非本国居民在政治、经济、军事、文化及其他往来中所产生的全部交易的系统记录。这里的居民是指在国内居住一年以上的自然人和法人。

国际收支包括经常项目和资本项目。经常项目主要反映一国的贸易和劳务往来状况，包括贸易收支、劳务收支、单方面转移，是最具综合性的对外贸易指标。资本项目集中反映一国同国外资金往来的情况，反映一国利用外资和偿还本金的执行情况。资本项目一般分为长期资本和短期资本。

实现国际收支平衡需要避免国际收支的过度逆差或顺差；国际收支平衡可以维持适当的国际储备水平和相对稳定的汇率水平。另外，进出口总量及其增长也是衡量一国经济开放程度的重要指标。

2．投资规模

投资规模是指一定时期在国民经济各部门、各行业再生产中投入资金的数量。投资规模是否适度是影响经济稳定与增长的一个决定因素。

全社会固定资产投资是以货币表现的建造和购置固定资产活动的工作量，它反映了固定资产投资规模、速度、比例关系和使用方向，是衡量投资规模的主要变量。

随着我国改革开放的不断深入，投资主体呈现出多元化的趋势，主要包括：政府投资、企业投资和外商投资三个方面。

3．消费指标

（1）社会消费品零售总额

社会消费品零售总额是国民经济各行业通过多种商品流通渠道向城乡居民和社会团体供应的消费品总额。它是研究国内零售市场变动情况、反映经济景气程度的重要指标，是国内需求的重要组成部分。

（2）城乡居民储蓄存款余额

城乡居民储蓄存款余额是指某一时点城乡居民存入银行及农村信用社的储蓄资金。它用于反映投资需求和消费需求的变化。

（3）居民可支配收入

居民可支配收入是居民家庭在一定时期内获得并且可以用来自由支配的收入。包括：家庭成员所从事主要职业的工资以及从事第二职业、其他兼职和偶尔劳动得到的劳动收入；家庭成员从事生产经营活动所获得的净收入，如开小店、摆小摊、家庭作坊、私营企业的纯收入；家庭资产所获得的收入，如存款的利息、出租房屋收入、保险收益、股息与红利收入、知识产权收入；政府及企业对个人收入转移的离退休金、失业救济金、辞退金、保险索赔、提取的住房公积金等。

居民可支配收入是衡量国家和各地区居民生活水平和消费能力的基本指标，而且对国家宏观经济政策的制定有着重要的作用。

4．金融指标

（1）总量指标

总量指标包括：货币供应量、金融机构各项存贷款余额、金融资产总量、外汇储备。

① 货币供应量。货币供应量是单位和居民个人在银行的各项存款和手持现金之和，其变化反映着中央银行货币政策的变化。根据我国现行货币统计制度将货币供应量划分为三个层次：流通中现金（M_0），指单位库存现金和居民手持现金之和；狭义

货币供应量（M_1），指 M_0 加上单位在银行的可开支票进行支付的活期存款；广义货币供应量（M_2），指 M_1 加上单位在银行的定期存款和城乡居民个人在银行的各项储蓄存款以及证券公司的客户保证金。

② 金融机构各项存贷款余额。金融机构各项存贷款余额是指某一时点金融机构存贷款金额，其中金融机构主要包括商业银行、政策性银行、非银行信贷机构和保险公司。

③ 金融资产总量。金融资产总量是指手持现金、银行存款、有价证券、保险等其他资产的总和。

④ 外汇储备。外汇储备是一国对外债权的总和，用于偿还外债和支付进口，是国际储备的一种。

一国持有的外汇储备是之前各期国际收支顺差所积累的结果，能为一国汇率政策提供有力支持。

（2）利率

从宏观经济分析的角度看，利率的波动反映出市场资金供求的变动状况。利率的分类：存款利率、贷款利率、国债利率、回购利率、同业拆借利率，其中再贴现率和同业拆借利率是基准利率。

① 贴现率与再贴现率。贴现是指银行应客户的要求，买进其未到付款日期的票据，购买票据的业务称贴现。再贴现率是商业银行由于资金周转的需要，以未到期的合格票据再向中央银行贴现时所适用的利率。再贴现率变动对货币供应量起直接作用。

② 同业拆借利率。同业拆借利率是指银行同业之间的短期资金借贷利率。同业拆借分拆进利率与拆出利率。同业拆借中大量使用的利率是伦敦同业拆借利率，简称LIBOR。

③ 回购利率。回购利率一般是指国债回购利率，按照时间一般又叫作 7 天回购利率，可以把回购利率看作是使用国债借钱所需要偿还的利息率。回购利率是一种无风险利率，可以准确反映市场资金成本和短期收益水平，比较真实地反映资金供求情况，已成为政府部门制定各项财政货币政策和市场参与者进行资产管理的重要参考指标。

④ 各项存贷款利率。在我国，各项存贷款利率由国务院批准和授权中国人民银行制定的各项利率为法宝利率，具有法律效力，其他任何单位和个人无权变动，且法定利率的公布、实施由中国人民银行负责。

（3）汇率

汇率是指一国货币与其他货币的比率。汇率变动是国际市场上商品与货币供求关系的综合反映，对一国国内经济、对外贸易及国际联系都产生重大影响。我国确立的是人民币“以市场供求为基础的、参考一篮子调节的、有管理的”浮动汇率制度。

5. 财政指标

（1）财政收入

财政收入是国家为了实现其职能的需要，依据国家权力从社会产品分配中所筹集的财政资金，主要包括：各项税收、专项收入、其他收入、国有企业计划亏损补贴。

(2) 财政支出

财政支出是指国家根据既定的政策、制度，把集中起来的财政资金分配使用于不同的方面，以满足经济建设和各项事业发展的需要。主要包括：经常性支出，即政府日常性支出、公共消费品的购买、经常转移等；资本性支出，即政府公共性投资支出。

经常性支出的扩大可以扩大消费需求，资本性支出的扩大则扩大投资需求。在总量不变的条件下，两者是此消彼长的关系。扩大了投资，消费就必须减少；扩大了消费，投资就必须减少。所以在需求结构调整时，适当调整财政的支出结构就能很显著地产生效应。

(3) 赤字或结余

由于年度财政收支执行的结果不可能是收支绝对相等，就会产生财政赤字或结余。

为了实现收支平衡，一般要求做到略有结余，但如果结余过多，则意味着一部分资金和物资没有得到充分运用，这将不利于加速经济增长和扩大需求。

在某些时期，适当的财政赤字是可以接受的，但如果财政赤字过大，就会引起社会总需求的膨胀和社会总供求的失衡。财政发生赤字的时候有两种弥补方式：一是通过举债即发行国债来弥补；二是通过向银行借款来弥补。只有在银行因为财政的借款而增加货币发行量时，财政赤字才会扩大国内需求。

二、宏观经济运行分析

(一) 国际宏观经济分析

1. 国际政治经济关系分析

证券市场是非常敏感的，国际政治经济关系的细微变化都有可能在证券市场上掀起风浪。影响证券市场的国际政治关系，一般包括政治、经济、军事与外交关系等方面。具体而言，国家的政策调整或改变、领导人更替、国际政治风波、国际战事争端都会导致股价波动。

2. 国际贸易关系分析

国际贸易关系的变动对于出口或进口依赖的国家经济影响较大，在证券市场上引起的波动也相应较大。在分析国际贸易对证券价值的影响时，应重点关注：全球贸易经济总形势、主要贸易伙伴经济形势、与主要贸易国的贸易关系是否正常、特定公司主要出口国的经济的相关变化。

3. 国际金融市场环境分析

我国资本市场没有对外开放，人民币在资本项目下不能自由兑换，从理论上讲国际金融市场的波动对我国证券市场的直接冲击较小。但随着我国经济与世界经济的联系日趋紧密，国际金融市场的剧烈动荡开始通过各种途径影响我国证券市场。

如今，美国经济对世界经济具有举足轻重的影响，美联储的货币政策和本币对美元的汇率是投资者应该关心的事情。美联储的货币政策会影响美国经济的走向进而影响世界经济的走向，纽约股票市场的涨跌、美元对其他货币的汇率以及其他国家的货币政策等，都是影响股票价格的因素。

另外，在分析国际金融市场环境时，以下几点不能忽视：

（1）国际金融市场上利率、汇率等金融资产价格的动荡可通过人民币汇率预期，对我国宏观面及政策面产生影响，间接影响到我国证券市场的发展。

（2）国际金融市场出现大的震荡，会波及 H 股、B 股和 N 股，进而影响 A 股，但小幅波动对我国股票市场影响不大。

（3）世界各国股票市场会对一些因素做出共同反应，如石油价格、战争、全球性的行业兴衰，而国外市场的反应往往更为敏捷和准确，国外市场的价格变动具有预示和借鉴作用。

（4）国外股票市场的一些投资理念、操作技巧会影响投资者，特别是机构投资者。

（5）国际金融市场的剧烈变动对投资者的信心有影响。

（二）国内宏观经济分析

1. 国内生产总值

一个国家或地区所有常住居民在一定时期内生产的产品和提供的劳务的总和，是一国经济活动最终成果的根本反映。

$$\text{GDP} = C + I + G + (X - M)$$

国内生产总值的增长速度一般用来衡量经济增长率，是反映一定时期经济发展水平变化程度的动态指标，也是反映一个国家经济是否有活力的基本指标。GDP 增长和不同的经济形势相结合，对证券市场产生不同的影响，下面将从四种情况分别进行阐述：

（1）持续、稳定、高速的 GDP 增长。当 GDP 增长处于持续、稳定、高速的状态，社会总需求与总供给协调增长，经济结构逐步合理，趋于平衡，经济增长来源于需求刺激并使得闲置或利用率不高的资源得以更充分地利用，表明经济发展势头良好，这时证券市场会呈上扬的趋势。

（2）高通货膨胀率下的 GDP 增长。当经济处于严重失衡下的高速增长时，总需求大大超过总供给，将表现为较高的通货膨胀率。短期来看，经济面有过剩的流动性，会推动金融资产价格在短期内迅速上升，出现价格泡沫，股市有可能上涨。但这是经济形势恶化的前兆，如不能及时采取适当的调控措施，必会导致未来的“滞胀”。长期来看，资本市场的价格泡沫最终会传导到实体经济，使得经济中的矛盾突出地表现出来，企业将面临困境，居民实际收入也将降低，从而使证券价格大幅下跌。

（3）宏观调控下的 GDP 减速增长。当 GDP 呈失衡的高增长时，政府可能采取紧缩性的调控措施维持经济的稳定增长，这会减缓 GDP 的增长速度。短期内，政府收紧流动性将导致资本市场资金量大幅减少，引发证券价格下跌。长期来看，如果政府调控目标得以顺利实现，GDP 仍以适当的速度增长，经济矛盾逐步得以缓解，将为进一步增长创造了有利条件。此时证券市场将反映这种好的形势从而呈现平稳渐升态势。

（4）转折性的GDP变动。如果GDP由负增长逐渐转为正增长，表明恶化的经济环境逐步得到改善，证券市场走势将由下跌转为上升。如果GDP由低速增长转为高速增长，表明经济结构得到调整，制约经济发展的"瓶颈"得以改善；新一轮经济高速增长已经到来，证券市场呈现快速上涨趋势。

注意，证券市场一般提前对GDP的变动做出反应。短期内证券市场与GDP的走势很有可能出现背离，以上有关GDP与证券市场关系的陈述对分析一国较长时期内的情况较有价值。当GDP的实际变动公布时，证券市场只反映实际变动与预期变动的差别，从而对GDP变动进行分析时要着眼于未来的趋势。此外，我国的证券市场有着"新兴加转轨"的特殊性：股市指数与国民经济增长速度经常呈现非正相关甚至负相关关系，我国证券市场有时具有一定的"政策市"特征。

2．经济周期

宏观经济的运行总是呈现出周期性变化，表现为扩张和收缩的交替出现。某个时期产出、价格、利率、就业不断上升直至某个高峰（繁荣），之后可能是经济的衰退，产出、价格、产品销售、利率、就业率开始下降，直至某个低谷（萧条）。这种周期性变化表现在许多宏观经济统计数据的周期性波动上，常用GNP这个最常见、综合性最强的指标来衡量。经济周期一般经历萧条、复苏、繁荣、衰退四个阶段，见图7－2。

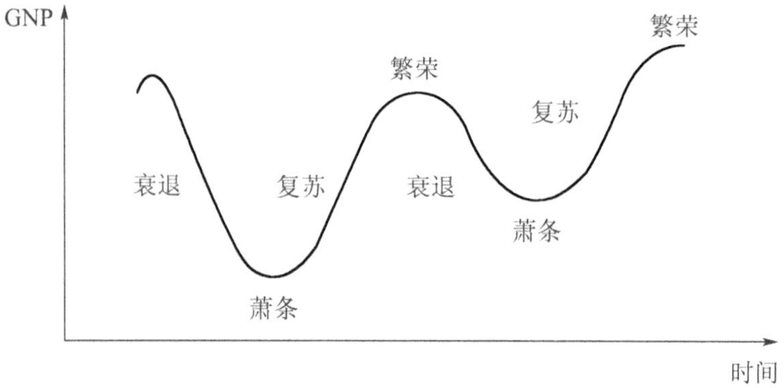

图7－2　经济周期的四个阶段

经济周期不具有严格的波长和波幅，宏观经济运行具有较高的复杂性，判断经济处于哪一个周期较为困难。目前的主要分析方法有：经济指标分析、计量经济模型和概率分析。

（1）经济指标分析。经济指标分析是一种较早使用的方法，一般将经济指标分为三类：一是先行指标，这些指标的高峰和低谷顺次出现在经济周期的高峰和低谷之前，对将来经济状况有预示作用；二是同步指标，这些指标的高峰和低谷与经济周期的高峰和低谷出现时间相同；三是滞后指标，这些指标的高峰和低谷比经济周期的高峰和低谷滞后。

（2）计量经济模型。用计量经济模型来预测，首先要按照一定经济理论建立数学模型，然后使用现实数据计量经济学方法来估计模型参数并进行模型检验，最后利用通过检验的模型进行预测。

（3）概率分析。概率分析是指用概率论的方法对宏观经济活动进行预测。因为宏观经济变量的变化并不一定像计量经济学那样稳定，而是常常在一定的区间内按某种概率发生，从而在一定置信区间内预测未来宏观经济水平。

经济周期与证券市场波动分析的运用原则：经济总是处于周期性的运动中，股价伴随经济周期相应地波动，但股价的波动超前于经济运动，股价波动是永恒的。要收集有关宏观经济资料和政策信息，注意经济发展动向，正确把握当前经济发展处于经济周期的何种阶段，对未来做出正确判断。千万不要被股价的“小涨”“小跌”迷惑而追逐小利或回避小失，这点对中长期投资者尤为重要。

3. 失业率

失业率是指一定时期满足全部就业条件的就业人口中仍未有工作的劳动力数字，旨在衡量闲置中的劳动产能，是反映一个国家或地区失业状况的主要指标。

$$失业率 = 失业人口 \div 劳动力人口$$

一般失业率与经济增长率具有反向的对应变动关系：在经济繁荣期，失业率低，收入普遍增长，资金源源流入证券市场，推高股价；在经济衰退期，失业率上升，证券市值大幅下降，证券指数运行在一个长期的下跌趋势中。可以说，当失业率较高时，意味着资源被浪费，人们收入减少，证券投资需求会减少。此外，经济问题还可能会影响人们的情绪和家庭正常生活，进而引发一系列社会问题。

4. 通货膨胀

通货膨胀表现为物价水平持续、普遍、明显的上涨。

一般来说，通货膨胀对证券市场的影响较为复杂，因为通货膨胀有平衡和不平衡之分，有被预期和未被预期之分，从程度上则有温和的、严重的和恶性的三种。一方面它有刺激股票市场的作用，另一方面又有抑制股票市场的作用。具体来看：通胀早期表现为温和的、慢速的、需求拉上的状态，企业会因产品价格上涨和存货增值而增加利润，使得股票价格上涨；同时由于通胀使得其他固定收益的债券价值缩水，投资者出于保值的投资动机会增持股票，使得股票投资需求增加，股价上涨。通胀中期，投资者会合理评估通胀风险，表现为不同证券品种之间价格发生结构性调整。但当通胀严重时，物价居高不下，公司支出将大大增加，使其利润下跌，导致股价下跌。可以说，过高的通货膨胀通常与经济过热相关联，它会引起收入和财富的再分配，扭曲商品的相对价格，降低资源配置的效率，引发泡沫经济乃至损害一国的经济基础和政权基础。

另外，通货膨胀还会影响投资者的心理和预期。通货膨胀会使社会商品价格变动具有不确定性，因而使得企业未来经营状况具有更大的不确定性，增加证券投资风险，从而影响股价。

5. 通货紧缩

通货紧缩表现为物价水平持续、普遍、明显的下跌。

与通货膨胀一样不利于币值稳定，通货紧缩甚至被认为是导致经济衰退的主要原因。

从消费者角度看，通货紧缩持续，使得对物价预期值下降，将更多地推迟购买。从投资者角度看，通货紧缩将使投资产出的产品低于预期，投资者将更加谨慎或推迟原有计划。消费和投资的双下降将减少总需求，使物价继续下降步入恶性循环。从利率角度来看，通货紧缩形成下调利率及社会投资预期收益率的预期，导致有效需求和投资支出减少，工资降低、失业增多。

总的来说，因通货紧缩带来的经济负增长，使得股票、债券及房地产等资产价格大幅下降，可能引发经济危机，而这反过来又会影响到投资者对证券市场的信心。

6. 利率

利率反映的是资金的价格，它不仅对银行存贷款产生直接影响也会影响到债券的收益及汇率等，是个对市场反应非常灵敏的经济变量。

利率对于证券市场的影响可以分成三种途径：

（1）利率变动造成的资产组合替代效应。利率变动会影响存款收益率，投资者就会对股票和储蓄以及债券之间做出重新组合选择，这必然会影响到证券市场的资金供求和股票价格。利率上升，部分资金可能从股市转而投向银行储蓄和债券，从而会减少市场上的资金供应量，减少股票需求导致股票价格下降；反之，利率下降，股票市场资金供应增加，将导致股票价格上升。

（2）利率对上市公司经营的影响，进而影响股价。贷款利率提高会加重企业利息负担，从而减少企业的盈利并进而减少企业的股票分红派息，使得股票价格下降。相反，贷款利率下调将减轻企业利息负担，降低企业生产经营成本，提高企业盈利能力，使企业可以增加股票的分红派息，股票价格将大幅上升。

（3）利率变动对股票内在价值的影响。股票资产的内在价值是由企业未来时期中的现金流所决定的，与一定风险下的贴现率呈反比关系。如果将银行间拆借、银行间债券与证券交易所的债券回购利率作为参考的贴现率，则贴现率的上扬必然导致股票内在价值的降低，从而也会使股票价格相应下降。反之，贴现率下降，股票价格上升。

三、宏观经济政策分析

（一）财政政策

1. 财政政策的含义

财政政策是政府依据客观经济规律制定的指导财政工作和处理财政关系的一系列方针、准则和措施的总称。财政政策分为长期、中期、短期财政政策。财政政策的短期目标是促进经济稳定增长。财政政策的中长期目标，首先是资源的合理配置，其次是收入的公平分配。

2. 财政政策的手段

财政政策的手段主要包括国家预算、税收、国债、财政补贴、财政管理体制、转移支付制度等。

（1）国家预算。它能够全面反映国家财力规模和平衡状态，是各种财政政策手段综合运用结果的反映，是财政政策的主要手段。国家预算收支的规模和收支平衡状态可以对社会供求的总量平衡发生影响。国家预算的支出方向可以调节社会总供求的结构平衡。

（2）税收。它是国家凭借政治权力参与社会产品分配的重要形式，它既是筹集财政收入的主要工具，又是调节宏观经济的重要手段。税收可调节收入的分配和调节社会总供求的结构。

（3）国债。它是国家按照有偿信用原则筹集财政资金的一种形式，也是实现政府财政政策、进行宏观调控的重要工具。国债可以调节国民收入初次分配形成的格局，也可以调节国民收入的使用结构和产业结构；还可以调节资金供求和货币流通量。

（4）财政补贴。它是国家为了某种特定需要，将一部分财政资金无偿补助给企业和居民的一种再分配形式。

（5）财政管理体制。它是中央与地方、地方各级政府之间以及国家与企事业单位之间资金管理权限和财力划分的一种制度，其主要功能是调节各地区、各部门之间的财力分配。

（6）转移支付制度。它是中央财政将集中的一部分财政资金，按一定的标准拨付给地方财政的一项制度。其主要功能是调整中央政府与地方政府之间的财政纵向不平衡。

3. 财政政策对证券市场的影响

财政政策分为松的财政政策、紧的财政政策和中性财政政策。总的来说，紧的财政政策使过热的经济受到控制，证券市场将走弱，而松的财政政策则刺激经济发展，证券市场将走强。

一般来说，为了实现短期财政政策目标，财政政策的运作主要是发挥“相机抉择”作用，有以下几种情况：

（1）当社会总需求不足时，单纯使用松的财政政策，通过扩大支出，增加赤字，以扩大社会总需求，也可以采取扩大税收减免、增加财政补贴等政策，刺激微观经济主体的投资需求，证券价格将上涨。

（2）当社会总供给不足时，单纯使用紧缩性财政政策，通过减少赤字、增加公开市场上出售国债的数量，以及减少财政补贴等政策，压缩社会总需求，证券价格将下跌。

（3）当社会总供给大于社会总需求时，可以搭配运用“松”“紧”政策，一方面通过增加赤字、扩大支出等政策刺激总需求增长；另一方面采取扩大税收、调高税率等措施抑制微观经济主体的供给。如果支出总量效应大于税收效应，那么，对证券价格的上扬会起到推动作用。

（4）当社会总供给小于社会总需求时，可以搭配使用“松”“紧”政策，一方面通过压缩支出、减少赤字等政策缩小社会总需求；另一方面采取扩大税收减免、减少税收等措施刺激微观经济主体增加供给。支出的压缩效应大于税收的紧缩效应，证券价格将下跌。

（二）货币政策

1. 货币政策的含义及目标

货币政策是指政府为实现一定的宏观经济目标而制定的关于货币供应和货币流通组织管理的基本方针和准则。货币政策对经济的调控体现在：① 通过调控货币供应量保持社会总供给与总需求的平衡；② 通过调控利率和货币总量控制通货膨胀，保持物价总水平的稳定；③ 调节国民收入中消费与储蓄的比重；④ 引导储蓄向投资的转化并实现资源的合理配置。

货币政策的目标总体上包括：稳定币值（物价）、充分就业、经济增长、国际收支平衡。货币政策的中介指标在市场经济比较发达的国家为利率、货币供应量、超额准备金和基础货币等。我国货币政策目标定为“保持货币币值的稳定，并以此促进经济增长”；货币政策的中介指标为：货币供应量、信用总量、同业拆借利率和银行备付金率。

2. 货币政策工具

货币政策工具又称货币政策手段，是指中央银行为调控中介指标，实现货币政策目标所采用的政策手段。货币政策工具可分为一般性政策工具和选择性政策工具，其中一般性政策工具包括法定存款准备金政策、再贴现政策、公开市场业务。

（1）法定存款准备金政策

它是中央银行凭借法律授权规定，调整商业银行缴存中央银行的存款准备金比率以变动货币乘数，影响商业银行信贷规模、信贷结构，间接调控货币供给量的金融政策。

当中央银行提高法定存款准备金率时，商业银行可运用的资金减少，贷款能力下降，货币乘数变小，市场货币量便会相应减少，所以在通货膨胀时，中央银行可提高法定存款准备金率；反之，则降低。

（2）再贴现政策

它是指中央银行对商业银行用持有的未到期票据向中央银行再贴现的政策规定。再贴现政策一般包括再贴现率的确定和再贴现的资格条件。

再贴现率主要着眼于短期。中央银行根据市场资金供求状况调整再贴现率，能够影响商业银行资金借入的成本，进而影响商业银行对社会的信用量，从而调节货币供给总量。

中央银行对再贴现资格条件的规定则着眼于长期，可以起到抑制或扶持作用，并改变资金流向。

（3）公开市场业务

它是指中央银行在金融市场上公开买卖有价证券，以此来调节市场货币量的政策行为。

当中央银行认为应该增加货币供给量时，就在金融市场上买进有价证券（主要是政府债券）；反之就出售所持有的有价证券。

选择性政策工具主要有两类：直接信用控制和间接信用指导。

① 直接信用控制。它是以行政命令或其他方式，直接对金融机构尤其是商业银行的信用活动进行控制。其具体手段包括：规定利率限额、信用配额、信用条件限制，规定金融机构流动性比率和直接干预等。

② 间接信用指导。它是指中央银行通过道义劝告、窗口指导等办法来间接影响商业银行等金融机构行为的做法。

3. 货币政策对证券市场的影响

货币政策分为松的货币政策和紧的货币政策。

（1）紧的货币政策。如果市场物价上涨，需求过度，经济过度繁荣，秩序混乱，这时被认为社会总需求大于总供给，这时中央银行就会采取紧缩货币的政策以减少货币供应量，提高利率，加强信贷控制。

（2）松的货币政策。如果市场产品销售不畅、经济运转困难、资金短缺、设备闲置等，则被认为是社会总需求小于总供给，中央银行则会采取扩大货币供应的办法增加货币供应量，降低利率，放松信贷控制。

总的来说，紧的货币政策使过热的经济受到控制，证券市场将走弱，而松的货币政策则刺激经济发展，证券市场将走强。

具体来看，货币政策工具不同，对股市的影响不尽相同，如表 7－1 所示。

表 7－1　不同货币政策工具对股市的影响

利　率	公开市场操作	调整货币供应量	选择性政策工具
利率影响股票内在投资价值；影响公司的融资成本；影响投资者投资结构	影响市场上的货币供给量，影响利率水平和资金成本	通过存款准备金率和再贴现率的调整，影响银行的信用创造能力，影响市场资金供给	对不同行业和区域采取区别对待方针。资金的流行反映当时的产业政策和区域政策
利率下降，股票价格上涨；利率上升，股票价格下跌	购进有价证券，企业、个人投资消费热情高涨，推动股票价格上涨	提高存款准备金率，提高再贴现率，社会性用收缩，资金供应减少，股票价格下跌	根据证券市场价格的比价关系做出结构性调整

（三）收入政策

1. 收入政策的含义及目标

收入政策是国家为实现宏观调控总目标和总任务在分配方面制定的原则和方针。

它规定着财政政策和货币政策的作用方向和作用力度，收入政策最终也要通过财政政策和货币政策来实现。

收入政策目标包括收入总量目标和收入结构目标。收入总量调节政策有紧分配与超分配两种。收入总量目标着眼于近期的宏观经济总量平衡，根据供求不均衡的两种状况分别选择紧分配政策和超分配政策。收入政策的结构目标则着眼于中长期的产业结构优化和经济与社会协调发展，着重处理积累与消费、公共消费与个人消费、各种收入的比例、个人收入差距等关系。

我国的收入分配政策：确立资本、劳动、技术和管理等生产要素按贡献参与分配的原则，完善按劳分配为主体，多种分配方式并存的分配制度。我国收入分配中的重要问题：收入分配不均，贫富差距过大。

2. 收入政策对证券市场的影响

紧分配政策导致社会可分配收入减少，除消费及实业投资外，可进行证券投资比例降低，使流入股市资金减少；同时企业居民收入增长率降低，使人们对未来经济预期不乐观，导致股价下跌。反之，实行超分配政策，可使企业居民收入增加，有更多的资金进入股市，推动股价上涨。但超分配超越了一定界限，会导致严重的通货膨胀，又会对股市产生不利影响。

收入结构政策侧重对积累、消费、公共消费与个人消费以及各种收入比例进行调节。如财政收入、公共消费比例减少，企业居民可支配收入增加，将会有更多的资金流入股市；反之，则产生相反效应。收入拉开差距，使社会游资比重增大，会强化股市投机，有利于股市上涨；反之，收入过于平均化，分散资金入市，则使股价走势相对平稳。

第二节　行业分析

就证券投资分析而言，宏观经济分析是了解证券投资的宏观环境，把握社会经济的总体状况，但没有对社会经济各个组成部分进行具体分析。在宏观经济运行态势良好的情况下，有些行业与总体经济增长同步，有些行业则高于或低于总体经济增长。因此，我们需要分析上市公司所属的行业，以便提高投资成功的概率。可以说，行业分析承上启下，既是对上市公司进行分析的前提，也是连接宏观经济分析和上市公司分析的桥梁，是基本分析的重要环节。

一、行业的含义与行业分析的意义

（一）行业的含义

所谓行业是指从事国民经济中同性质的生产或其他经济社会活动的经营单位和个

体等构成的组织结构体系。行业和产业主要是适用范围上有所不同，一般来说构成产业需满足三个特点：规模性、职业化、社会功能性。行业拥有特定的职业人员和特定的功能，但一般没有规模上的约定。

（二）行业分析的意义

行业分析的主要任务包括：① 解释行业本身所处的发展阶段及其在国民经济中的地位；② 分析影响行业发展的各种因素以及判断对行业影响的力度；③ 预测并引导行业的未来发展趋势；④ 判断行业投资价值，揭示行业投资风险。

二、行业划分的方法

（一）道琼斯分类法

道琼斯分类法是在 19 世纪末为选取在纽约证券交易所上市的有代表性的股票而对各公司进行的分类，是证券指数统计中最常用的分类法之一。道琼斯分类法将股票分为三类：工业、运输业和公用事业。其中，工业类股票取自工业部门的 30 家公司，包括了采掘业、制造业和商业；运输业类股票取自 20 家交通运输业公司，包括了航空、铁路、汽车运输与航运业；公用事业类取自 6 家公用事业公司，主要包括电话公司、煤气公司和电力公司等。

（二）标准行业分类法

标准行业分类法由联合国经济和社会事务统计局制定，其把国民经济划分为 10 个门类，对每个门类再划分为大类、中类、小类。标准产业分类法的优点在于对全部经济活动进行分类，并且使其规范化，具有很强的可比性，有利于分析各国各地的产业结构，而且与三次产业分类法联系密切。

（三）我国国民经济行业的分类

1985 年，我国国家统计局明确划分三大产业：第一产业　农业；第二产业　工业和建筑业；第三产业　其他。2002 年，我国推出国民经济行业的分类标准 GB/T4754—2002，行业门类 20 个，行业大类 95 个，行业中类 396 个，行业小类 913 个。

（四）我国上市公司的行业分类

最初上交所将上市公司分为工业、商业、地产业、公用事业和综合等五类；根据 2007 年最新行业分类，沪市 841 家上市公司，共分为金融地产、原材料、工业、可选消费、主要消费、公用事业、能源、电信业务、医药卫生、信息技术十大行业。深交所将上市公司分为：工业、商业、地产业、公用事业、金融业和综合等六类。

三、行业的一般特征分析

（一）行业的市场结构分析

行业按其企业数量的多少、进入限制的程度和产品差别，可以分为四种市场结构：完全竞争、垄断竞争、寡头垄断和完全垄断。

现实生活中并没有真正的垄断型市场，有一些公共事业单位接近于完全垄断，比如国有铁路、发电厂、煤气公司、自来水公司和邮电通信等部门。

这四种类型的市场结构竞争程度是递减的，而进入成本是递增的，见表7-2。

表7-2 市场类型综合比较

市场结构	厂商数	产品特点	典型行业	价格特点
完全竞争	众　多	产品同质	初级产品	不能控制
垄断竞争	众　多	存在差异	制成品	相对控制力
寡头竞争	相对少	同质略有差异	钢铁汽车石油	有垄断能力
完全垄断	独　家	厂商的产品没有替代品	公用事业采矿	垄断价格

（二）经济周期与行业分析

根据行业与宏观经济周期变动的关系，可将行业分为三类：

1. 增长型行业

增长型行业的运动形态与经济周期的关系不大。增长型行业主要依靠技术的进步、新产品推出及更优质的服务，从而使其经常呈现出增长形态。因而，对经济周期的波动来说，增长型行业提供了一种财富“套期保值”手段。在近几年，计算机软件、通信、电子元件和生物工程等产业表现出了这种形态，投资者对高增长的产业十分感兴趣，主要是因为这些行业的高成长性给投资者带来了股票价值的成倍增长。

2. 周期型行业

周期型行业的运动状态与经济周期紧密相关。当经济处于上升期时，这些产业会跟随着扩张；当经济出现下滑时，这些产业会相应衰落。之所以如此，是因为对于这些行业产品的购买通常被延迟到经济改善之后，如消费品行业、耐用品制造业、建材、房地产、金融、工程机械、酒店服务及其他需求收入弹性较高的行业就属于典型的周期型产业。

3. 防守型行业

防守型行业的经营情况在经济周期的上升和下降阶段都很稳定。这种运动形态的存在使防守型行业的产品需求相对稳定，需求弹性小，经济周期处于衰退阶段对这种行业的影响也比较小。该类型行业的产品往往是生活必需品或是必要的公共服务，如食品业和公用事业，对其投资属于收入投资，而非资本利得投资。

按经济周期分类的行业比较，参见表7-3。

表7-3 按经济周期分类的行业特点比较

比较项目	与周期关系	产生原因	典型行业
增长型行业	与周期无关	依靠技术进步、新产品推出、更优质服务	计算机、复印件
周期型行业	直接相关	需求收入弹性高	消费品、耐用品
防守型行业	不受经济周期处于衰退阶段的影响	产品需求相对稳定	食品业、公用事业

（三）行业生命周期分析

每个行业都要经历一个由成长到衰退的发展演变过程，这个过程被称为行业的生命周期。通常，产业的生命周期可分为四个阶段，即初创期（也叫幼稚期）、成长期、成熟期和衰退期。

1. 初创期

初创期是一个行业的起步阶段，在这一阶段，新行业刚诞生或初建不久，具有明显的幼稚性。表现为只有为数不多的创业公司进入该行业，行业企业数量少，集中程度高，而且由于技术不太成熟使得产品品种单一、质量较低且不稳定。由于初创期产业的创立投资和产品的研究、开发费用较高，而大众对其尚缺乏了解因而产品市场需求狭小，销售收入较低，因此这些创业公司财务上不但没有盈利，反而普遍亏损。

较高的产品成本和价格与较小的市场需求还使这些创业公司面临很大的投资风险，这类企业更适合投机者和风险基金投资于这个新兴的行业。在初创早期，企业有可能因财务困难而引发破产的危险，但在初创期后期，随着产业生产技术的提高、生产成本的降低和市场需求的扩大，新行业便逐步由高风险低收益的初创期转向高风险高收益的成长期。

2. 成长期

成长期是行业发展的黄金阶段，在这一阶段，新行业的发展开始展露出朝阳产业的风采。在这一时期，新行业的产品经过广泛宣传和消费者的试用，逐渐以其自身的特点赢得了市场，市场需求开始上升，新行业也随之繁荣起来。与市场需求变化相适应，供给逐步从单一、低质、高价向多样、优质和低价方向发展。新行业出现了生产厂商和产品相互竞争的局面。

生产厂商随着市场竞争的不断发展和产品产量的不断增加，市场的需求日趋饱和。生产厂商不能单纯地依靠扩大生产量，提高市场的份额来增加收入，而必须依靠追加生产投资，提高生产技术，降低成本，以及研制和开发新产品的方法来战胜竞争对手和维持企业的生存。因而，这一时期企业的利润虽然增长很快，所面临的竞争风险也非常大，破产率与合并率相当高。

在成长期的后期，由于行业中生产厂商与产品竞争优胜劣汰规律的作用，市场上生产厂商的数量在大幅度下降之后开始稳定。由于市场需求基本饱和，产品的销售增长率减慢，迅速赚取利润的机会减少，整个行业开始进入成熟期。

3. 成熟期

成熟期是行业发展的巅峰阶段，会持续较长时间。行业成熟首先表现为技术上的成熟，即行业内企业普遍采用的是适用的且至少有一定先进性、稳定性的技术。其次表现为产品的成熟，产品的成熟是行业成熟的标志。

在成熟期，行业竞争中生存下来的少数大厂商垄断了整个市场，每个厂商都占有一定比例的市场份额。行业的利润由于一定程度的垄断达到了很高的水平，而风险却因市场比例比较稳定、新企业难以打入成熟期市场而较低。此时，行业集中度高，市场需求在增长但增长速度已明显减缓，厂商之间的竞争手段逐渐从价格手段转向各种非价格手段，如提高质量、改善性能和加强售后服务等。在某些情况下，部分行业的增长可能会完全停止，部分产业由于技术创新的原因或许实际上会有新的增长。一般而言，技术含量高的行业成熟期历时相对较短，而公用事业行业成熟期持续的时间较长。

4. 衰退期

在经过较长的稳定期后，行业会进入衰退期，这是行业发展的暮年时期。此时，由于新产品和大量替代品的出现，原行业市场需求逐渐减少，销售量下降，某些厂商开始向其他更有利可图的行业转移资金。因而造成厂商数目减少，市场逐渐萎缩，利润率停滞或不断下降的萧条景象。

行业的衰退期往往比行业生命周期的其他三个阶段的总和还要长。大量的行业都是衰而不亡，甚至会与人类社会长期共存。例如，钢铁业、纺织业在衰退，但是人们却看不到它们的消亡。烟草业更是如此，难有终期。

各行业生命周期各阶段收益与风险状况比较，参见表7－4。

表7－4　行业生命周期各阶段收益与风险状况比较

	初创期	成长期	成熟期	衰退期
厂商数量	很少	增多	减少	很少
利　润	较低或亏损	增　加	无大变化	减少或亏损
风　险	较　高	较　高	减　少	较　高
风险形态	技术风险、市场风险	市场风险、管理风险	管理风险	生存风险

上述行业生命周期描述的只是一个总体状况，行业的实际生命周期更为复杂，其受产业性质、政府干预、国外竞争和能源结构的变化等因素的影响。投资者应从行业规模、产出增长率、利润率水平、技术进步和技术成熟程度、开工率、从业人员的职业化水平和工资福利收入水平、资本进退等方面考察公司所处的行业生命周期阶段，以明确投资风险。针对不同偏好的投资者，投资策略也会不同。比如，对于收益型的投资者，可以优先选择处于成熟期的行业，因为这些行业基础稳定，盈利丰厚，市场风险相对较小。

四、影响行业兴衰的主要因素

（一）技术因素

技术进步对行业的影响是巨大的，当前技术进步速度加快，周期明显缩短，产品更新换代频繁，使得新行业不断推出，旧行业不断淘汰。在众多技术因素中，要重点考虑产品的稳定性和技术的先进性。

（二）政府的影响和干预

政府对于关系国计民生的基础行业和国家发展战略行业都会通过产业政策来进行重点管理和调控，其影响的行业范围主要有：公用事业如煤气、电力、供水、排污、邮电通信、广播电视；运输部门如铁路、公路、航空、航运和管道运输；金融部门如银行与非银行金融机构、保险公司、商品证券交易市场等。

政府的产业政策包括：产业结构政策、产业组织政策、产业技术政策、产业布局政策。其中，产业结构政策与产业组织政策是产业政策的核心。一般来说，产业结构政策是选择行业发展的重要依据，以促进产业结构高级化；产业组织政策是以“反对垄断、促进竞争、规范大型企业集团、扶持中小企业发展”为核心，以实现同一产业内企业组织形态和企业关系的合理化，达到全社会资源的合理配置。

政府对行业促进手段包括：补贴、优惠税法、限制外国竞争的关税、保护某一行业的附加法规等。同时，政府也会基于生态、安全等对某些行业的规模和价格实施限制性规定。

（三）社会习惯的改变

社会倾向和社会意识对企业的经营活动、生产成本和利润等方面均会产生影响。随着人们生活水平和受教育程度的提高，消费心理、消费习惯、文明程度和社会责任感会逐渐改变，引起对某些商品的需求变化使得某些不适应社会需求的行业衰退而又激发新兴行业的发展。

（四）经济全球化

经济全球化通过国际分工，使每一个行业和企业都置身于全球性竞争，同时也可获得全球性市场和资源。行业对国外的影响越来越敏感，国内各个行业会面临越来越多的国外竞争者的挑战，要着眼于全球来评估某个行业。

经济全球化对各国产业发展的重大影响：一是经济全球化导致产业的全球性转移；二是国际分工的基础和分工的模式出现了重要变化，一国的优势产业不再主要取决于资源禀赋，政府效率、市场机制完善程度、劳动者素质等后天因素作用正在加强，行业内和公司内贸易比重大幅提高；三是经济全球化导致贸易理论与国际直接投资理论一体化。

第三节　上市公司分析

上市公司分析又称企业分析，主要是用公司的历年资料对其竞争能力、经营管理能力、财务状况及潜在风险等因素进行分析，借此评估其投资价值。在对宏观经济、行业因素进行分析完后，就应该进行公司分析以便具体来选择投资对象。对于长期的证券投资是否能取得收益，归根结底取决于公司业绩，因而公司分析是基本分析的重点。

一、上市公司分析概述

（一）公司与上市公司的含义

公司是指依法设立的从事经济活动并以营利为目的的企业法人。

根据《中华人民共和国公司法》有关条款所揭示的公司本质特征，我国的公司应指全部资本由股东出资构成，股东以其出资额或所持股份为限对公司承担责任，公司以其全部资产对公司债务承担责任的依《中华人民共和国公司法》成立的企业法人。

公司按不同划分标准可分为不同类型，其中按是否上市流通分为：上市公司、非上市公司。我国公司法规定，我国的上市公司是指其股票在证券交易所上市交易的股份有限公司。证券投资分析中公司分析的对象主要是指上市公司。

（二）公司分析的意义

就投资者个人而言，宏观的经济环境分析与中观的行业分析专业性高、难度较大，而相对简单、直接且行之有效的就是公司分析。除投资市场指数外，对于具体投资对象的选择最终都将落实在微观层面的上市公司分析上。

公司分析一般包括公司基本分析和公司财务分析，其中最重要的是公司财务状况分析，财务报表通常被认为是最能够获取有关公司信息的工具。

二、公司基本分析

（一）公司行业地位分析

公司行业地位分析的目的是判断公司在所处行业中的竞争地位。企业的行业地位会决定其盈利能力是高于还是低于行业平均水平，决定其在行业内的竞争地位。衡量公司行业竞争地位的主要指标是行业综合排序和产品的市场占有率。

（二）公司经济区位分析

区位，是指地理范畴上的经济增长点及其辐射范围。上市公司的投资价值与区位经济的发展密切相关，处在好的经济区位内的上市公司一般具有较高的投资价值。

具体而言，上市公司区位分析内容有：① 分析区位内的自然条件与基础条件，包括矿产资源、水资源、能源、交通、通信设施等，有利于分析本区位内上市公司的发展前景；② 分析区位内政府的产业政策，如果区位内上市公司主营业务符合当地政府的产业政策一般会获得较多政策支持，有利于其发展；③ 分析区位内的经济特色，即区位内经济与区位外经济的联系和互补性、龙头作用及其发展活力与潜力的比较优势。

（三）公司产品分析

产品分析包括三个内容：产品的竞争能力分析、产品的市场占有率分析、产品的品牌战略分析。

1. 产品的竞争能力分析

产品的竞争能力分析主要从成本优势、技术优势、质量优势等三个方面进行。

（1）成本优势是指公司的产品依靠低成本获得高于同行业其他企业的盈利能力。在很多行业中，成本优势是决定竞争优势的关键因素。企业一般通过规模经济、专有技术、优惠的原材料和低廉的劳动力实现成本优势。由资本的集中程度而决定的规模效益是决定公司生产成本的基本因素。

（2）技术优势是指公司拥有的比同行业其他竞争对手更强的技术实力及其研究与开发新产品的能力。这种能力主要体现在生产的技术水平和产品的技术含量上，而占销售额一定比例的研究开发费用的高低则往往能决定企业的新产品开发能力。

考察企业产品的技术水平主要关注这三个方面：① 产品是否具有其他公司难以企及的技术水平，在该行业是否具有无可争辩的领先地位；② 是否具有专利保护其垄断地位，其他公司不能模仿和假冒；③ 技术盈利前景广阔，技术的先进性应体现在盈利能力上，企业的技术产品没有盈利前景，其股票就没有投资价值；④ 产品市场的广度，企业的技术产品具有广阔的市场，才能形成大规模的盈利。

企业的技术开发能力决定企业发展的潜力，股票价值取决于企业未来股利的现值，而能改变企业未来状况的最重要因素就是技术。考察企业技术开发能力应着重于以下方面。① 公司的股东背景。新技术的开发要耗费大量的财力和物力，且风险极大，如果有一个研究实力非常强大的股东支持，那么公司的技术开发能力将大为提高。② 公司自身的技术开发能力。这主要考察公司的人员构成，科研机构设置等。

（3）质量优势是指公司的产品以高于其他公司同类产品的质量赢得市场，从而取得竞争优势。在与竞争对手成本相等或成本近似的情况下，具有质量优势的公司往往在该行业中占据领先地位。

2. 产品的市场占有率分析

通常可以从两个方面考查产品的市场占有率：其一，公司产品销售市场的地域分布情况；其二，公司产品在同类产品市场上的占有率。

按照公司产品销售市场的地域分布情况，公司的销售市场划分为地区性、区域性、全国性和国际性市场。市场地域的范围能大致地估计一个公司的经营能力和实力。

（1）地区性市场。有些公司的产品市场为地区性质的，如水、电、煤气等公用事业和一些规模较小的公司。

（2）区域性市场。区域性市场是由几个不同的地区性市场组成的。因此，产品面向区域性市场的公司除了要受本地各种经济、非经济因素的影响，还要受到其他地区类似因素的影响和区域性市场内部同一行业公司相互竞争的挑战。

（3）全国性市场。产品面向全国的大公司，受全国经济形势的影响要比受区域性或地区性因素的影响更大。这类公司由于市场广大，因此利润较高，但面临的市场竞争、成本费用、消费偏好等风险也比较大。

（4）国际性市场。面向国际市场的大公司或集团在经营活动中要遇到一系列国内行业所没有碰到过的问题。要承担汇率、市场竞争和政府管制，甚至国有化的风险。虽然这些国际性公司的利润要高于国内的同类企业，但其所面临的风险也比国内同类企业高。

市场占有率是指一个公司的产品销售量占该类产品整个市场销售总量的比例。市场占有率越高，表示公司的经营能力和竞争力越强，公司的销售和利润水平越好、越稳定。产品的销售量一般和产品知名度是一致的，但也有例外的情况，如由于市场管制、运输不便、产品价格过高，以及产品的用途比较专一（如某些医药品）等原因，商品的销售量与其知名度之间也会出现不一致的现象。一般来说，市场占有率的扩大通常意味着收益的增长和竞争实力的加强，但有时市场份额的扩大也会导致经营成本的提高，从而部分抵消收益的增长。

3. 产品的品牌战略分析

品牌是一个商品名称和商标的总称，它可以用来辨别一个卖者或卖者集团的货物或劳务，以便同竞争者的产品相区别。品牌具有多种功能：一是品牌具有创造市场的功能；二是品牌具有联合市场的功能；三是品牌具有巩固市场的功能。有些产品因有很高的质量、优良的服务和广泛的宣传而成为家喻户晓、众口皆碑的名牌产品或优质服务，这种优势意味着生产这些商品的公司的销售优势，从而其利润额将会较快增长，公司股东的收益也会相应增加。

（四）公司经营能力分析

1. 公司法人治理结构

公司法人治理结构有狭义和广义两种定义，狭义上的公司法人治理结构是指有关公司董事会的功能、结构和股东的权利等方面的制度安排；广义上的法人治理结构是指有关企业控制权和剩余索取权分配的一整套法律、文化和制度安排，包括人力资源管理、收益分配和激励机制、财务制度、内部制度和管理等。

健全的公司法人治理结构体现在七个方面：① 规范的股权结构；② 有效的股东大会制度；③ 董事会权利的合理界定与约束；④ 完善的独立董事制度；⑤ 监事会的独立性和监督责任；⑥ 优秀的职业经理层；⑦ 相关利益者的共同治理，包括员工、债权人、供应商和客户等主要利益相关者。

2. 公司管理层分析

公司管理层应该具备的素质包括：一是从事管理工作的愿望；二是专业技术能力；三是良好的道德品质修养；四是人际关系协调能力。对于管理层的勤勉尽责忠诚分析可据经验和信息考察：① 管理层是否有欺骗和损害股东利益的记录和嫌疑；② 管理层之间是否有裙带关系；③ 管理层是否重视公司从业人员素质和创新能力，确保公司有持久发展力。

（五）公司盈利能力和公司成长性分析

1. 公司盈利预测

对公司盈利进行预测，是判断公司估值水平及投资价值的重要基础。盈利预测的假设主要包括：

（1）销售收入预测。包括销售收入的历史数据和发展趋势、公司产品的需求变化、市场占有率和销售网络、主要产品的存货情况、销售收入的明细等方面。销售收入预测的准确性也是公司盈利预测中最为关键的因素。

（2）生产成本预测。包括生产成本的结构、主要原材料的价格走势和每年所需原材料的总量、成本变动和销售情况变动、能否将上涨的成本转嫁给下游、毛利率的变化情况等。

（3）管理和销售费用预测。包括销售费用和销售费用占销售收入的比例、管理费用的变化、新市场的拓展、每年的研究和开发费用占销售收入的比例等。

（4）财务费用预测。包括新增长期贷款和短期贷款等。

（5）其他。包括主营业务利润占税前利润的百分比、非经常项目及其他利润占税前利润的比例、至目前为止利润的完成情况等。

2. 公司经营战略分析

经营战略是企业面对激烈的市场变化与严峻挑战，为求得长期生存和不断发展而进行的总体性谋划。它是企业战略思想的集中体现，是企业经营范围的科学规定，同时又是制定规划的基础。

3. 公司规模变动特征和扩张潜力分析

公司规模变动特征和扩张潜力一般与其所处的行业发展阶段、市场结构、经营战略密切相关，它是从微观方面具体考察公司的成长性，一般可以从以下几个方面进行分析：

（1）公司规模的扩张是由供给推动还是由市场需求拉动引致，是通过公司的产品创造市场需求还是生产产品去满足市场需求，是依靠技术进步还是依靠其他生产要素等，以此找出企业发展的内在规律。

（2）纵向比较公司历年的销售、利润、资产规模等数据，把握公司的发展趋势是加速发展、稳步扩张，还是停滞不前。

（3）将公司销售、利润、资产规模等数据及其增长率与行业平均水平及主要竞争对手的数据进行比较，了解其行业地位的变化。

（4）分析预测公司主要产品的市场前景及公司未来的市场份额，分析公司的投资项目，预计其销售和利润水平。

（5）分析公司的财务状况以及公司的投资和筹资潜力。

三、公司财务分析

（一）主要财务报表

1. 资产负债表

资产负债表是反映企业在某一特定日期财务状况的会计报表，它表明企业在某一特定日期所拥有或控制的经济资源、所承担的现有义务和所有者对净资产的要求权。资产部分表示公司所拥有的或所掌握的，以及其他公司所欠的各种资源或财产；负债部分（广义负债）包括负债（狭义负债）和股东权益两项。负债表示公司所应支付的所有债务；股东权益表示公司的净值。资产、负债和股东权益的关系用公式可表示为：

总资产 = 负债 + 股东权益

通过资产负债表可反映资产各项目以及负债和所有者权益各项目之间的关系。同时，资产负债表还提供年初数和期末数的比较资料。

2. 利润及利润分配表

利润表是反映企业一定时期内经营成果的会计报表，表明企业运用所拥有的资产进行获利的能力。

利润表是一个动态报告，它展示公司的损益账目，并反映五项内容：① 构成营业收入的各项要素；② 构成营业利润的各项要素；③ 构成利润总额（或亏损总额）的各项要素；④ 构成净利润（或净亏损）的各项要素；⑤ 每股收益。

3. 现金流量表

现金流量表反映企业一定期间现金的来源及运用，以及涉及现金的重大投资和筹资活动，表明企业获得现金和现金等价物的能力。现金流量表分为：经营活动、投资活动和筹资活动产生的现金流量三个部分。

经营活动产生的现金流量通常可以采用间接法和直接法两种方法反映。在我国，现金流量表也可以按直接法编制，但在现金流量表的补充资料中还要单独按照间接法反映经营活动现金流量的情况。

（二）公司财务报表分析的目的与方法

1. 主要目的

财务报表分析的目的是为向有关各方提供可以用来做出决策的信息，但对不同的使用主体，分析的目的也不完全相同，见表 7－5。

表 7－5　公司财务报表分析目的一览表

序号	报表使用人	分析目的
1	公司的经理人员	判断公司的现状、可能存在的问题，以便进一步改善经营管理
2	公司的现有投资者及潜在投资者	主要关心公司的财务状况、盈利能力，比较该公司和其他公司的风险和收益，决定自己的投资策略
3	公司的债权人	主要关心自己的债权能否收回
财务报表分析的一般目的可以概括为：评价过去的经营业绩；衡量现在的财务状况；预测未来的发展趋势		

2. 分析方法与原则

财务报表分析的方法有比较分析法和因素分析法两大类。比较分析法是指对两个或两个以上有关的可比数据进行对比，揭示财务指标的差异和变动关系，是财务报表分析中最基本的方法。因素分析法是依据分析指标和影响因素的关系，从数量上确定各因素对财务指标的影响程度。最常用的比较分析方法有：单个年度的财务比率分析、不同时期的财务报表比较分析、与同行业其他公司之间的财务指标比较分析三种。

财务报表分析的原则，一般有两个：① 坚持全面原则；② 坚持考虑个性原则。

（三）公司财务比率分析

1. 短期偿债能力比率分析

短期偿债能力是指公司偿付流动负债的能力。流动负债是一年或一年以内的一个营业周期内需要偿付的债务。一般来说流动负债需以流动资产来偿付，通常需要以现金直接偿还。评价公司短期偿债能力的财务比率主要有流动比率、速动比率和现金比率。

（1）流动比率。流动比率是公司流动资产与流动负债的比率。其公式为：

流动比率 = 流动资产 ÷ 流动负债

流动比率是衡量公司短期偿债能力的一个重要财务指标，这个比率越高，说明公司偿还流动负债的能力越强，流动负债得到偿还的保障就越大，但是，过高的流动比率也可能是公司滞留在流动资产上的资金过多，会影响到公司的获利能力。根据经验，流动比率在 2∶1 左右比较合适。

（2）速动比率。流动资产扣除存货后的资产称为速动资产。速动资产与流动负债的比率称为速动比率，也称酸性试验。速动比率公式如下：

速动比率 =（流动资产 – 存货）÷ 流动负债

通过速动比率来判断公司短期偿债能力比用流动比率更进了一步，因为它扣除了变现力较差的存货。把存货从流动资产中剔除的原因：在流动资产中，存货的变现能力最差；由于某种原因，部分存货可能已损失报废，还没作处理；部分存货已抵押给某债权人；存货估价还存在着成本与当前市价相差悬殊的问题。

速动比率越高，说明公司的短期偿债能力越强。根据经验，一般认为速动比率为 1∶1 时比较合适，低于 1 的速动比率被认为短期偿债能力偏低。

（3）现金比率。现金比率是公司的现金类资产与流动负债的比率。其计算公式为：

现金比率 =（现金 + 现金等价物）÷ 流动负债

现金比率反映公司的直接支付能力，现金比率高，说明公司有较好的支付能力。但是，如果这个比率过高，意味着公司拥有过多的获利能力较低的现金类资产，公司资产未能得到有效的运用。

2. 长期偿债能力比率分析

长期偿债能力是指公司偿还长期负债的能力，反映公司长期偿债能力的财务比率主要有：资产负债率和股东权益比率。

（1）资产负债率。资产负债率是公司负债总额与资产总额的比率，也称为负债比率或举债经营比率，它反映公司的资产总额中有多少是通过举债得到的。其计算公式为：

$$资产负债率=负债总额\div资产总额$$

资产负债率反映公司偿还债务的综合能力，这个比率越高，公司偿还债务的能力越差；反之，偿还债务的能力越强。对于资产负债率，公司的债权人、股东和公司经营者往往从不同的角度来评价。首先，从债权人角度来看，他们最关心的是其贷给公司资金的安全性。债权人总是希望公司的负债比率低一些。其次，从公司股东的角度来看，其关心的主要是投资收益的高低。因此，股东所关心的往往是全部资产报酬率是否超过了借款的利息率。公司股东可以通过举债经营的方式，以有限的资本、付出有限的代价而取得对公司的控制权，并且可以得到举债经营的杠杆利益。最后，站在公司经营者的立场，他们既要考虑公司的盈利，也要顾及公司所承担的财务风险。资产负债率作为财务杠杆不仅反映了公司的长期财务状况，也反映了公司管理当局的进取精神。

至于资产负债率为多少才合理并没有一个确定的标准。一般而言，处于高速成长时期的公司，其负债比率可能会高一些，这样所有者会得到更多的杠杆利益。

（2）股东权益比率。股东权益比率是股东权益与资产总额的比率，该比率反映公司资产中有多少是所有者投入的。其计算公式为：

$$股东权益比率=股东权益总额\div资产总额$$

股东权益比率与资产负债率之和等于1。因此，这两个比率是从不同的侧面来反映公司长期财务状况的。

另外，还有影响公司偿债能力的其他因素。

以下因素会增强公司的变现能力：

（1）可动用的银行贷款指标。银行已同意、公司未办理贷款手续的银行贷款限额，可以随时增加公司的现金，提高支付能力。

（2）准备很快变现的长期资产。由于某种原因，公司可以将一些长期资产很快出售变为现金，增强短期偿债能力。

（3）偿债能力的声誉。如果公司的长期偿债能力一贯很好，有一定的声誉，在短期偿债方面出现困难时，可以通过发行债券和股票的方法解决资金的短缺问题，提高短期偿债能力。这个增强变现能力的因素，取决于公司自身的信用声誉和当时的筹资环境。

以下因素会减弱公司的变现能力：

（1）或有负债。或有负债是公司在经济活动中有可能会发生的债务。或有负债不作为负债在资产负债表的负债类项目中进行反映，除了已贴现未到期的商业承兑汇票在资产负债表的附注中列示外，其他的或有负债在会计报表中均未得到反映。这些或有负债在资产负债表编制日还不能确定未来的结果如何，一旦将来成为公司现实的负债，则会对公司的财务状况产生重大影响，尤其是金额巨大的或有负债项目。

（2）担保责任。在经济活动中，公司可能会发生以本公司的资产为其他公司提供法律担保。这种担保责任，在被担保人没有履行合同时，有可能会成为公司的负债，但是，这种担保责任在会计报表中并未得到反映，因此在进行财务分析时，必须考虑到公司是否有巨额的法律担保责任。

（3）租赁活动。公司在生产经营活动中，可以通过财产租赁的方式解决急需的设备。财产租赁通常有两种形式：融资租赁和经营租赁。采用融资租赁方式，租入的固定资产作为公司的固定资产入账，租赁费用作为公司的长期负债入账，这在计算前面有关的财务比率中都已经计算在内。但是，经营租赁的资产，其租赁费用并未包含在负债之中，如果经营租赁的业务量较大、期限较长或者具有经常性，则其租金虽然不包含在负债之中，但对公司的偿债能力也会产生较大的影响。

3. 公司营运能力分析

公司的营运能力反映了公司资金的周转状况，对此进行分析，可以了解公司的营业状况及经营管理水平。公司的资金周转状况与供、产、销各个经营环节密切相关，在供、产、销各环节中，销售有着特殊的意义。我们可以通过产品销售情况与公司资金占用量来分析公司的资金周转状况，评价公司的营运能力。评价公司营运能力常用的财务比率有：存货周转率、应收账款周转率、流动资产周转率、固定资产周转率、总资产周转率等。

（1）存货周转率

存货周转率也称存货利用率，是公司一定时期（通常为1年）的销售成本与平均存货的比率。其计算公式为：

$$存货周转率=销售成本\div平均存货$$

存货周转率说明了一定时期内公司存货周转的次数，可以用来测定公司存货的变现速度，衡量公司的销售能力及存货是否过量。在正常情况下，如果公司经营顺利，存货周转率越高，说明存货周转得越快，公司的销售能力越强，营运资金占用在存货上越少。但是，存货周转率过高，也可能说明公司管理方面存在一些问题，如存货水平低，甚至经常缺货，或者采购次数过于频繁，批量太小等。存货周转率过低，常常是库存管理不力，销售状况不好，造成存货积压，说明公司在产品销售方面存在一定的问题，但也可能是公司调整了经营方针，因某种原因增大库存的结果。

存货周转状况也可以用存货周转天数来表示。其计算公式为：

$$存货周转天数=360\div存货周转率=（平均存货\times360\div销售成本）$$

（2）应收账款周转率

应收账款周转率是公司一定时期销售收入与平均应收账款的比率，它反映了公司应收账款的周转速度。其计算公式为：

$$应收账款周转率=销售收入\div平均应收账款$$

$$应收账款周转天数=360\div应收账款周转率=（平均应收账款\times360）\div销售收入$$

应收账款周转率是评价应收账款流动性大小的一个重要财务比率，它反映了公司在一个会计年度内应收账款的周转次数，可以用来分析公司应收账款的变现速度和管理效率。这一比率越高，说明公司催收账款的速度越快，可以减少坏账损失，而且资产的流动性强，公司的短期偿债能力也会增强。但是，如果应收账款周转率过高，可能是因为公司奉行了比较严格的信用政策、信用标准和付款条件过于苛刻的结果。这样会限制公司销售量的扩大，从而影响公司的盈利水平。这种情况往往表现为存货周转率同时偏低。如果公司的应收账款周转率低，说明公司催收账款的效率太低，或者信用政策十分宽松，这样会影响公司资金利用率和资金的正常周转。

（3）流动资产周转率

流动资产周转率是销售收入与平均流动资产总额的比率，它反映的是全部流动资产的利用效率。其计算公式为：

$$流动资产周转率 = 销售收入 \div 平均流动资产总额$$

流动资产周转率表明在一个会计年度内公司流动资产周转的次数，它反映了流动资产周转的速度。该指标越高，说明公司流动资产的利用率越好。但是，究竟流动资产周转率为多少才算好，并没有一个确定的标准。通常分析流动资产周转率应比较公司历年的数据并结合行业特点。

（4）固定资产周转率

固定资产周转率也称固定资产利用率，是公司销售收入与平均固定资产总额的比率。其计算公式为：

$$固定资产周转率 = 销售收入 \div 平均固定资产总额$$

这项比率主要用于分析厂房、设备等固定资产的利用效率，该比率越高，说明固定资产的利用率越高，管理水平越好。如果固定资产周转率与同行业平均水平相比偏低，说明公司的生产效率较低，可能会影响公司的获利能力。

（5）总资产周转率

总资产周转率也称总资产利用率，是公司销售收入与平均资产总额的比率。其计算公式为：

$$总资产周转率 = 销售收入 \div 平均资产总额$$

总资产周转率可用来分析公司全部资产的使用效率。如果这个比率低，说明公司利用资产进行经营的效率较差，会影响公司的获利能力，公司应该采取措施提高销售收入或处置资产，以提高总资产利用率。

4. 公司获利能力分析

获利能力是指公司赚取利润的能力。获利能力分析是公司财务分析的重要组成部分，也是评价公司经营管理水平的重要依据。对公司获利能力进行分析，一般只分析公司正常经营活动的获利能力，不涉及非正常的经营活动。评价公司获利能力的财务比率主要有：资产报酬率、股东权益报酬率、销售毛利率、销售净利率等，对于股份有限公司，还应分析每股利润、每股现金流量、每股股利、股利发放率、每股净资产、市盈率等。以下对资产报酬率、股东权益报酬率、销售净利率进行分析。

（1）资产报酬率

资产报酬率也称资产收益率、资产利润率或投资报酬率，是公司在一定时期内的净利润与平均资产总额的比率。其计算公式为：

$$资产报酬率=（净利润\div平均资产总额）\times100\%$$

资产报酬率主要用来衡量公司利用资产获取利润的能力，它反映了公司总资产的利用效率。这一比率越高，说明公司的获利能力越强。

（2）股东权益报酬率

股东权益报酬率也称净资产收益率、净值报酬率或所有者权益报酬率，它是一定时期公司的净利润与平均股东权益总额的比率。其计算公式为：

$$净资产收益率=（净利润\div平均股东权益总额）\times100\%$$

股东权益报酬率反映了公司股东获取投资报酬的高低。该比率越高，说明公司的获利能力越强。

（3）销售净利率。销售净利率是公司净利润与销售收入净额的比率。计算公式为：

$$销售净利率=（净利润\div销售收入）\times100\%$$

销售净利率说明了公司净利润占销售收入的比例，它可以评价公司通过销售赚取利润的能力。销售净利率表明公司每元销售收入可实现的净利润是多少。该比率越高，公司通过扩大销售获取收益的能力越强。评价公司的销售净利率时，应比较公司历年的指标，从而判断公司销售净利率的变化趋势。但是，销售净利率受行业特点影响较大，因此，还应该结合不同行业的具体情况进行分析。

5. 投资收益分析

（1）每股收益

每股收益，是股份公司税后利润分析的一个重要指标。每股收益是税后净利润扣除优先股股利后的余额，除以发行在外的年末普通股股数。其计算公式为：

$$每股收益=（税后净利润-优先股股利）\div发行在外的年末普通股股数$$

每股收益反映股份公司获利能力的大小。每股收益越高，说明股份公司的获利能力越强。

（2）股利发放率

股利发放率也称股利支付率，是普通股每股股利与每股利润的比率。它表明股份公司的净收益中有多少用于股利的分派。其计算公式为：

$$股利支付率=（每股股利\div每股利润）\times100\%$$

股利发放率主要取决于公司的股利政策，一般而言，如果一个公司的现金量比较充裕，并且目前没有更好的投资项目，则可能倾向于发放现金股利；如果公司有投资项目，则可能会少发股利，而将资金用于投资。

（3）每股净资产

每股净资产也称每股账面价值，是年末净资产除以发行在外的普通股股数。其计算公式为：

每股净资产 = 年末净资产 ÷ 发行在外的年末普通股股数

每股净资产并没有一个确定的标准，但是，投资者可以分析比较公司历年的每股净资产的变动趋势，来了解公司的发展趋势和获利能力。

（4）市盈率

市盈率也称价值盈余比率或价值与收益比率，是指普通股每股市价与每股利润的比率。其计算公式为：

市盈率 = 每股市价 ÷ 每股利润

市盈率是反映股份公司获利能力的一个重要财务比率，这一比率是投资者作出投资决策的重要参考因素之一。一般来说，市盈率高，说明投资者对该公司的发展前景看好，愿意以比较高的价格购买该公司股票，所以一些成长性较好的高科技公司股票的市盈率通常要高一些。但是也应注意：如果某种股票的市盈率过高，则意味着这种股票具有较高的投资风险；传统行业的市盈率普遍较低，这并不说明后者的股票没有投资价值；在每股收益很小或亏损时，由于市价不至于降为零，公司的市盈率会很高，如此情形下的高市盈率不能说明任何问题；市盈率的高低受市价的影响，观察市盈率的长期趋势很重要。

本章小结

1. 证券投资的基本分析，是指根据经济学、金融学、财务管理以及投资学等基本原理，对决定证券价值及价格的基本要素进行分析，以评估证券的投资价值。其理论基础是股票存在着内在价值，该价值由股票的收益和风险所决定并且是股票价格波动的稳固基础。基本分析法一般包括宏观经济分析、行业分析和上市公司分析三部分。

2. 证券投资的宏观经济分析主要是分析各种宏观基本因素对证券投资的影响。这些宏观基本因素包括宏观经济分析概述、宏观经济运行分析、宏观经济政策分析方面。国际宏观经济运行包括国际政治经济关系分析和国际金融市场环境分析；国内宏观经济运行分析包括对国内生产总值、经济周期、失业率、通胀通缩、利率等方面的分析；宏观经济政策分析包括财政政策、货币政策、收入政策的分析。

3. 行业分析主要是揭示行业本身所处的发展阶段及在国民经济中的地位，分析影响行业发展的各种因素及力度，判断行业未来的发展趋势及投资价值，提示行业投资风险。行业分析是对上市公司进行分析的前提，也是连接宏观经济分析和上市公司分析的桥梁，是基本分析的重要环节。

4. 行业按其企业数量的多少、进入限制的程度和产品差别，可以分为四种市场结构：完全竞争、垄断竞争、寡头垄断和完全垄断。根据行业与宏观经济周期变动的关系，行业分为三类：增长型、周期型、防守型。每个行业都要经历一个由成长到衰退的发展演变过程，通常行业的生命周期可分为初创期、成长期、成熟期和衰退期四个阶段。

5. 上市公司分析，主要是用公司的历年资料对其竞争能力、经营管理能力、财务状况及潜在风险等因素进行分析，借此评估其投资价值。对于长期的证券投资是否能取得收益，归根结底取决于公司业绩，因而公司分析是基本分析的重点。公司分析主要包括公司基本分析、公司财务分析两个方面，公司财务分析是公司分析的重点。

同步练习

【案例分析】

又一上市公司破产，股票退市已成定局？而此时，2.46 万股民遭殃

近日，在 A 股市场就有那么一家上市公司，因为破产的原因，从而导致股票可能存在被暂停上市，这家上市公司就是“天翔环境（1.490，0.00，0.00%）（维权）”，公司的主营业务与环保有关，如今公司的股票进入了跌停当中，股价只剩下 3 元左右。

但是，值得注意的是，公司是在 2014 年上市的，至 2018 年为止上市的时间高达 5 年，对 A 股市场而言，上市仅 5 年就被退市的股票可谓是寥寥无几，而公司现在就存在这种情况。

先来看看公司上市五年的财务数据如何。2014 年到 2018 年这五年的时间，公司的净利润分别达到了 3 327 万元，4 739 万元，1.27 亿元，6 532 万元，亏损 17.44 亿元。

可以看到的是，公司上市前 4 年，净利润还是处于盈利状态的，一共盈利了不到 3 亿元，但是到了 2018 年的时候，公司一下子就亏损了 17.44 亿元，这个亏损的数据，直接就把公司上市以来所有的利润都亏进去了。

也就是说，公司自上市以来，没赚到钱还不说，还倒亏进去 14 多亿，这到底是怎么一回事呢？而就在近日，公司也发布了一则公告，公告的内容则是“关于公司的股票存在被暂停上市或者终止上市的风险提示”。

之所以会存在被暂停上市，或者终止上市这种情况，主要有以下几个方面的原因，首先，公司去年的年报被会计师事务所出具了无法表达意见的审计意见。主要涉及的事项包括，第一，公司的管理层很难就公司破产重整作出合理化的判断，第二，

会计师无法对公司的控股股东非法占用公司资金是否能全部收回作出合理性的判断，第三，公司应收账款和应付账款方面能否回收等方面的原因。

其次，公司在前段时间公布了2019年第一季度的财报，而2019年第一季度的财报显示，公司现在的净资产正处于负数，净资产为负的2 200多万元，也就是说，公司正处于资不抵债的边缘，而公司此时的负债率也高达99.81%。

而根据相关的规定，最近一个年度的财务会计报告显示当年年末经过审计后的净资产为负数的话，那么深交所就可以对其股票进行暂停上市的处理。

现在，公司的净资产已经为负，如果到2020年公布公司2019年的财报当中公司的净资产继续为负数的话，那么公司的股票就要面临被暂停上市的可能。

况且，现在公司正处于破产重组的阶段，公司的控股股东非法占用公司经营性的资金数额比较大，同时非法对外担保的金额也巨大，因此，导致公司想要逆转负的净资产是不容易的一件事情。

根据数据显示，公司的控股股东占用公司的资金高达24亿元上下，而此时，公司的市值也不过只有17亿元而已，不仅如此，公司目前累计未能清偿的债务金额也高达24.4亿元，占到了公司最新一期经过审计后的净资产的18倍之多。足见，如今公司的负债是多么的严重。

而导致公司在去年亏损那么多的根本原因，是因为公司对旗下的应收账款、其他应收账款、商誉等资产进行了计提，从而导致公司去年亏损14亿元。

（资料来源，新浪财经，2019年06月05日。）

分析：

（1）按证券投资基本分析理论，股票的价值由什么来决定？

（2）对于案例中该公司的净利润发生的变化，从财务角度来分析该公司具不具有投资价值？

（3）分析该股票存在被暂停上市或者终止上市的原因是什么？

第八章　证券投资技术分析理论与方法

【学习目标】

- 了解技术分析的基本原则；
- 理解技术分析方法的原理；
- 掌握技术分析方法的各种运用。

【关键术语】

道氏理论　指标分析法　切线分析法　形态分析法　K线分析法　波浪分析法

【引例】

证券投资技术分析大师

威廉·江恩（William D. Gann）——二十世纪最著名的投资家。在股票市场上的骄人成绩至今无人可比。

江恩于1878年6月6日出生于美国德克萨斯州的路芙根市（Lufkin Texas），父母是爱尔兰裔移民。在其投资生涯中，成功率高达80%～90%，他用小钱赚取了巨大的财富，在其53年的投资生涯中共从市场上取得超过3.5亿美元的纯利。

1902年，江恩在24岁时，第一次入市买卖棉花期货。

1906年，江恩到俄克拉荷马当经纪人，既为自己炒股，亦管理客户。

在1908年，江恩30岁时，他移居纽约，成立了自己的经纪业务。同年8月8日，发展了他最重要的市场趋势预测方法，名为“控制时间因素”。经过多次准确预测后，江恩声名大噪。

据江恩一位朋友基利的回述：“1909年夏季，江恩预测9月小麦期权将会见1.20美元。可是，到9月30日芝加哥时间十二时，该期权仍然在1.08美元之下徘徊，江恩的预测眼看就要落空。江恩说：‘如果今日收市时不见1.20美元，将表示我整套分析方法都有错误。不管现在是什么价，小麦一定要见1.20美元。’结果，在收市前一小时，小麦冲上1.20美元，震动整个市场，该合约不偏不倚，正好在1.20美元收市。”

江恩的事业高峰期，他共聘用二十五人，为他制作各种分析图表及进行各类市场走势研究，并成立两间走势研究公司：江恩科学服务公司及江恩研究公司，出版多种投资通信。在他每年出版的全年走势预测中，他清楚地绘制出在什么时间见什么价位的预测走势图，准确性甚高。

江恩运用天文学、数学、几何学等方面的知识创立了独特的技术分析理论。其中包括波动法则、周期理论、江恩角度线、江恩四方形、江恩六角形等等。江恩坚信股市期市存在着宇宙中的自然法则。股价运动方式不是杂乱无章的，而是可以预测的。每一种股票都拥有一个独特的波动率，它主宰着市场价位的升跌。他还认为，时间是决定市场走势的最重要因素，历史确实重复发生，你了解过去，便可以预测将来。正如《圣经》所说：“阳光之下没有新的东西。”江恩对技术理论的主要贡献是：对时间循环周期做了深入的研究，揭示了股市是按照某种数学比例关系与时间循环周期运作的，并阐明了价格与时间之间的关系，还把测试系统与操作系统区别对待。在江恩理论中，时间周期是第一位的，其次是比例关系，再次才是形态。

第一节　证券投资技术分析概述

一、技术分析的含义

（一）技术分析的定义

技术分析是通过对市场过去和现在的行为，运用一系列方法进行归纳和总结，概括出一些典型的行为，并据此预测证券市场的未来变化。其特征表现在如下方面：

（1）运用历史资料进行分析，主要采用的数据是成交价和成交量。它认为这些数据昭示了市场未来变化的某个方面。

（2）大量采用统计指标和图形方法。历史资料毕竟是零乱的，并带有一定的随机成分，通过一定方法对历史资料进行加工，可使其中揭示未来的成分更加显著。

（3）许多技术分析方法包含着对人们心理活动的定量分析。

（二）技术分析与基本分析的区别

技术分析和基本分析的主要区别是：

（1）分析的对象不同，技术分析是对股票价格变动趋势的分析，其目的是预测股价变动的方向和幅度；基本分析是对股票价值的分析，其目的是判断股票价格相对于价值的高低。

（2）分析依据不同，技术分析是根据历史资料分析股票价格的未来变化，有人曾讥讽技术分析是看着后视镜往前开车；基本分析是根据预期股息和贴现率决定股票的价值。

（3）分析侧重点不同，技术分析侧重于短期分析和个股分析；基本分析着重于长期分析和大势分析。

二、技术分析的四大要素

证券市场中技术分析的四大要素是证券价格、成交量、证券价格变动的时间和空间跨度。这几个因素的具体情况和相互关系是进行正确分析的基础。

1. 量价关系分析

市场行为最基本的表现就是成交价和成交量。过去和现在的成交价、成交量涵盖了过去和现在的市场行为。技术分析就是利用过去和现在的成交量、成交价资料，以图形和指标分析工具来分析、预测未来的市场走势。在某一时点上的价和量反映的是买卖双方在这一时点上共同的市场行为，是双方的暂时均势点。随着时间的变化，均势会不断发生变化，这就是价量关系的变化。一般来说，买卖双方对价格的认同程度通过成交量的大小得到确认。认同程度小，分歧大，成交量小；认同程度大，分歧小，成交量大。双方的这种市场行为反映在价、量上就往往呈现出这样一种趋势规律：价升量增，价跌量减。根据这一趋势规律，当价格上升时，成交量不再增加，意味着价格得不到买方确认，价格的上升趋势将会改变；反之，当价格下跌时，成交量萎缩到一定程度就不再萎缩，意味着卖方不再认同价格继续往下降了，价格下跌趋势将会改变。成交价、成交量的这种规律关系是技术分析的合理性所在，因此，价、量是技术分析的基本要素，一切技术分析方法都是以价、量关系为研究对象的，目的就是分析、预测未来的价格趋势，为投资决策提供服务。

2. 时空分析

在进行行情判断时，时间有着很重要的作用。一个已经形成的趋势在短时间内不会发生根本改变，中途出现的反方向波动，对原来趋势不会产生大的影响。一个形成了的趋势又不可能永远不变，经过了一定时间又会有新的趋势出现。循环周期理论着重关心的就是时间因素，它强调了时间的重要性。

从某种意义上讲，波动空间可以认为是价格的一方面，指的是价格波动能够达到的极限。

简单来说，技术分析可以归结为价、量、时间、空间之间关系的分析。

三、技术分析的理论基础——道氏理论

（一）形成过程

道氏理论是技术分析的理论基础，许多技术分析方法的基本思想都来自道氏理论。该理论的创始人是美国人查尔斯·亨利·道。为了反映市场总体趋势，他与爱德华·琼斯创立了著名的道琼斯平均指数。他们在《华尔街日报》上发表的有关证券市场的文章，经后人整理，成为我们今天看到的道氏理论。

（二）主要原理

1. 市场价格平均指数可以解释和反映市场的大部分行为

这是道氏理论对证券市场的重大贡献。道氏理论认为收盘价是最重要的价格，并利用收盘价计算平均价格指数。目前，世界上所有的证券交易所计算价格指数的方法大同小异，都源于道氏理论。此外，他还提出平均价格涵盖一切信息的假设。目前，这仍是技术分析的一个基本假设。

2. 市场波动具有某种趋势

道氏理论认为，价格的波动尽管表现形式不同，但是，最终可以将它们分为三种趋势：主要趋势（primary trend）、次要趋势（secondary trend）和短暂趋势（near term trend）。主要趋势是那些持续 1 年或 1 年以上的趋势，看起来像大潮；次要趋势

是那些持续 3 周 ～ 3 个月的趋势，看起来像波浪，是对主要趋势的调整；短暂趋势持续时间不超过 3 周，看起来像波纹，其波动幅度更小。

3. 主要趋势有三个阶段（以上升趋势为例）

第一个阶段为累积阶段。该阶段中，股价处于横向盘整时期。在这一阶段，聪明的投资者在得到信息并进行分析的基础上开始买入股票。

第二个阶段为上涨阶段。在这一阶段，更多的投资者根据财经信息并加以分析，开始参与股市。尽管趋势是上升的，但也存在股价修正和回落的情况。

第三个阶段为市场价格达到顶峰后出现的又一个累积期。在这一阶段，市场信息变得更加为众人所知，市场活动更为频繁。第三个阶段结束的标志是下降趋势，并又回到累积期。

4. 两种平均价格指数必须相互加强

道氏理论认为，工业平均指数和运输业平均指数必须在同一方向上运行才可确认某一市场趋势的形成。

5. 趋势必须得到交易量的确认

在确定趋势时，交易量是重要的附加信息，交易量应在主要趋势的方向上放大。

6. 一个趋势形成后将持续，直到趋势出现明显的反转信号

这是趋势分析的基础。然而，确定趋势的反转却不太容易。

四、技术分析的方法

在价、量历史资料基础上进行的统计、数学计算、绘制图表是技术分析方法的主要手段。从这个意义上讲，技术分析方法种类繁多，形式多样。一般来说，可以将技术分析方法分为如下常用的五类：

（一）指标分析法

指标分析法是根据价、量的历史资料，通过建立一个数学模型，给出数学上的计算公式，得到一个体现证券市场的某个方面内在实质的指标值。指标反映的内容大多是无法从行情报表中直接看到的，它可为我们的操作行为提供指导方向。常见的指标有相对强弱指标（RSI）、随机指标（KDJ）、趋向指标（DMI）、平滑异同移动平均线（MACD）、能量潮（OBV）、心理线（PSY）、乖离率（BIAS）等。关于技术指标分析法，在下一章会详细进行讲解。

（二）切线分析法

切线分析法是按一定方法和原则，在根据股票价格数据所绘制的图表中画出一些直线，然后根据这些直线的情况推测股票价格的未来趋势，为我们的操作行为提供参考。这些直线就叫切线。切线的画法最为重要，画得好坏直接影响预测的结果。常见的切线有趋势线、轨道线、黄金分割线、甘氏线、角度线等。

（三）形态分析法

形态分析法是根据价格图表中过去一段时间走过的轨迹形态来预测股票价格未来趋势的方法。价格走过的形态是市场行为的重要部分，从价格轨迹的形态中，我们可

以推测出证券市场处在一个什么样的大环境之中，由此对今后的投资给予一定的指导。主要的形态有 M 头、W 底、头肩顶、头肩底等十几种。

（四）K 线分析法

K 线分析法是根据若干天的 K 线组合情况，推测证券市场中多空双方力量的对比，进而判断证券市场行情的方法。K 线图是进行各种技术分析的最重要的图表。人们经过不断总结经验，发现了一些对股票买卖有意义的 K 线组合，而且新的研究结果也在不断被发现、被运用。

（五）波浪分析法

波浪理论是把股价的上下变动和不同时期的持续上涨、下跌看成是波浪的上下起伏，认为股票的价格运动遵循波浪起伏的规律，数清楚了各个浪就能准确地预见到跌势已接近尾声，牛市即将来临；或是牛市已到了强弩之末，熊市即将来到。波浪分析法较之别的技术分析流派，最大的区别就是能提前很长时间预计到行情的底和顶，而别的流派往往要等到新的趋势已经确立之后波浪理论才能看到。但是，波浪分析法又是公认的较难掌握的技术分析方法。

以上五类技术分析法从不同的方面理解和考虑证券市场，有的有相当坚实的理论基础，有的没有很明确的理论基础。在操作上，有的注重长线，有的注重短线；有的注重价格的相对位置，有的注重绝对位置；有的注重时间，有的注重价格。尽管各类分析方法考虑的方式不同，但目的是相同的，彼此并不排斥，在使用上可相互借鉴。

五、技术分析方法应用时应注意的问题

技术分析作为一种证券投资分析工具，在应用时应该注意以下问题：

（一）技术分析必须与基本分析结合起来使用

从理论上看，技术分析法和基本分析法分析股价趋势的基本点是不同的。基本分析法的基点是事先分析，即在基本因素变动对证券市场发生影响之前，投资者已经在分析、判断市场的可能走势，从而做出顺势而为的买卖决策。但是基本分析法很大程度上依赖于经验判断，其对证券市场的影响力难以数量化、程式化，受投资者主观能力的制约较大。技术分析法的基点是事后分析，以历史预知未来，用数据、图形、统计方法来说明问题，不依赖于人的主观判断，一切都依赖于用已有资料做出客观结论。但未来不会简单重复过去，所以仅依靠过去和现在的数据预测未来并不可靠。因此，为了提高技术分析的可靠性，投资者只有将技术分析法与基本分析法结合起来进行分析，才能既保留技术分析的优点，又考虑基本因素的影响，从而提高预测的准确程度。

（二）多种技术分析方法综合研判

技术分析方法多种多样，但每一种方法都有其独特的优势和功能，也有不足和缺陷。没有任何一种方法能概括股价走势的全貌。实践证明，单独使用一种技术分析方法有相当大的局限性和盲目性，甚至会给出错误的买卖信号。为了减少失误，只有将多种技术分析方法结合运用，相互补充、相互印证，才能减少出错的机会，提高决策的准确性。

（三）理论与实践相结合

各种技术分析的理论和方法都是前人或别人在一定的特殊条件和特定环境下得到的。随着环境的变化，别人的成功方法自己在使用时却有可能失败。因此，在使用技术分析方法时，要注意掌握各种分析方法的精髓，并根据实际情况作适当的调整。同时，只有将各种方法应用于实际，并经过实践检验成功的方法才是好的方法。

第二节　K线分析法

K线又称日本线，起源于200多年前的日本。当时日本没有证券市场，K线只是用于米市交易。经过上百年的运用和变更，目前已经形成了一整套K线分析理论，在实际中得到了广泛应用，受到了证券市场、外汇市场以及期货市场等各类市场投资者的喜爱。

一、K线的画法和主要形状

（一）K线的画法

日K线是根据股价（指数）一天的走势中形成的四个价位，即：开盘价、收盘价、最高价、最低价绘制而成的。四个价格中，收盘价是最重要的，很多技术分析方法只关心收盘价，而不理会其余三个价格。人们在说到目前某只股票的价格时，说的往往是收盘价。

收盘价高于开盘价时，则开盘价在下，收盘价在上，两者之间的长方柱用红色或空心绘出，称之为阳线；其上影线的最高点为最高价，下影线的最低点为最低价，见图8－1阳线。

收盘价低于开盘价时，则开盘价在上，收盘价在下，两者之间的长方柱用黑色或实心绘出，称之为阴线，其上影线的最高点为最高价，下影线的最低点为最低价，见图8－1阴线。

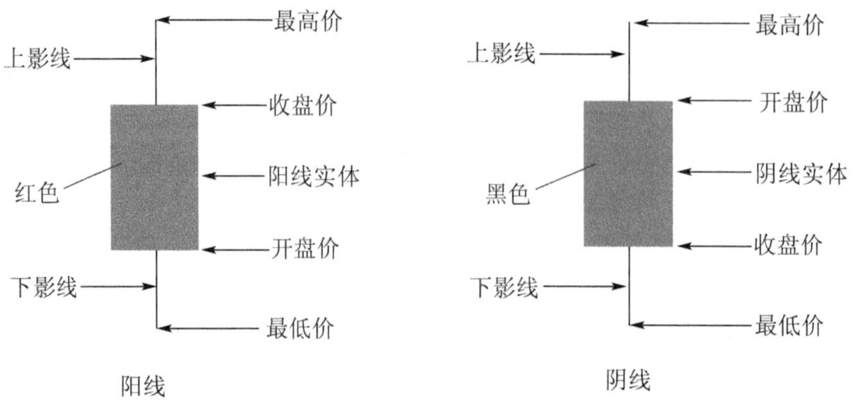

图8－1　K线的两种常见形状

根据 K 线的计算周期可将其分为日 K 线、周 K 线、月 K 线、年 K 线。周 K 线是指以周一的开盘价、周五的收盘价、全周最高价和全周最低价来画的 K 线图。月 K 线则以一个月的第一个交易日的开盘价，最后一个交易日的收盘价和全月最高价与全月最低价来画的 K 线图，同理可以推得年 K 线定义。周 K 线、月 K 线常用于研判中期行情。对于短线操作者来说，众多分析软件提供的 5 分钟 K 线、15 分钟 K 线、30 分钟 K 线和 60 分钟 K 线也具有重要的参考价值。

（二）K 线的主要形状

除了图 8－1 所画的 K 线形状外，由于四个价格的不同取值，还会产生其他形状的 K 线（见图 8－2），其中空心代表阴线实体，黑心代表阴线实体。

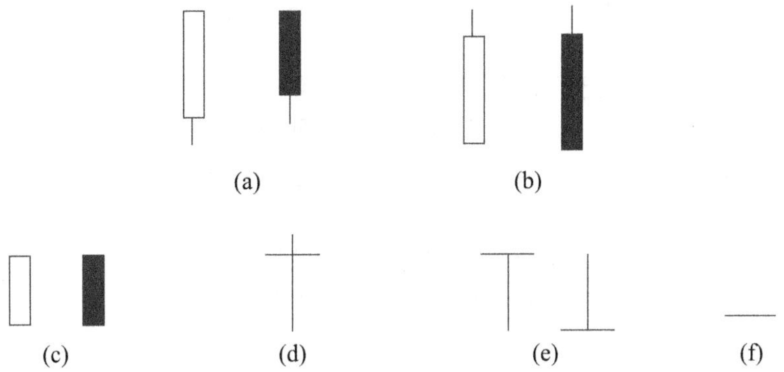

图 8－2　K 线的几种别的形状

光头阳线和光头阴线（见图 8－2a）。这是没有上影线的 K 线。当收盘价或开盘价正好与最高价相等时，就会出现这种 K 线。

光脚阳线和光脚阴线（见图 8－2b）。这是没有下影线的 K 线。当开盘价或收盘价正好与最低价相等时，就会出现这种 K 线。

光头光脚的阳线和阴线（见图 8－2c）。这种 K 线既没有上影线也没有下影线。当收盘价和开盘价分别与最高价和最低价中的某一个相等时，就会出现这种 K 线。

十字形（见图 8－2d）。当收盘价与开盘价相同时，就会出现这种 K 线，它的特点是没有实体。

T 字形和倒 T 字形（见图 8－2e）。当收盘价、开盘价和最高价三价相等时，就会出现 T 字形 K 线图；当收盘价、开盘价和最低价三价相等时，就会出现倒 T 字形 K 线图。它们没有实体，也没有上影线或者下影线。

一字形（见图 8－2f）。当收盘价、开盘价、最高价、最低价四个价格相等时，就会出现这种 K 线图。在存在涨跌停板制度时，当一只股票一开盘就封死在涨跌停板上，而且一天都不打开时，就会出现这种 K 线。同十字形和 T 字形 K 线一样，一字形 K 线同样没有实体。

二、K线的组合应用

K线图反映的是一段时间以来买卖双方实际战斗的结果。从中可以看到买卖双方争斗中力量的增减、风向的转变等。因此，熟悉这些K线组合对市场走势的分析至关重要。

（一）单根K线的应用

应用单根K线研判行情，主要从实体的长短、阴阳（其中空心代表阳线，黑心代表阴线），上下影线的长短以及实体的长短与上下影线长短之间的关系等几个方面进行。由于K线的类型很多，这里仅就几种具有典型意义的单根K线进行分析。

1. 大阳线实体和大阴线实体

（1）大阳线实体，见图8－3（左）。它是大幅低开高收的阳线，实体很长以至于可以忽略上下影线的存在。这种K线说明多方已经取得了决定性胜利，这是一种涨势的信号。如果这大长阳线出现在一段盘局的末端，它所包含的内容将更有说服力。

图8－3　大阳线与大阴线实体

（2）大阴线实体，见图8－3（右），含义正好同大阳线实体相反。这时，空方已取得优势地位，是一种跌势的信号。如果这条大阴线出现在一段上涨行情的末端，则行情下跌的可能性将很大。

2. 有上下影线的阳线和阴线

这是两种最为普遍的K线形状，说明多空双方争斗很激烈。双方一度都占据优势，把价格抬到最高价或压到最低价，但是，又都被对方顽强地拉回。阳线是到了收尾时多方才勉强占优势，阴线则是到收尾时空方勉强占优势。

根据开盘价与收盘价的波动范围，可将有上下影线的K线分为小阴星、小阳星，小阴线、小阳线，中阴线、中阳线和大阴线、大阳线等线型。它们一般的波动范围如图8－4所示。

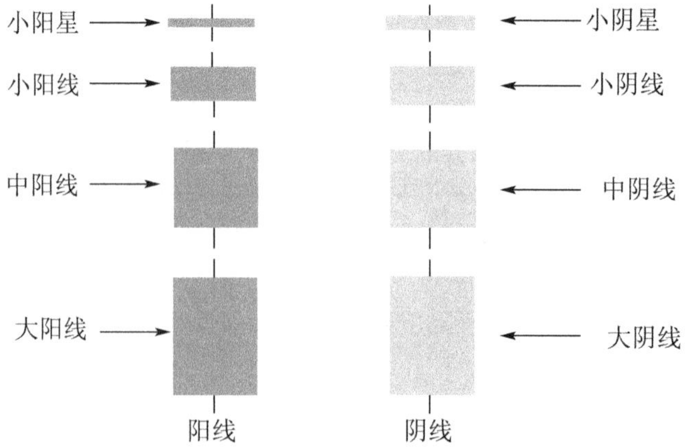

图8－4　波动范围分类

小阴星和小阳星的波动范围在0.5%左右；

小阴线和小阳线的波动范围一般在0.6%～1.5%；

中阴线和中阳线的波动范围一般在1.6%～3.5%；

大阴线和大阳线的波动范围在3.6%以上。

对多方与空方优势的衡量，主要依靠上下影线和实体的长度来确定。一般来说，上影线越长，下影线越短，阳线实体越短或阴线实体越长，越有利于空方占优；上影线越短，下影线越长，阴线实体越短或阳线实体越长，越有利于多方占优。上影线和下影线相比的结果，可以判断多方和空方的努力对比。上影线长于下影线，利于空方；下影线长于上影线，则利于多方。

3. 十字星

十字星的出现表明多空双方力量暂时平衡，使市势暂时失去方向，但却是一个值得警惕、随时可能改变趋势方向的K线图形。十字星分为两种，一种是大十字星，如图8－5a所示，它有很长的上下影线，表明多空双方争斗激烈，最后回到原处，后市往往有变化。另一种为小十字星，如图8－5b所示，它的上下影线较短，表明窄幅盘整，交易清淡。

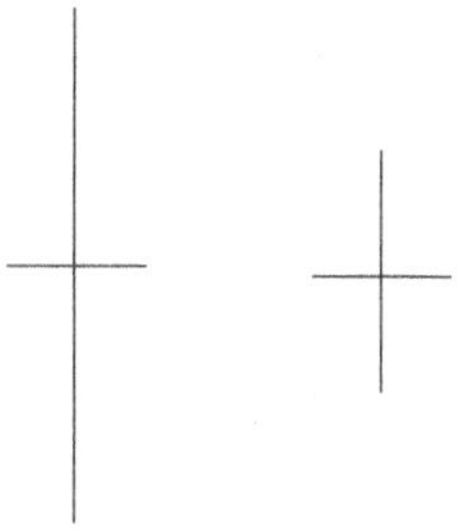

(a)　　(b)

图8－5　十字星

总之，应用一根K线进行分析时，多空双方力量的对比取决于影线的长短与实体的大小。一般来说，指向一个方向的影线越长，越不利于股价今后朝这个方向变动。阴线实体越长，越有利于下跌；阳线实体越长，越有利于上涨。另外，当上下影线相对实体较短时，可忽略影线的存在。

（二）由多根K线的组合推测行情

1. 两根K线组合的运用

K线组合的情况非常多，要综合考虑各根K线的阴阳、高低、上下影线的长短等。无论是两根K线、三根K线乃至多根K线，都是以各根K线的相对位置和阴阳来推测行情的。将前一天的K线画出，然后，将这根K线按数字划分成五个区域（见图8－6）。

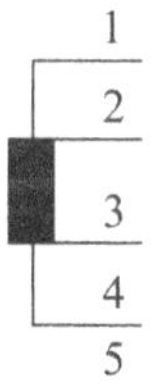

图8－6　K线区域划分

对于两根K线的组合来说，第二天的K线是进行行情判断的关键。简单地说，第二天多空双方争斗的区域越高，越有利于上涨；越低，越有利于下跌。也就是说，从区域1到区域5是多方力量减少、空方力量增加的过程。

例如，连续两阴两阳线的情况（见图8－7）。这是多空双方的一方已经取得决定性胜利，今后将以取胜的一方为主要运动方向。图8－7a是空方获胜。图8－7b是多方获胜。第二根K线实体越长，超出前一根K线越多，则取胜的一方优势越大。

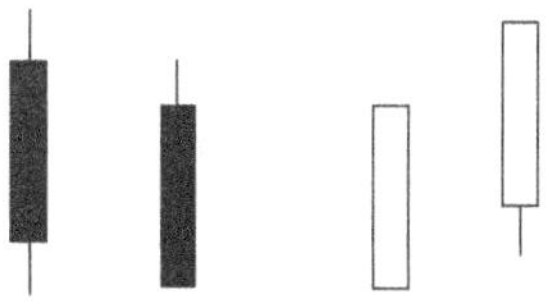

(a)　　(b)

图8－7　连续两阴两阳

总之，无论K线的组合多复杂，考虑问题的方式是相同的，都是由最后一根K线相对于前面K线的位置来判断多空双方的实力大小。由于三根K线组合比两根K线组合多了一根K线，获得的信息就多些，得出的结论相对于两根K线组合来讲要准确些，可信度更大些。也就是说，K线多的组合要比K线少的组合得出的结论可靠。

2. 常见的K线组合

属于顶部形态的K线组合见图8－8。

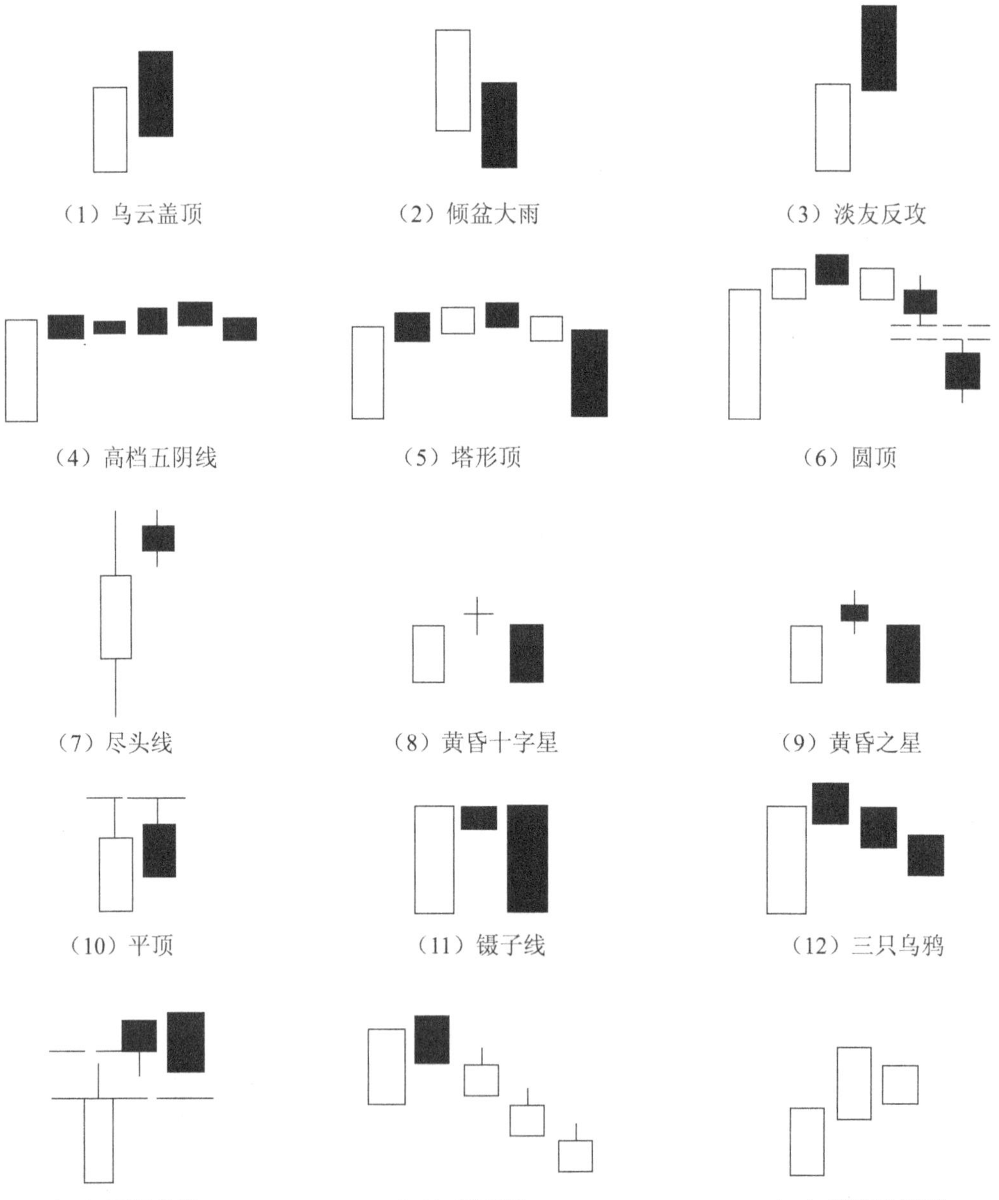

图8－8　属于顶部形态的K线组合

股票价格走势出现顶部的 K 线组合一般都是表现出阴包阳的特征，或者出现假阳。所谓阴包阳的走势，表现为阳线后面会出现一个或者几个阴线，将上涨过程中的阳线全部消耗殆尽。所谓假阳是指当日虽然是阳线，但是当日开盘价要低于前日的开盘价，甚至收盘价也低于前日，如图 8 - 8 中的（15）阳线跛脚形的最后一根阳线。

属于底部形态的 K 线组合见图 8 - 9。

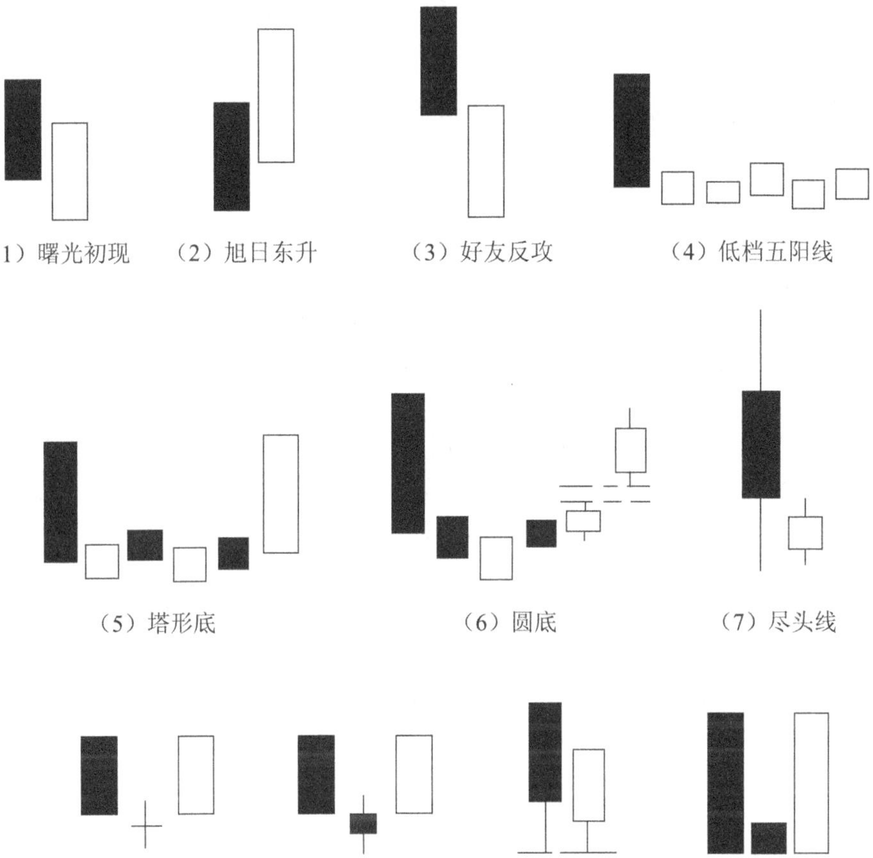

（1）曙光初现　（2）旭日东升　（3）好友反攻　（4）低档五阳线

（5）塔形底　（6）圆底　（7）尽头线

（8）早晨十字星　（9）早晨之星　（10）平底　（11）镊子线

图 8 - 9　属于底部形态的 K 线组合

股票价格走势出现顶部的 K 线组合一般都表现出阳包阴的特征，即在股价底部出现几根连续上升的小阳线或者直接接一根大阳线，将之前的跌幅弥补回来。

三、应用 K 线组合应注意的问题

无论是一根 K 线，还是两根、三根甚至更多根 K 线，都是对多空双方争斗的一个描述，由它们的组合得到的结论都是相对的，不是绝对的。对股票投资者而言，结论只是起一种建议作用。

在应用时，有时会发现运用不同种类的组合会得到不同的结论。有时应用一种组合得到明天会下跌的结论，但是次日股价没有下跌，反而上涨。避免这种情况发生的一个重要原则是尽量使用根数多的 K 线组合的结论，并将新的 K 线加进来重新进行分析判断。一般来说，多根 K 线组合得到的结果不大容易与事实相反。

第三节　切线分析法

证券市场有顺应潮流的问题。“顺势而为，不逆势而动”，已经成为投资者的共识。

一、趋势概述

股价变动有一定的趋势，在长期上涨或下跌的趋势中，会有短暂的盘旋或调整，投资者应把握长期趋势，不为暂时的回调和反弹所迷惑；同时，也应及时把握大势的反转。切线理论就是帮助投资者识别大势变动方向的较为实用的方法。

1. 趋势的含义

趋势是指股票价格的波动方向。若确定了一段上升或下降的趋势，则股价的波动必然朝着这个方向运动。上升的行情中，虽然有时会下降，但不影响上升的大方向；同样，下降行情中也可能上升，但不断出现的新低使下降趋势不变。

一般来说，市场变动不是朝一个方向直来直去，中间肯定要有曲折，从图形上看就是一条曲折蜿蜒的折线，每个折点处就形成一个峰或谷。由这些峰和谷的相对高度，我们可以看出趋势的方向。

技术分析的三大假设中的第二条明确说明价格的变化是有趋势的，没有特别的理由，价格将沿着这个趋势继续运动。这一点就说明趋势这个概念在技术分析中的重要地位。

2. 趋势的方向

（1）上升方向。如果图形中每个后面的峰和谷都高于前面的峰和谷，则趋势就是上升方向。这就是常说的一底比一底高或底部抬高，如图 8－10a 所示。

（2）下降方向。如果图形中每个后面的峰和谷都低于前面的峰和谷，则趋势就是下降方向。这就是常说的一顶比一顶低或顶部降低，如图 8－10b 所示。

（3）水平方向（无趋势方向）。如果图形中后面的峰和谷与前面的峰和谷相比，没有明显的高低之分，几乎呈水平延伸，这时的趋势就是水平方向，如图 8－10c 所示。水平方向趋势是被大多数人忽视的一种方向，这种方向在市场上出现的机会是相当多的。就水平方向本身而言，也是极为重要的。大多数的技术分析方法，在对处于水平方向的市场进行分析时，都容易出错，或者说作用不大。这是因为这时的市场正处在供需平衡的状态，股价下一步朝哪个方向走没有规律可循，可以向上也可以向下，而对这样的对象去预测它朝何方运动是极为困难的，也是不明智的。

图 8－10　趋势的三种方向

二、支撑线和压力线

（一）支撑线和压力线的含义与画法

1. 支撑线和压力线的含义

支撑线又称为抵抗线，是指当股价下跌到某个价位附近时，会出现买方增加、卖方减少的情况，从而使股价停止下跌，甚至有可能回升。支撑线起阻止股价继续下跌的作用。这个起着阻止股价继续下跌的价位就是支撑线所在的位置。

压力线又称为阻力线，是指当股价上涨到某价位附近时，会出现卖方增加、买方减少的情况，股价会停止上涨，甚至回落。压力线起阻止股价继续上升的作用。这个起着阻止股价继续上升的价位就是压力线所在的位置。

在某一价位附近之所以形成对股价运动的支撑和压力，主要由投资者的筹码分布、持有成本以及投资者的心理因素所决定。当股价下跌到投资者（特别是机构投资者）的持仓成本价位附近，或股价从较高的价位下跌一定程度（如 50%），或股价下跌到过去的最低价位区域时，都会导致买方大量增加买盘，使股价在该价位站稳，从而对股价形成支撑。当股价上升到某一历史成交密集区，或当股价从较低的价位上升一定程度，或上升到过去的最高价位区域时，会导致大量解套盘和获利盘的抛出，从而对股价的进一步上升形成压力。

2. 支撑线和压力线的画法

连接一段时间内价格波动的高点或低点可画出一条趋势线。在上升趋势中，将两个低点连成一条直线，就得到上升趋势线；在下降趋势中，将两个高点连成一条直线，就得到下降趋势线。同理，将两个或两个以上一段时间内价格波动的低点连成直线形成支撑线，将两个或两个以上一段时间内价格波动的高点连成直线形成压力线，如图 8－11 所示。一般来说，在上升趋势中或者下降趋势中会存在不止一个高点或低点，而支撑线选择的低点最有意义的是反转的低点，压力线的高点也是如此。

支撑线和压力线有许多条，最重要的是最原始的支撑线和压力线。它决定了价格波动的主要趋势，有着极其重要的意义。原始趋势的最低点是由下跌行情转为上升行情之最低点，至少在 1 年中此价位没有再出现，例如 1999 年 12 月 29 日沪市的 1 341 点。原始趋势的最高点是上升行情转为下跌行情之最高点，同样至少在 1 年中此价位没有再出现，例如 2001 年 6 月 14 日沪市的 2 245 点。

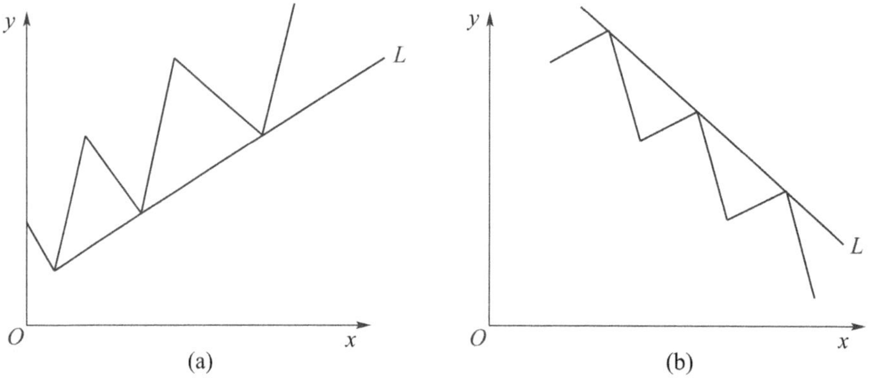

图 8-11　支撑线和压力线

（二）支撑线和压力线的作用

如前所述，支撑线和压力线的作用是阻止或暂时阻止股价朝一个方向继续运动。我们知道股价的变动是有趋势的，要维持这种趋势，保持原来的变动方向，就必须冲破阻止其继续向前的障碍。比如说，要维持下跌行情，就必须突破支撑线的阻力和干扰，创造出新的低点；要维持上升行情，就必须突破上升压力线的阻力和干扰，创造出新的高点。由此可见，支撑线和压力线有被突破的可能，它们不足以长久地阻止股价保持原来的变动方向，只不过是暂时停顿而已（见图 8-12）。

同时，支撑线和压力线又有彻底阻止股价按原方向变动的可能。当一个趋势终结了，它就不可能创出新的低价或新的高价，这时的支撑线和压力线就显得异常重要。

在上升趋势中，如果下一次未创新高，即未突破压力线，这个上升趋势就已经处在很关键的位置了。如果往后的股价又向下突破了这个上升趋势的支撑线，这就发出了一个很强烈的趋势有变的警告信号。这通常意味着这一轮上升趋势已经结束，下一步的走向将是下跌趋势。

同样，在下降趋势中，如果下一次未创新低，即未突破支撑线，这个下降趋势就已经处于很关键的位置。如果下一步股价向上突破了这次下降趋势的压力线，这就发出了这个下降趋势将要结束的强烈信号，股价的下一步将是上升的趋势（见图 8-13）。

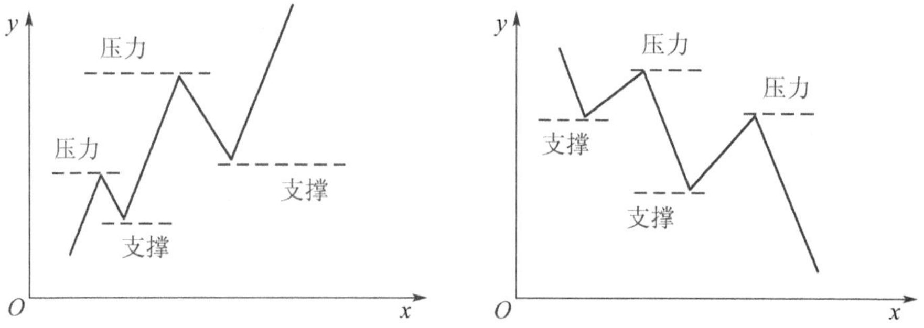

图 8-12　支撑线和压力线

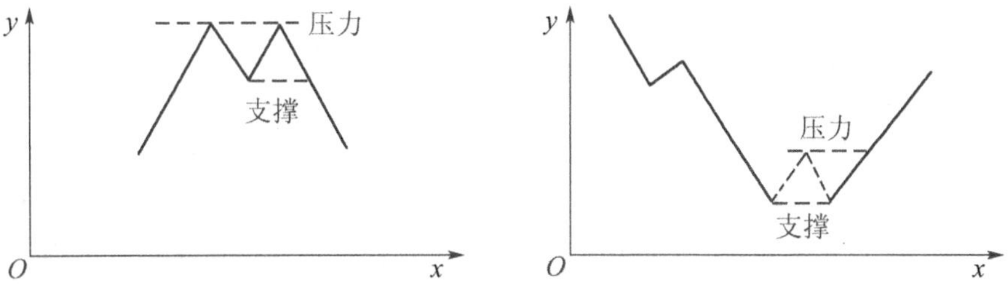

图 8－13　支撑线和压力线

（三）支撑线和压力线的相互转化

支撑线和压力线之所以能起支撑和压力作用，两者之间之所以能相互转化，很大程度上受心理因素方面的影响，这也是支撑线和压力线理论上的依据。

证券市场中主要有三种投资者：多头、空头和旁观者。旁观者又可分为持股者和持币者。假设股价在一个区域停留了一段时间后突破压力区域开始向上移动，在此区域买入股票的多头们肯定认为自己是对的，并对自己没有多买入些股票而感到后悔。在该区域卖出股票的空头们这时也认识到自己弄错了，他们希望股价再跌回他们卖出的价位时，将他们原来卖出的股票补回来。而旁观者中的持股者的心情和多头相似，持币者的心情同空头相似。无论哪一种投资者，都有买入股票成为多头的愿望。这样，原来的压力线就被突破转化为支撑线。

正是由于投资者决定要在下一个买入的时机买入，因此股价稍一回落就会受到大家的关注，他们会或早或晚地进入股市买入股票，这就使价格根本还未下降到原来的位置，新的买进大军自然又会把价格推上去，使该区域成为支撑区。在该支撑区发生的交易越多，就说明很多的投资者在这个支撑区有切身利益，这个支撑区就越重要。

以上的分析过程对于压力线也同样适用，只不过结论正好相反。

可见，一条支撑线如果被跌破，那么这一支撑线将成为压力线；同理，一条压力线被突破，这个压力线将成为支撑线。这说明支撑线和压力线的地位不是一成不变的，而是可以改变的，条件是它被有效的、足够强大的股价变动而突破（见图 8－14）。

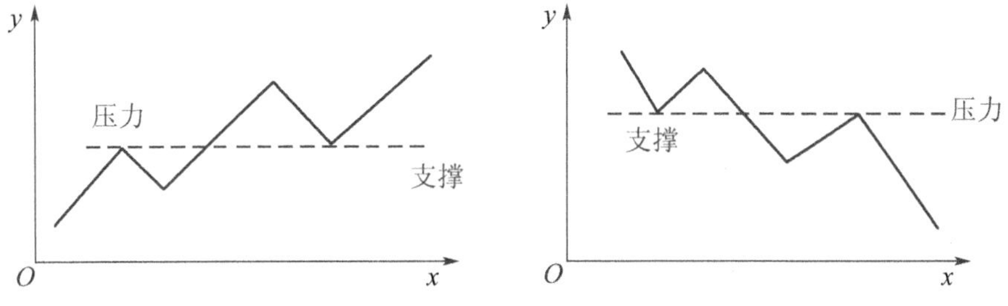

图 8－14　支撑线和压力线的转化

有效突破的参考依据有：

（1）突破必须是收盘价的突破。以收盘价来定突破是否有效，比当日内的最高或最低价突破趋势线，要准确得多。

（2）突破幅度必须在3%以上。这一原则主要用于中长期趋势线突破的甄别上。即突破后，距离趋势线越远，则标志这突破越有效。其基本点是收盘价突破趋势线的幅度要达到3%，只有达到这一标准，才算突破有效，其他现象都是假突破！

（3）向上突破需要成交量的配合，向下则不必。向上突破一般需要成交量的支撑，所谓价涨量增，反映出投资者对该股股价的看涨热情。而向下突破，反映的是看淡行情，无量下行并不能阻止股价继续下跌。

（4）突破时间至少要连续三天以上。股价突破中长期趋势线后，必须经过时间的验证，标准是在趋势线之上连续站稳三天（反之亦然）。突破趋势线以后，在趋势线的另一方停留的时间越长，突破越具有效力！

（四）支撑线和压力线的确认和修正

如前所述，每一条支撑线和压力线的确认都是人为进行的，主要是根据股价变动所画出的图表，这里面有很大的人为因素。

一般来说，一条支撑线或压力线对当前影响的重要性有三个方面的考虑：一是股价在这个区域停留时间的长短；二是股价在这个区域伴随的成交量大小；三是这个支撑区域或压力区域发生的时间距离当前这个时期的远近。显然，股价停留的时间越长，伴随的成交量越大，离现在越近，则这个支撑或压力区域对当前的影响就越大；反之就越小。

上述三个方面是确认一条支撑线或压力线的重要识别手段。有时，由于股价的变动，会发现原来确认的支撑线或压力线可能不真正具有支撑或压力的作用，比如说不完全符合上面所述的三个条件，这时就有一个对支撑线和压力线进行调整的问题，这就是支撑线和压力线的修正。

对支撑线和压力线的修正过程其实是对现有各个支撑线和压力线重要性的确认。

每条支撑线和压力线在人们心目中的地位是不同的。股价到了这个区域，投资者心里清楚，它很有可能被突破；而到了另一个区域，投资者心里明白，它就不容易被突破。这为进行买卖提供了一些依据，不至于仅凭直觉进行买卖决策。

三、趋势线和轨道线

（一）趋势线

1. 趋势线的含义

由于证券价格变化的趋势是有方向的，因而可以用直线将这种趋势表示出来，这样的直线称为趋势线。反映价格向上波动发展的趋势线称为上升趋势线；反映价格向下波动发展的趋势线则称为下降趋势线。由于股票价格的波动可分为长期趋势、中期趋势及短期趋势三种，因此，描述价格变动的趋势线也分为长期趋势线、中期趋势线与短期趋势线三种。

由于价格波动经常变化，可能由升转跌，也可能由跌转升，甚至在上升或下跌途中转换方向，因此，反映价格变动的趋势线不可能一成不变，而是要随着价格波动的实际情况进行调整。

换句话说，价格不论是上升还是下跌，在任一发展方向上的趋势线都不是只有一条，而是若干条。不同的趋势线反映了不同时期价格波动的实际走向，研究这些趋势线的变化方向和变化特征，就能把握住价格波动的方向和特征。

2. 趋势线的确认及其作用

要得到一条真正起作用的趋势线，要经多方面的验证才能最终确认，不合条件的一般应删除。首先，必须确实有趋势存在，也就是说，在上升趋势中，必须确认出两个依次上升的低点；在下降趋势中，必须确认两个依次下降的高点，才能确认趋势的存在。其次，画出直线后，还应得到第三个点的验证才能确认这条趋势线是有效的。一般来说，所画出的直线被触及的次数越多，其作为趋势线的有效性越能得到确认，用它进行预测越准确有效。另外，这条直线延续的时间越长，越具有有效性。

一般来说，趋势线有两种作用：

第一，对价格今后的变动起约束作用，使价格总保持在这条趋势线的上方（上升趋势线）或下方（下降趋势线）。实际上，就是起支撑和压力的作用。

第二，趋势线被突破后，就说明股价下一步的走势将要反转。越重要、越有效的趋势线被突破，其转势的信号就越强烈。被突破的趋势线原来所起的支撑和压力作用，被突破后将相互交换角色（图 8－15）。

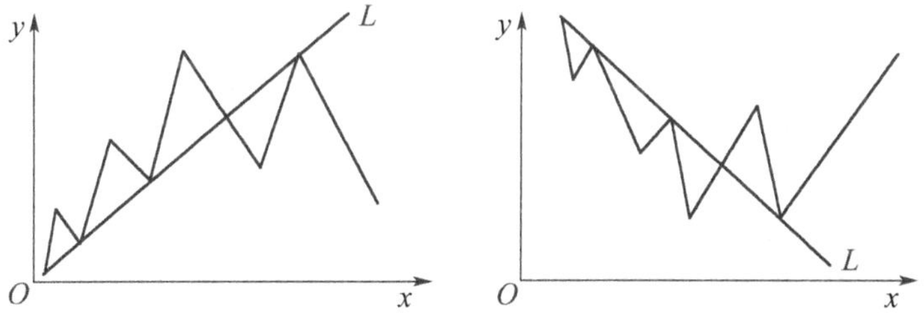

图 8－15　趋势线突破后起相反作用

（二）轨道线

轨道线又称通道线或管道线，是基于趋势线的一种方法。在已经得到了趋势线后，通过第一个峰和谷可以画出这条趋势线的平行线，这条平行线就是轨道线，如图 8－16 中的虚线。

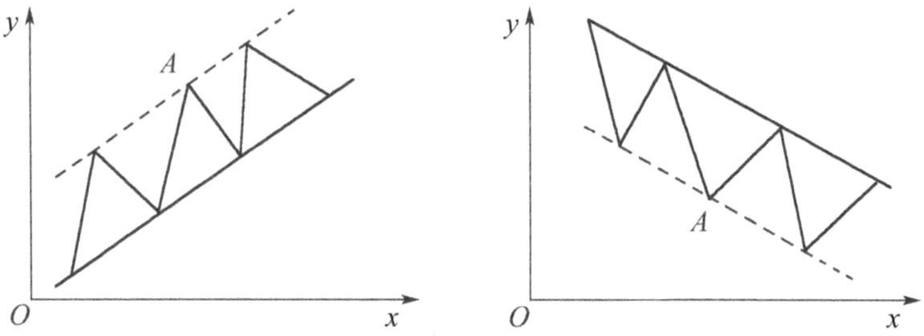

图 8－16　轨道线

两条平行线组成的一个轨道，就是常说的上升和下降轨道。轨道的作用是限制股价的变动范围，让它不能变得太离谱。一个轨道一旦得到确认，那么价格将在这个通道里变动。对上面或下面的直线的突破将意味着行情有一个大的变化。

与突破趋势线不同，对轨道线的突破并不是趋势反转的开始，而是趋势加速的开始，即原来的趋势线的斜率将会增加，趋势线的方向将会更加陡峭（见图 8－17）。

轨道线也有一个被确认的问题。一般而言，轨道线被触及的次数越多，延续的时间越长，其被认可的程度和重要性越高。

轨道线的另一个作用是发出趋势转向的警报。如果在一次波动中未触及轨道线，离得很远就开始掉头，这往往是趋势将要改变的信号。这说明，市场已经没有力量继续维持原有的上升或下降的趋势了。

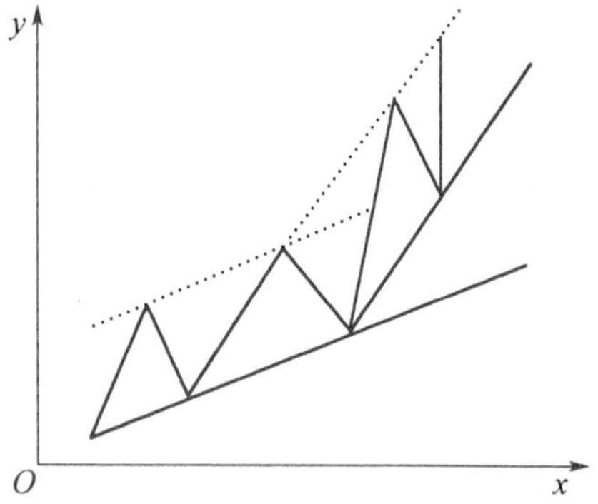

图 8－17　趋势的加速

轨道线和趋势线是相互合作的一对，显然，应先有趋势线，然后才有轨道线。趋势线比轨道线重要，趋势线可以单独存在，而轨道线则不能单独存在。

四、黄金分割线和百分比线

黄金分割线与百分比线是最常见、最普通的切线分析工具，主要运用黄金分割与百分比率揭示支撑位或压力位。这两条线的共同特点是：它们都涉及水平的直线。不过，黄金分割线与百分比线由于没有考虑到时间变化对股价的影响，所揭示出来的支撑位与压力位较为固定。为了弥补它们在时间上考虑的不周，在应用时，往往会画多条支撑线或压力线，并通过分析，最终确定一条支撑线或压力线。这条保留下来的切线具有一般支撑线或压力线的全部特征和作用，对今后的股价预测有一定的帮助。

（一）黄金分割线

黄金分割线又称黄金比率线，是一种将美学中最和谐的比率应用于证券市场股价走势的分析，探讨股价未来的支撑位和阻力位，以及预测股价升、降幅的技术分析方法。黄金分割的原理源自弗波纳奇神奇数字，即大自然数字，0.618 033 9……是众所周知的黄金分割比率，是相邻的弗波纳奇级数的比率，反映了弗波纳奇级数的增长，反映了大自然的静态美与动态美。

据此推算出几个特殊的数字：

0.191、0.382、0.500、0.618、0.809

1.919、1.382、1.618、1.809、2.000

（二）百分比线

百分比线是利用百分比率进行的切线画法，以近期走势中重要的高点和低点之间的涨跌幅作为计量的基数，将原涨跌幅按 1/8、2/8、1/3、3/8、4 /8、5/8、2/3、6/8、7/8、8/8 的比例十等分，生成百分比线，百分比线可使股价的涨跌幅度更加直观，往往能形成重要的阻力位与支撑位。百分比线事实上属江恩理论，江恩用简单的大数法则，将空间十等分，如用百分比来表示，即 1/8 = 12.5%、2/8 = 25%、1/3 = 33.3%、3/8 =37.5%、4/8 =50%、5/8 =62.5%、2/3 =66.7%、6/8 =75%、7/8 = 87.5%、8/8 =100%。上述各比率中，50%最为重要，因为万物都是一分为二的，此外，1/3 =33.3%、3/8 =37.5%及 5/8 =62.5%、2/3 =66.7%这四条距离较近的比率也十分重要，往往起到重要的支撑与压力位作用。

（三）黄金分割线和百分比线的画法

目前由于有专业软件的辅助，黄金分割线与百分比线的作图比较简单，画法如下：

（1）如果股价正处见底回升的阶段，以此低点为基点，用鼠标左键点击此低点，并按住鼠标左键不放，拖动鼠标使边线对齐相应的高点，即回溯这一下跌波段的峰顶，松开鼠标左键，系统即生成向上反弹上档压力位的黄金分割线与百分比线。

（2）如果股价正处于见顶回落的阶段，以此高点为基点，用鼠标左键点击此高点，并按住鼠标左键不放，拖动鼠标使边线对齐相应的低点，即回溯这一上涨波段的谷底，松开鼠标左键，系统即生成黄金分割线与百分比线。

实战中还需注意：

（1）黄金分割线中最重要的两条线为 0.382、0.618，在反弹中 0.382 为弱势反弹位、0.618 为强势反弹位；在回调中 0.382 为强势回调位、0.618 为弱势回调位。

（2）百分比线中最重要的为 50%、33.3%、37.5%、62.5%、66.6%，也就是这五条线最具有支撑与压力的作用。

五、扇形线

（一）扇形线的含义

当行情经过一段时间的上升，价格大多数会在某区域涨落争持，形成一些形态。如果我们将开始上升的低点（中期性低点）和高位徘徊的各个低点分别以直线连接起来，便可以画出多于一条的上升趋势线。这些趋势线像一把扇子，称之为扇形线。

下跌时情形也是一样，若把中期性高点与低位徘徊时的各个短期性高点分别以直线连接起来，也可以画出一把像扇子般散开的下降趋势线，也同样是扇形线，如

图 8－18 所示。

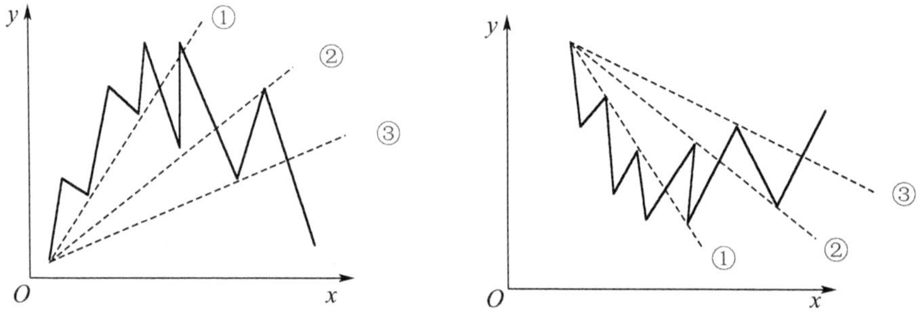

图 8－18　上升与下跌的扇形线

扇形线与趋势线有很紧密的联系，初看起来像趋势线的调整。扇形线丰富了趋势线的内容，明确给出了趋势反转（不是局部短暂的反弹）的信号。

趋势要反转必须突破层层阻止突破的阻力。要反转向上，必须突破很多条压在头上的压力线；要反转向下，必须突破多条横在下面的支撑线。轻微的突破或短暂的突破都不能认为是反转的开始，必须消除所有的阻止反转的力量，才能最终确认反转的来临。

技术分析的各种方法中，有很多关于如何判断反转的方法，扇形原理只是从一个特殊的角度来考虑反转的问题。实际应用时，应结合多种方法来判断反转是否来临，单纯用一种方法肯定是不行的。

（二）目前流行的扇形分析方法

1. 速度阻力线

市势的变化，除了按角度转变外，亦经常以价位幅度的 1/3 及 2/3 的速度转变。因此，我们可以预先画出三条趋势线，以预测市场的支持及阻力位，称为速度阻力线。

速度阻力线的制作方法是：由一个趋势的最高点向下做一条竖直线至趋势开始的位置，然后将竖直线三等分；最后从趋势的起点连接竖直线上的 1/3 点和 2/3 点形成速度阻力线，后两者具有预测市场支持及阻力位的作用。

2. 费氏扇形线

费氏扇形线其实与速度阻力线的原理相似，所不同之处乃是后者应用黄金比率 0. 382、0. 5 及 0. 618 倍作为分割趋势的比率。

其制作方法是：将一个趋势的最高点与最低点以直线相连，并以 0. 382、0. 5 及 0. 618 倍将整个趋势的价位幅度分割，然后以直线将上述三个价位水平与趋势的起点相连，从而画出三条不同角度的趋势线，此称为费氏扇形线。这些分割线向前延伸，便可能成为市场反弹或回吐时的重要支持或阻力。

3. 甘氏线

甘氏线又叫江恩角度线，是由威廉·江恩创立的一套独特理论。江恩认为，金融市场上的时间及价位是互相关联的，甚至是可以互相转化的。他的主要分析方法是江恩线。这些趋势线的绘制方法是以时间与价位的比例为主。例如：1×1 线的意义是一天上升/下跌 1 点、10 点或 100 点；又或者 1×2 线是一天上升/下跌 2 点、20 点或 200 点。依照时间与价位的比例，利用市场趋势转变时的支持及阻力位便可以清楚计算得到。

六、应用切线理论应注意的问题

切线为我们提供了很多价格移动可能存在的支撑线和压力线，这些直线有很重要的作用。但是，支撑线、压力线有被突破的可能，它们的价位只是一种参考，不能把它们当成万能的工具。

第四节　形态分析法

K 线理论已经告诉我们一些有关对今后股价运动方向进行判断的方法，不可否认，它具有很好的指导意义。但是，K 线理论更注重短线的操作，它的预测结果只适用于往后很短的时期，有时仅仅是一两天。为了弥补这种不足，我们将 K 线组合中所包含的 K 线根数增加，这样，众多的 K 线组成了一条上下波动的曲线，这条曲线就是股价在这段时间移动的轨迹，它比前面 K 线理论中的 K 线组合情况所包括的内容要全面得多。

形态理论正是通过研究股价所走过的轨迹，分析和挖掘出曲线告诉我们的一些多空双方力量的对比结果，进而指导我们的行动。

趋势的方向发生变化一般不是突然来到的，其变化都有一个发展的过程。形态理论通过研究股价曲线的各种形态，发现股价正在进行的行动方向。

一、股价移动规律和两种形态类型

（一）股价移动规律

股价的移动是由多空双方力量大小决定的。在一个时期内，多方处于优势，股价将向上移动；在另一个时期内，如果空方处于优势，则股价将向下移动。这些事实，我们在介绍 K 线的时候已经进行了说明，这里所考虑的范围要比前面所叙述的内容广泛得多。

多空双方的一方占据优势的情况又是多种多样的。有的只是稍强一点，股价向上（下）走不了多远就会遇到阻力；有的强势大一些，可以把股价向上（下）拉得多一些；有的优势是决定性的，这种优势完全占据主动，对方几乎没有什么力量与之抗衡，股价的向上（下）移动势如破竹。

根据多空双方力量对比可能发生的变化，可以知道股价的移动应该遵循这样的规律：第一，股价应在多空双方取得均衡的位置上下来回波动；第二，原有的平衡被打破后，股价将寻找新的平衡位置。这种股价移动的规律可用以下变动描述：

持续整理—保持平衡—打破平衡—新的平衡—再打破平衡—再寻找新的平衡

股价的移动就是按这一规律循环往复、不断运行的。证券市场中的胜利者往往是在原来的平衡快要被打破之前或者是在打破的过程中采取行动而获得收益的。如果原平衡已经打破，新的平衡已经找到，这时才开始行动，就已经晚了。

（二）股价移动的两种形态类型

根据股价移动的规律，我们可以把股价曲线的形态分成两大类型：持续整理形态和反转突破形态。前者保持平衡，后者打破平衡。平衡的概念是相对的，股价只要在一个范围内变动，都属于保持了平衡。这样，这个范围的选择就成为判断平衡是否被打破的关键。

同支撑线、压力线被突破一样，平衡被打破也有被认可的问题。刚打破一点，不能算真正打破。反转突破形态存在种种假突破的情况，假突破给某些投资者造成的损失有时是很大的。虽然我们对形态的类型进行了分类，但是这些形态中有些不容易区分其究竟属于哪一类。例如，一个局部的三重顶（底）形态，在一个更大的范围内有可能被认为是矩形形态的一部分。一个三角形形态有时也可以被当成反转突破形态，尽管多数情况下我们都把它当成持续整理形态。

二、反转突破形态

反转突破形态描述了趋势方向的反转，是投资分析中应该重点关注的变化形态。反转突破形态主要有头肩形态、双重顶（底）形态、三重顶（底）形态、圆弧顶（底）形态、喇叭形态以及V形反转形态等多种形态。

（一）头肩形态

头肩形态是实际股价形态中出现最多的一种形态，也是最著名和最可靠的反转突破形态。它一般可分为头肩顶、头肩底以及复合头肩形态三种类型。

1. 头肩顶形态

头肩顶形态是一个可靠的沽出时机，一般通过连续的三次起落构成该形态的三个部分，也就是要出现三个局部的高点。中间的高点比另外两个都高，称为头；左右两个相对较低的高点称为肩。这就是头肩顶形态名称的由来。

头肩顶形态的形成过程大体如下：

① 股价长期上升后，成交量大增，获利回吐压力亦增加，导致股价回落，成交量较大幅度下降，左肩形成（见图8－19a）。

② 股价回升，突破左肩之顶点，成交量亦可能因充分换手而创纪录，但价位过高使持股者产生恐慌心理，竞相抛售，股价回跌到前一低点水准附近，头部完成。

③ 股价第三次上升，但前段的巨额成交量将不再重现，涨势亦不再凶猛，价位

到达头部顶点之前即告回落，形成右肩。这一次下跌时，股价急速穿过颈线，再回升时，股价也仅能达到颈线附近，然后成为下跌趋势，头肩顶形态宣告完成。

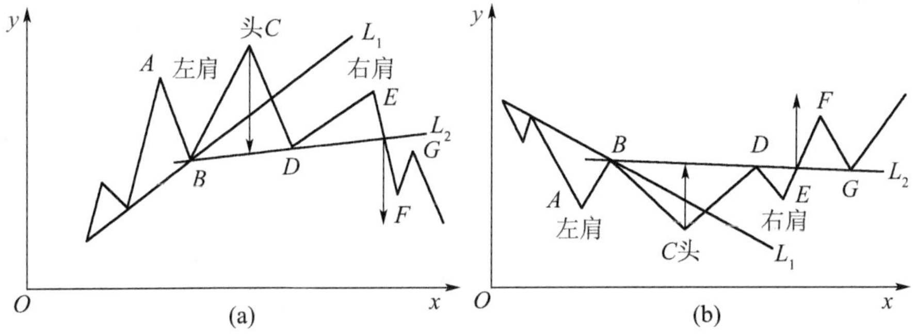

图 8－19　头肩顶（底）

这种头肩顶反转向下的道理与支撑线和压力线的内容有密切关系。图 8－19a 的直线 L_1 和直线 L_2 是两条明显的支撑线。从 C 点到 D 点，突破直线 L_1 说明上升趋势的势头已经遇到了阻力，E 点和 F 点之间的突破则是趋势的转向。另外，E 点的反弹高度没有超过 C 点，也在上升趋势出现问题的信号。

图 8－19a 中的直线 L_2 是头肩顶形态中极为重要的直线——颈线。在头肩顶形态中，它是支撑线，起支撑作用。

头肩顶形态走到了 E 点并掉头向下，只能说是原有的上升趋势已经转化成了横向延伸，还不能说已经反转向下了。只有当走到了 F 点，即股价向下突破了颈线时，才能说头肩顶反转形态已经形成。

同大多数的突破一样，这里颈线被突破也有一个被认可的问题。百分比原则和时间原则在这里都适用。一般而言，以下两种形态为假头肩顶形态：第一，当右肩的高点比头部还要高时，不能构成头肩顶形态；第二，如果股价最后在颈线水平回升，而且回升的幅度高于头部，或者股价跌破颈线后又回升到颈线上方，这可能是一个失败的头肩顶，宜进一步观察。

头肩顶形态是一个长期趋势的转向形态，一般出现在一段升势的尽头。这一形态具有如下特征：① 一般来说，左肩与右肩高点大致相等，有时右肩较左肩低，即颈线向下倾斜；② 就成交量而言，左肩最大，头部次之，而右肩成交量最小，即呈梯状递减；③ 突破颈线不一定需要大成交量配合，但日后继续下跌时，成交量会放大。

当颈线被突破，反转确认以后，大势将下跌。下跌的深度，可以借助头肩顶形态的测算功能进行。

从突破点算起，股价将至少要跌到与形态高度相等的距离。

形态高度的测算方法是这样的：量出从头到颈线的直线距离（图 8－19a 中从 C 点向下的箭头长度），这个长度称为头肩顶形态的形态高度。

上述原则是股价下落的最起码的深度，是最近的目标，价格实际下落的位置要根据很多别的因素来确定。上述原则只是给出了一个范围，只对我们有一定的指导作用。预计股价今后将跌到什么位置能止住，永远是进行股票买卖的人最关心的问题，也是最不易回答的问题。

2. 头肩底形态

头肩底是头肩顶的倒转形态，是一个可靠的买进时机。这一形态的构成和分析方法，除了在成交量方面与头肩顶有所区别外，其余与头肩顶类同，只是方向正好相反，如图 8－19b 上升改成下降，高点改成低点，支撑改成压力。

值得注意的是，头肩顶形态与头肩底形态在成交量配合方面的最大区别是：头肩顶形态完成后，向下突破颈线时，成交量不一定放大；而头肩底形态向上突破颈线，若没有较大的成交量出现，可靠性将大为降低，甚至可能出现假的头肩底形态。

3. 复合头肩形态

股价变化经过复杂而长期的波动所形成的形态可能不只是标准的头肩形态，会形成所谓的复合头肩形态。这种形态与头肩形态基本相似，只是左右肩部或者头部出现多于一次。其形成过程也与头肩形态类似，分析意义也和普通的头肩形态一样，往往出现在长期趋势的底部或顶部。复合头肩形态一旦完成，即构成一个可靠性较大的买进或沽出时机。

（二）双重顶（底）形态

双重顶形态和双重底形态就是市场上众所周知的 M 头和 W 底，是一种极为重要的反转形态，它在实际中出现得也非常频繁。与头肩形态相比，就是没有头部，只是由两个基本等高的峰或谷组成。图 8－20 是这种形态的简单形状。

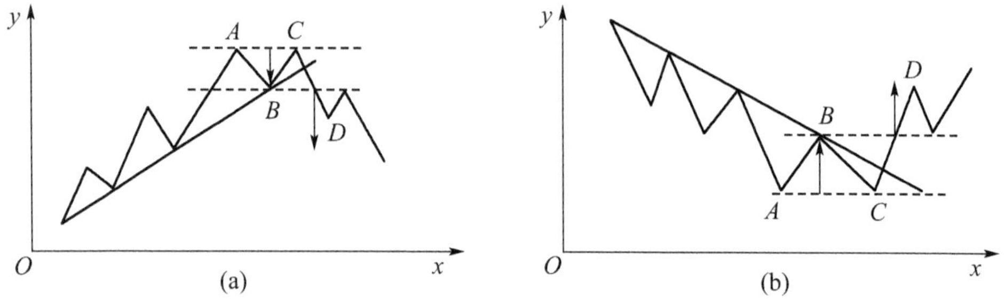

图 8－20　双重顶和双重底

从图中可以看出，双重顶（底）一共出现两个顶（底），也就是两个相同高度的高点（低点）。下面以 M 头（图 8－20a）为例说明双重顶形成的过程。

在上升趋势过程的末期，股价急速上升到第一个高点 A 建立了新高点之后受阻回跌，在峰顶处留下大成交量。受上升趋势线的支撑，这次回档将在 B 点附近停止，成交量随股价下跌而萎缩。往后就是继续上升，股价又回至前一峰顶附近 C 点（与 A 点几乎等高），成交量再度增加，却不能达到前面的成交水准，上升遇到阻力，接着股价掉头向下，这样就形成 A 和 C 两个顶的形状。

M头形成以后，有两种可能的前途：第一是未突破 B 点的支撑位置，股价在 A、B、C 三点形成的狭窄范围内上下波动，演变成下文将要介绍的矩形整理形态。第二是突破 B 点的支撑位置继续向下，这种情况才是双重顶反转突破形态的真正出现。前一种情况只能说是一个潜在的双重顶反转突破形态出现了。

以 B 点画平行于 A、C 连线的平行线（图8－20b中第二条虚线），就得到一条非常重要的直线——颈线。A、C 连线是趋势线，颈线是与这条趋势线对应的轨道线，它在这里起支撑作用。

一个真正的双重顶反转突破形态的出现，除了必要的两个相同高度的高点以外，还应该向下突破 B 点支撑。

突破颈线就是突破轨道线、突破支撑线，所以也有突破被认可的问题。前面介绍的有关支撑线、压力线被突破的确认原则在这里都适用。

双重顶反转突破形态一旦得到确认，同样具有测算功能，即从突破点算起，股价将至少要跌到与形态高度相等的距离。

这里的形态高度是从顶点到颈线的垂直距离，即从 A 或 C 到 B 的垂直距离。图8－20a中右边箭头所指的将是股价至少要跌到的位置，在它之前的支撑都不足取。

总结起来，双重顶反转突破形态一般具有如下特征：① 双重顶的两个高点不一定在同一水平，两者相差少于3%就不会影响形态的分析意义；② 向下突破颈线时不一定有大成交量伴随，但日后继续下跌时成交量会扩大；③ 双重顶形态完成后的最小跌幅度量度方法是由颈线开始，至少会下跌从双头最高点到颈线之间的差价距离。

对于双重底，有完全相似或者完全相同的结果。只要将对双重顶的介绍反过来叙述就可以了。比如，向下说成向上，高点说成低点，支撑说成压力。

需要注意的是，双重底的颈线突破时必须有大成交量的配合，否则即可能为无效突破。

（三）三重顶（底）形态

三重顶（底）形态是双重顶（底）形态的扩展形式，也是头肩顶（底）形态的变形，由三个一样高或一样低的顶和底组成。与头肩形的区别是头的价位回缩到与肩部差不多相等的位置，有时甚至低于或高于肩部一点。从这个意义上讲，三重顶（底）形态与双重顶（底）形态也有相似的地方，只是前者比后者多了一次。

出现三重顶（底）形态的原因是由于没有耐心的投资者在形态未完全确定时，便急于跟进或跳出；走势不尽如人意时又急于杀出或抢进；等到大势已定，股价正式反转上升或下跌，仍照原预期方向进行时，投资者却犹豫不决，缺乏信心，结果使股价走势比较复杂。

图8－21是三重顶（底）形态的简单图形。它的颈线差不多是水平的，三个顶（底）也差不多是相等高度。

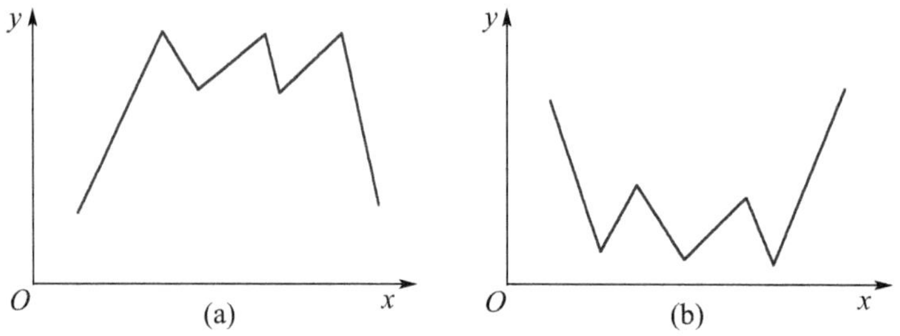

图 8－21　三重顶（底）

应用和识别三重顶（底）形态的方法主要是用识别头肩形态的方法。头肩形态适用的方法三重顶（底）形态也适用，这是因为三重顶（底）形态从本质上说就是头肩形态。

三重顶（底）与一般头肩形态最大的区别是，三重顶（底）形态的颈线和顶部（底部）连线是水平的，这就使得三重顶（底）形态具有矩形的特征。比起头肩形态来说，三重顶（底）更容易演变成持续形态，而不是反转形态。另外，三重顶（底）的顶峰与顶峰，或谷底与谷底的间隔距离和时间在分析时不必相等。此外，如果三重顶（底）的三个顶（底）的高度从左到右依次下降（上升），则三重顶底就演变成了直角三角形态。这些都是我们在应用三重顶（底）时应该注意的地方。

（四）圆弧顶（底）形态

将股价在一段时期的顶部高点用折线连起来，每一个局部的高点都考虑到，我们有时可能得到一条类似于圆弧的弧线，盖在股价之上；将每个局部的低点连在一起也能得到一条弧线，托在股价之下，如图 8－22 所示。

圆弧形又称为碟形、圆形或碗形等，这些称谓都很形象。不过应该注意的是：图中的曲线不是数学意义上的圆，也不是抛物线，而仅仅是一条曲线。人们已经习惯于使用直线，在遇到图 8－22 这样的顶和底时，用直线显然就不够了，因为顶、底的变化太频繁，一条直线应付不过来。

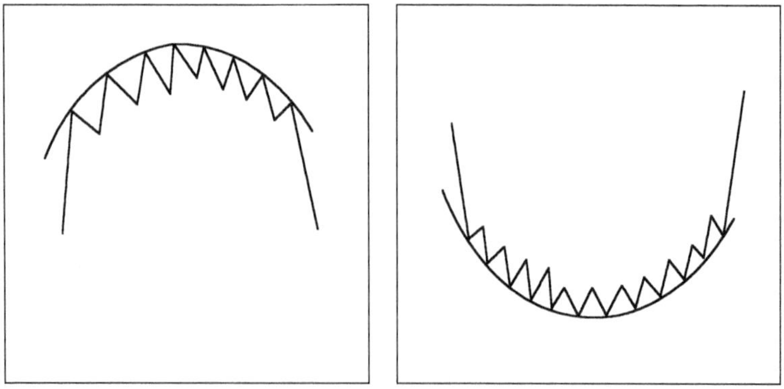

图 8－22　圆弧顶（底）

圆弧形态在实际中出现的机会较少，但是一旦出现则是绝好的机会，它的反转深度和高度是不可测的，这一点同前面几种形态有一定区别。

圆弧的形成过程与头肩形态中的复合头肩形态有相似的地方，只是圆弧形态的各种顶或底没有明显的头肩的感觉。这些顶部和底部的地位都差不多，没有明显的主次区分。这种局面的形成在很大程度上是一些机构大户炒作证券的产物。这些人手里有足够的股票，如果一下抛出太多，股价下落太快，手里的货也许不能全部出手，只能一点一点地往外抛，形成众多的来回拉锯，直到手中股票接近抛完时，才会大幅度打压，一举使股价下跌到很深的位置。如果这些人手里持有足够的资金，一下子买得太多，股价上得太快，也不利于今后的买入，也要逐渐地分批建仓，直到股价一点一点地来回拉锯，往上接近圆弧边缘时，才会用少量的资金一举往上提拉到一个很高的高度。因为这时股票大部分在机构大户手中，别人无法打压股价。

圆弧形态具有如下特征：

（1）形态完成、股价反转后，行情多属暴发性，涨跌急速，持续时间也不长，一般是一口气走完，中间极少出现回档或反弹。因此，形态确信后应立即顺势而为，以免被踏空、套牢。

（2）在圆弧顶或圆弧底形态的形成过程中，成交量的变化都是两头多，中间少。越靠近顶或底时成交量越少，到达顶或底时成交量达到最少。在突破后的一段，都有相当大的成交量。

（3）圆弧形态形成所花的时间越长，今后反转的力度就越强，越值得人们去相信这个圆弧形。一般来说，应该与一个头肩形态形成的时间相当。

（五）喇叭形态

喇叭形态也是一种重要的反转形态。它大多出现在顶部，是一种较可靠的看跌形态。更为可贵的是，喇叭形态在形态完成后，几乎总是下跌，不存在突破是否成立的问题。这种形态在实际中出现的次数不多，但是一旦出现，则极为有用。

喇叭形态的正确名称应该是扩大形或增大形。因为这种形态像一个喇叭，故得名。图 8－23 是喇叭形态的图形。

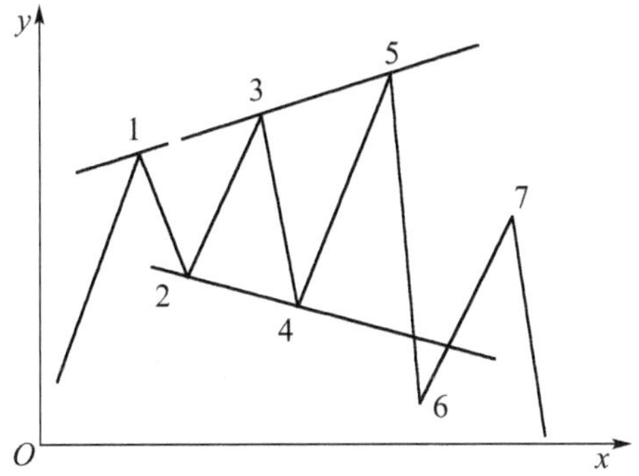

图 8－23　喇叭形态

喇叭形态的形成往往是由于投资者的冲动情绪造成的，通常在长期上升的最后阶段出现。这是一个缺乏理性的股票市场，投资者受到市场炽热的投机气氛或市场传闻的感染，很容易追涨杀跌。这种冲动而杂乱无章的行市，使得股价不正常地大起大落，形成巨幅震荡的行情，继而在震荡中完成形态的反转。

从图8－23中可看出，由于股价波动的幅度越来越大，形成了越来越高的三个高点，以及越来越低的两个低点。这说明当时的交易异常活跃，成交量日益放大，市场已失去控制，完全由参与交易的公众的情绪决定。在这个混乱的时候进入证券市场是很危险的，进行交易也十分困难。在经过了剧烈的动荡之后，人们的情绪会渐渐平静，远离这个市场，股价将逐步地往下运行。

一个标准的喇叭形态应该有三个高点，两个低点。股票投资者应该在第三峰（图8－23中的5）调头向下时就抛出手中的股票，这在大多数情况下是正确的。如果股价进一步跌破了第二个谷（图8－23中的4），则喇叭形完全得到确认，抛出股票更成为必然。

股价在喇叭形态之后的下调过程中，肯定会遇到反扑，而且反扑的力度会相当大，这是喇叭形态的特殊性。但是，只要反扑高度不超过下跌高度的一半（图8－23中的7），股价下跌的势头还是应该继续的。

喇叭形态具有如下特征：

（1）喇叭形态一般是一个下跌形态，暗示升势将到尽头，只有在少数情况股价在高成交量配合下向上突破时，才会改变其分析意义。

（2）在成交量方面，整个喇叭形态形成期间都会保持不规则的大成交量，否则难以构成该形态。

（3）喇叭形态走势的跌幅是不可量度的，一般来说，跌幅都会很大。

（4）喇叭形态源于投资者的非理性，因而在投资意愿不强、气氛低沉的市道中，不可能形成该形态。

（六）V形反转形态

V形走势是一种很难预测的反转形态，它往往出现在市场剧烈的波动之中。无论V形顶还是V形底的出现，都没有一个明显的形成过程，这一点同其他反转形态有较大的区别，因此往往让投资者感到突如其来，甚至难以置信。图8－24是V形和倒V形的简单图示。

一般的反转形态，都有一个较为明确的步骤：首先是原来的走势趋缓，市场多空双方的力量渐趋均衡；接着价格也由先前的走势转为横向徘徊；最后，多空力量的对比发生改变，走势发生逆转，股价反向而行。但V形走势却迥然不同，它没有中间那一段过渡性的横盘过程，其关键转向过程仅2～3个交易日，有时甚至在1个交易日内完成整个转向过程。

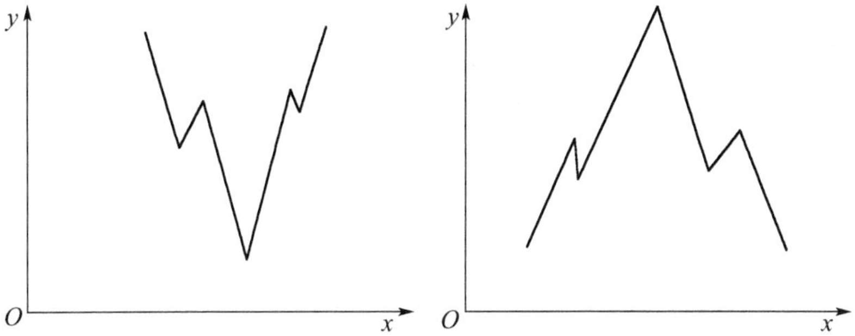

图 8－24　V 形和倒 V 形

就沪、深证券市场而言，V 形反转同突发利好消息的出现有密切关系。上海证券市场最明显的 V 形反转例子是 2013 年 6 月 25 日上证指数从低谷 1 849. 65 点的反转。

V 形走势的一个重要特征是在转势点必须有大成交量的配合，且成交量在图形上形成倒 V 形。若没有大成交量，则 V 形走势不宜信赖。V 形是一种失控的形态，在应用时要特别小心。

三、持续整理形态

与反转突破形态不同，持续整理形态描述的是，股价向一个方向经过一段时期的快速运行后，不再继续原趋势，而在一定区域内上下窄幅波动，等待时机成熟后再继续前进。这种运行所留下的轨迹称为整理形态。三角形、矩形、旗形和楔形是著名的整理形态。

（一）三角形整理形态

三角形整理形态主要分为三种：对称三角形、上升三角形和下降三角形。第一种有时也称正三角形，后两种合称直角三角形。以下我们分别对这三种形态进行介绍。

1. 对称三角形

对称三角形情况大多是发生在一个大趋势进行的途中，它表示原有的趋势暂时处于休整阶段，之后还要随着原趋势的方向继续行动。由此可见，见到对称三角形后，股价今后走向最大的可能是沿原有的趋势方向运动。

图 8－25 是对称三角形的一个简化图形，这里的原有趋势是上升，所以，三角形完成以后是突破向上。从图中可以看出，对称三角形有两条聚拢的直线，上面的向下倾斜，起压力作用；下面的向上倾斜，起支撑作用。两直线的交点称为“顶点”。正如趋势线的确认要求第三点验证一样，对称三角形一般应有 6 个转折点（如图中的 *A*、*B*、*C*、*D*、*E*、*F*）。这样，上下两条直线的支撑压力作用才能得到验证。

对称三角形只是原有趋势运动途中的休整状态，所以持续的时间不会太长。持续时间太长，保持原有趋势的能力就会下降。一般来说，突破上下两条直线的包围，继续原既定方向的时间要尽量早，越靠近三角形的顶点，三角形的各种功能就越不明显，对我们投资的指导意义就越不强。根据经验，突破的位置一般应在三角形的横向宽度的1/2 ～ 3/4 的某个位置。三角形的横向宽度指三角形的顶点到底的高度，如图8－25 所示。不过这有个大前提，必须认定股价一定要突破这个三角形。前面已经说过了，如果股价不在预定的位置突破三角形，那么这个对称三角形态可能会转化成别的形态。

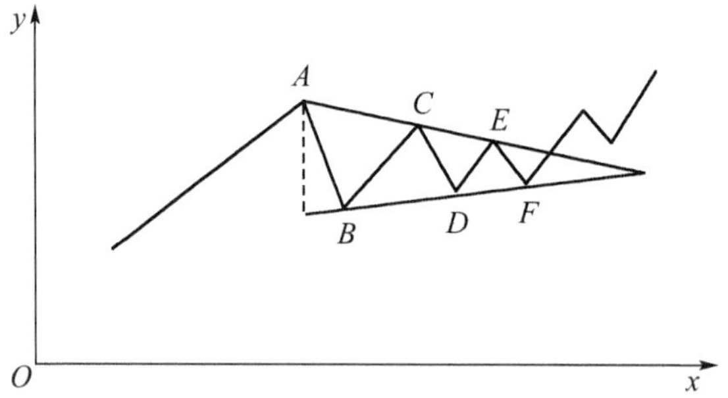

图8－25　对称三角形

对称三角形的突破也有真假的问题，方法与前述的类似，可采用百分比原则、日数原则或收盘原则等确认。这里要注意的是，对称三角形的成交量因愈来愈小的股价波动而递减，而向上突破需要大成交量配合，向下突破则不必。如果没有成交量的配合，很难判断突破的真假。

对称三角形被突破后，也有测算功能。这里以原有的趋势上升为例介绍两种测算价位的方法。

方法一：如图8－26 所示，从 C 点向上带箭头直线的高度，是未来股价至少要达到的高度。箭头直线长度与 AB 连线长度相等。AB 连线的长度称为对称三角形的高度。

从突破点算起，股价至少要运动到与形态高度相等的距离。

方法二：如图8－26 所示，过 A 点画平行于下边直线的平行线，即图中的斜虚线，它是股价今后至少要达到的位置。

从几何学上可以证明，用这两种方法得到的两个价位绝大多数情况下是不相等的。前者给出的是个固定的数字，后者给出的是个不断变动的数字，达到虚线的时间越迟，价位就越高。这条虚线实际上是一条轨道线。方法一简单，易于操作和使用；方法二更多的是从轨道线方面考虑。

另外，虽然对称三角形一般是整理形态，但有时也可能在顶部或底部出现而导致大势反转，这是三角形形态在实际应用时要注意的问题。

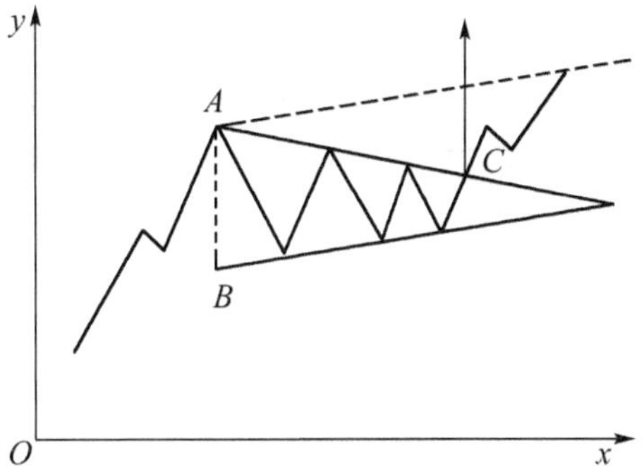

图 8－26 三角形的测算功能

2. 上升三角形

上升三角形是对称三角形的变形。两类三角形的下方支撑线都是向上发展的，不同的是上升三角形的上方阻力线并非是向下倾斜的，而是一条水平直线。

我们知道，上面的直线起压力作用，下面的直线起支撑作用。在对称三角形中，压力和支撑都是逐步加强的。一方是越压越低，另一方是越撑越高，看不出谁强谁弱。在上升三角形中就不同了，压力是水平的，始终都是一样，没有变化，而支撑都是越撑越高。由此可见，上升三角形比起对称三角形，有更强烈的上升意识，多方比空方更为积极。通常以三角形的向上突破作为这个持续过程终止的标志。

如果股价原有的趋势是向上的，遇到上升三角形后，几乎可以肯定今后是向上突破的。一方面，要保持原有的趋势；另一方面，形态本身就有向上的愿望。这两方面的因素使股价逆大方向而动的可能性很小。

如果原有的趋势是下降，则出现上升三角形后，前后股价的趋势判断起来有些难度。一方要继续下降，保持原有的趋势，而另一方要上涨，两方必然发生争执。如果在下降趋势处于末期时（下降趋势持续了相当一段时期），出现上升三角形还是以看涨为主。这样，上升三角形就成了反转形态的底部。

同样，上升三角形在突破顶部的阻力线时，必须有大成交量的配合，否则为假突破。突破后的升幅量度方法与对称三角形相同。图 8－27 是上升三角形的简单图形表示以及测算的方法。

3. 下降三角形

下降三角形同上升三角形正好反向，是看跌的形态。它的基本内容同上升三角形可以说完全相似，只是方向相反。这里要注意的是：下降三角形的成交量一直十分低沉，突破时不必有大成交量配合。另外，如果股价原有的趋势是向上的，则遇到下降三角形后，趋势的判断有一定的难度；但如果在上升趋势的末期，出现下降三角形后，可以看成是反转形态的顶部。图 8－28 是下降三角形的简单图形。

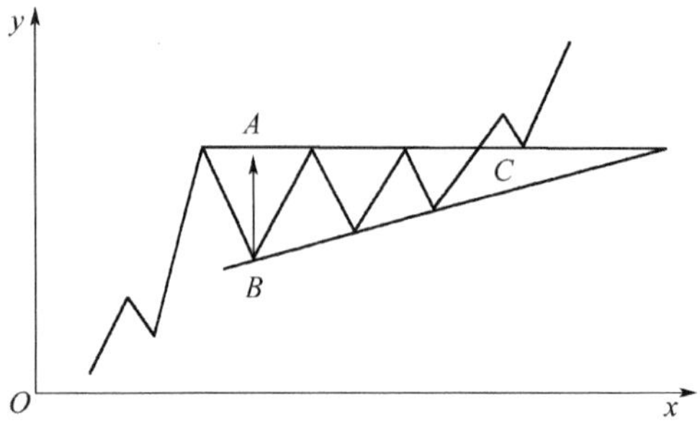

图 8－27　上升三角形

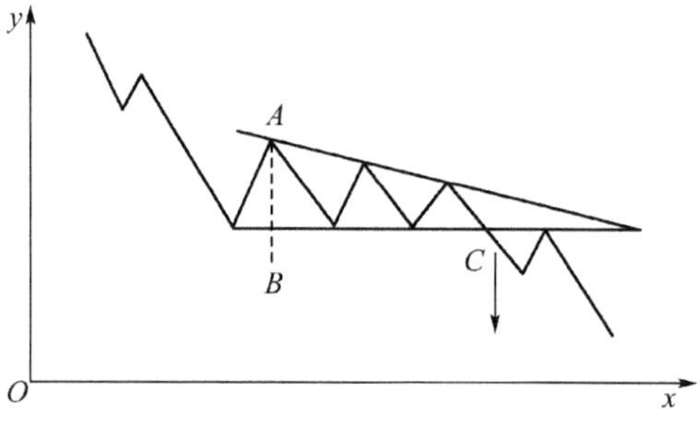

图 8－28　下降三角形

（二）矩形

矩形又叫箱形，是一种典型的整理形态，股票价格在两条横着的水平直线之间上下波动，呈现横向延伸的运动。

矩形在形成之初，多空双方全力投入，各不相让。空方在价格涨到某个位置就抛压，多方在股价下跌到某个价位就买入，时间一长就形成两条明显的上下界线。随着时间的推移，双方的战斗热情会逐步减弱，成交量减少，市场趋于平淡。

如果原来的趋势是上升，那么经过一段矩形整理后，会继续原来的趋势，多方会占优势并采取主动，使股价向上突破矩形的上界；如果原来是下降趋势，则空方会采取行动，突破矩形的下界。图 8－29 是矩形的简单图示。

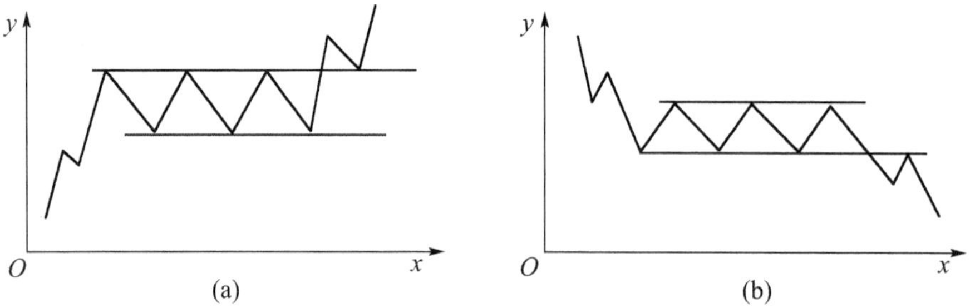

图 8－29　矩形

从图 8－29 中可以看出，矩形在其形成的过程中极可能演变成三重顶（底）形态，这是我们应该注意的。正是由于矩形的判断有这么一个容易出错的可能性，在面对矩形和三重顶（底）进行操作时，几乎一定要等到突破之后才能采取行动，因为这两个形态今后的走势方向完全相反。一个是持续整理形态，要维持原来的趋势；一个是反转突破形态，要改变原来的趋势。矩形的突破也有一个确认的问题。当股价向上突破时，必须有大成交量的配合方可确认，而向下突破则不必需要成交量增加；当矩形突破后，其涨跌幅度通常等于矩形本身宽度，这是矩阵形态的测算功能。面对突破后股价的反扑，矩形的上下界线同样具有阻止反扑的作用。与别的大部分形态不同，矩形为我们提供了一些短线操作的机会。如果在矩形形成的早期能够预计到股价将进行矩形调整，那么就可以在矩形的下界线附近买入，在上界线附近抛出，来回进行几次短线的进出。如果矩形的上下界线相距较远，那么这样短线的收益也是相当可观的。

（三）旗形和楔形

旗形和楔形是两个著名的持续整理形态。在股票价格的曲线图上，这两种形态出现的频率很高，一段上升或下跌行情的中途，可能出现好几次这样的图形。它们都是一个趋势的中途休整过程，休整之后，还要保持原来的趋势方向。这两个形态的特殊之处在于，它们都有明确的形态方向，如向上或向下，并且形态方向与原有的趋势方向相反。例如，如果原有的趋势方向是上升，则这两种形态的方向就是下降。

1. 旗形

从几何学的观点看，旗形应该叫平行四边形，它的形状是一个上倾或下倾的平行四边形（见图 8－30）。

旗形大多发生在市场极度活跃、股价运动近乎直线上升或下降的情况下。在市场急速而又大幅的波动中，股价经过一连串紧密的短期波动后，形成一个稍微与原来趋势呈相反方向倾斜的长方形，这就是旗形走势。旗形走势的形状就如同一面挂在旗杆顶上的旗帜，故此得名。它又可分为上升旗形（见图 8－30b）和下降旗形（见图 8－30a）两种。

旗形的上下两条平行线起着压力和支撑作用，这一点有些像轨道线。这两条平行线的某一条被突破是旗形完成的标志。

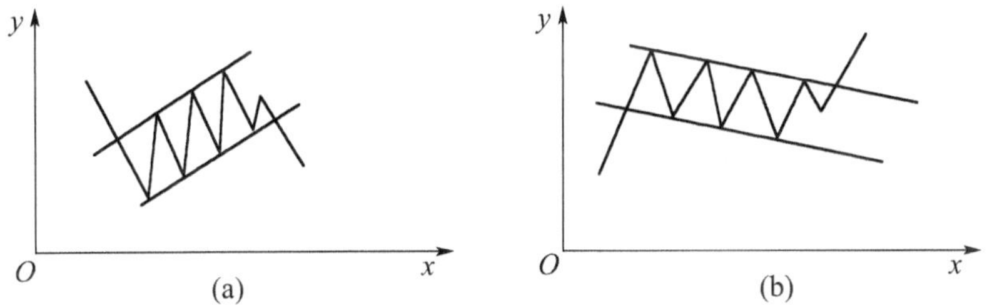

(a)　　(b)

图 8－30　旗形

旗形也有测算功能。旗形的形态高度是平行四边形左右两条边的长度。旗形被突破后，股价将至少要走到形态高度的距离，大多数情况是走到旗杆高度的距离。

应用旗形时，有几点要注意：

① 旗形出现之前，一般应有一个旗杆，这是由于价格的直线运动形成的。

② 旗形持续的时间不能太长，时间一长，保持原来趋势的能力将下降。经验告诉我们，持续时间应该短于 3 周。

③ 旗形形成之前和被突破之后，成交量都很大。在旗形的形成过程中，成交量从左向右逐渐减少。

2. 楔形

如果将旗形中上倾或下倾的平行四边形变成上倾或下倾的三角形，就会得到楔形

(见图8－31)。楔形可分为上升楔形和下降楔形两种。

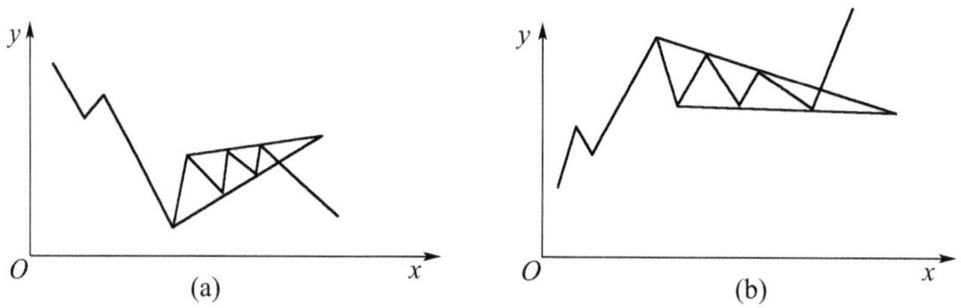

图8－31　上升楔形和下降楔形

上升楔形是指股价经过一次下跌后产生强烈技术性反弹，价格升至一定水平后又掉头下落，但回落点比前次高，然后又上升至新高点，再回落，在总体上形成一浪高于一浪的势头。如果把短期高点相连，则形成一向上倾斜直线，且两者呈收敛之势。下降楔形则正好相反，股价的高点和低点形成一浪低于一浪之势。

同旗形一样，楔形也有保持原有趋势方向的功能。趋势的途中会遇到这种形态。上升楔形表示一个技术性反弹渐次减弱的市况，常在跌市中的回升阶段出现，显示股价尚未见底，只是一次跌后技术性的反弹。下降楔形常出现于中长期升市的回落调整阶段。

楔形的三角形上下两条边都是朝着同一方向倾斜，具有明显的倾向，这是该形态与前面三角形整理形态的不同之处。

与旗形和三角形稍微不同的是，楔形偶尔也出现在顶部或底部而作为反转突破形态。这种情况一定是发生在一个趋势经过了很长时间、接近于尾声的时候。

在楔形形成过程中，成交量渐次减少；在楔形形成之前和突破之后，成交量一般都很大。

与旗形的另一个不同的是，楔形形成所花费的时间较长，一般需要2周以上的时间方可完成。

四、应用形态理论应该注意的问题

形态分析是较早得到应用的方法，相对比较成熟。尽管如此，也有正确使用的问题。一方面，站在不同的角度，对同一形态可能产生不同的解释。例如，头肩形是反转形态，但有时从更大的范围去观察，则有可能成为中途持续形态。另一方面，进行实际操作时，形态理论要求形态完全明朗才能行动，从某种意义上讲，有错过机会的可能。此外，同其他技术方法一样，不能把形态理论当成万能的工具，更不应将其作为金科玉律。形态分析得出的结论仅是一种参考。

第五节　波浪分析法

一、波浪理论的形成过程及其基本思想

（一）波浪理论的形成过程

波浪理论的全称是艾略特波浪理论（Elliott Wave Theory），是以美国人艾略特（R. N. Elliott）的名字命名的一种技术分析理论。

波浪理论的形成经历了一个较为复杂的过程。最初由艾略特发现并应用于证券市场，但是他的这些研究成果没有形成完整的体系，在他在世的时候没有得到社会的广泛认同。直到20世纪70年代，柯林斯的专著 *Wave Theory* 出版后，波浪理论才正式确立。

（二）波浪理论的基本思想

艾略特最初发明波浪理论是受到股价上涨下跌现象不断重复的启发，力图找出其上升和下降的规律。艾略特认为，由于证券市场是经济的“晴雨表”，而经济发展具有周期性，因此股价的上涨和下跌也应该遵循周期发展的规律。不过股价波动的周期规律比经济发展的周期要复杂得多。

艾略特的波浪理论以周期为基础。他把大的运动周期分成时间长短不同的各种周期，并指出，在一个大周期之中可能存在一些小周期，而小的周期又可以再细分成更小的周期。每个周期无论时间长短，都是以一种模式进行，即每个周期都是由上升（或下降）的5个过程和下降（或上升）的3个过程组成。这8个过程完结以后，我们才能说这个周期已经结束，将进入另一个周期，新的周期仍然遵循上述的模式。这是波浪理论最核心的内容，也是艾略特对波浪理论最为突出的贡献。

与波浪理论密切相关的理论除经济周期以外，还有道氏理论和斐波那奇数列。

艾略特波浪理论中的大部分理论是与道氏理论相吻合的。不过艾略特不仅找到了股价移动的规律，而且找到了股价移动发生的时间和位置，这是波浪理论较之于道氏理论更为优越的地方。道氏理论必须等到新的趋势确立以后才能发出行动的信号，而波浪理论可以明确地知道目前股价是处在上升（或下降）的尽头，还是处在上升（或下降）的中途，可以更明确地指导操作。

艾略特波浪理论中所用到的数字2、3、5、8、13、21、34……都来自斐波那奇数列。这个数列是数学上著名的数列，它有很多特殊的性质，是波浪理论的数学基础。

二、波浪理论的主要原理

（一）波浪理论考虑的因素

波浪理论考虑的因素主要有三个方面：第一，股价走势所形成的形态；第二，股价走势图中各个高点和低点所处的相对位置；第三，完成某个形态所经历的时间长短。三个方面中，股价的形态是最重要的，它是指波浪的形状和构造，是波浪理论赖以生存的基础。

高点和低点所处的相对位置是波浪理论中各个波浪的开始和结束位置。通过计算这些位置，可以弄清楚各个波浪之间的相互关系，确定股价的回撤点和将来股价可能达到的位置。完成某个形态的时间可以让我们预先知道某个大趋势即将来临。波浪理论中各个波浪之间在时间上是相互联系的，用时间可以验证某个波浪形态是否已经形成。

以上三个方面可以简单地概括为：形态、比例和时间。这三个方面是波浪理论首先应考虑的，其中又以形态最为重要。

（二）波浪理论价格走势的基本形态结构

艾略特认为证券市场应该遵循一定的周期，周而复始地向前发展。股价的上下波动也是按照某种规律进行的。通过多年的实践，艾略特发现每一个周期（无论是上升还是下降）可以分成8个小的过程，这8个小过程一结束，一次大的行动就结束了，紧接着的是另一次大的行动。现以上升为例说明这8个小过程。

图8－32是一个上升阶段的8个浪的全过程。0～1是第一浪，1～2是第二浪，2～3是第三浪，3～4是第四浪，4～5是第五浪。这5浪中，第一浪、第三浪和第五浪被称为“上升主浪”，而第二浪和第四浪被称为是对第一浪和第三浪的“调整浪”。上述5浪完成后，紧接着会出现一个3浪的向下调整，这3浪是：从5到 a 为 a 浪、从 a 到 b 为 b 浪、从 b 到 c 为 c 浪。

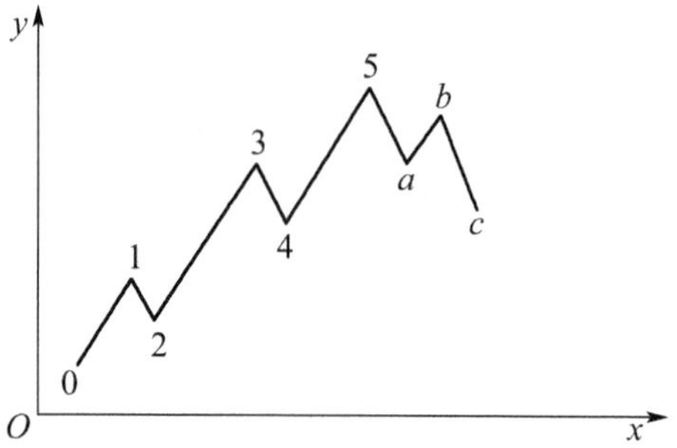

图8－32　8浪结构的基本形态图

应当注意，一个完整周期有上升趋势和下降趋势；而趋势是分层次的，处于层次较低的几个浪可以合并成一个较高层次的大浪，而处于层次较高的一个浪又可以细分成几个层次较低的小浪。但无论趋势是何种规模，8浪的基本形态结构是不会变化的。

在图8－32中，从0到5我们可以认为是一个大的上升趋势，而从5到 c 可以认为是一个大的下降趋势。如果我们认为5到 c 是3浪的话，那么 c 之后一定还会有上升的过程，只不过时间可能要等很长。这里说的 3 浪只不过是一个更大的 8 浪结构中的一部分。

三、波浪理论的应用及其应注意的问题

（一）波浪理论的应用

我们知道了一个大的周期的运行全过程，就可以很方便地对大势进行预测。首先，我们要明确当前所处的位置。只要明确了目前的位置，按波浪理论所指明的各种浪的数目就会很方便地知道下一步该干什么。

要弄清楚目前的位置，最重要的是认真、准确地识别 3 浪结构和 5 浪结构。这两种结构具有不同的预测作用。一组趋势向上（或向下）的 5 浪结构，通常是更高层次的波浪的 1 浪，中途若遇调整，我们就知道这一调整肯定不会以 5 浪的结构而只会以 3 浪的结构进行。

如果我们发现了一个 5 浪结构，而且目前处在这个 5 浪结构的末尾，我们就清楚地知道，一个 3 浪的回头调整浪即将出现。如果这一个 5 浪结构同时又是上一层次波浪的末尾，则我们就知道一个更深的、更大规模的 3 浪结构将会出现。

（二）应用波浪理论应注意的问题

尽管从表面上看，波浪理论会给我们带来利益，但是从波浪理论自身的构造看，它有许多不足之处，如果使用者过分机械、教条地应用波浪理论，肯定会招致失败。

波浪理论最大的不足是应用上的困难，也就是学习和掌握上的困难。波浪理论从理论上讲是 8 浪结构完成一个完整的过程，但是，主浪的变形和调整浪的变形会产生复杂多变的形态，波浪所处的层次又会产生大浪套小浪、浪中有浪的多层次形态，这些都会使应用者在具体数浪时发生偏差。浪的层次的确定和浪的起始点的确认是应用波浪理论的两大难点。波浪理论的第二个不足是面对同一个形态，不同的人会产生不同的数法，而且都有道理，谁也说服不了谁。例如，一个下跌的浪可以被当成第二浪，也可能被当成 a 浪。如果是第二浪，那么紧接而来的第三浪将是很诱人的；如果是 a 浪，那么这之后的下跌可能是很深的。具体结果如何尚需实践检验。

第六节　实例分析

本章系统介绍了技术分析的几种分析方法，这几种分析方法在实践中一般不能分割开来，需要同步分析，彼此印证结论。因此，本章在进行实例分析的过程中会进行综合分析。

选取腾龙股份 2019 年 11 月 14 日—2020 年 4 月 13 日行情来进行综合分析。图 8－33 为其日 K 线走势。

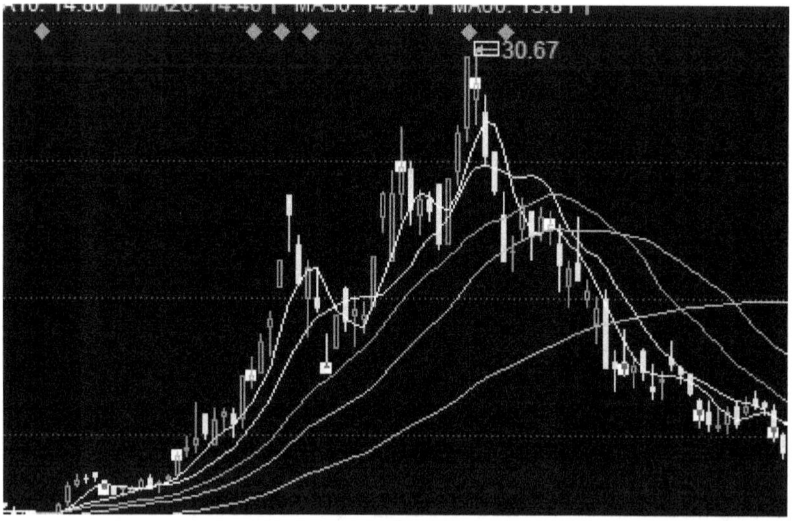

图 8-33　腾龙股份的日 K 线图

（一）波浪分析

运用软件的画图工具进行波浪画图，如图 8-34 所示，大致可以看出这一段时间的 8 浪形状，其中有上升 5 浪和下降 3 浪。观察可以发现，在第 5 浪，出现 1 次调整浪，但最终还是确定上升趋势。在 *a*-*b*-*c* 三浪中，*c* 浪出现两次调整。但是，最终还是完成了较为完整的 8 浪结构。

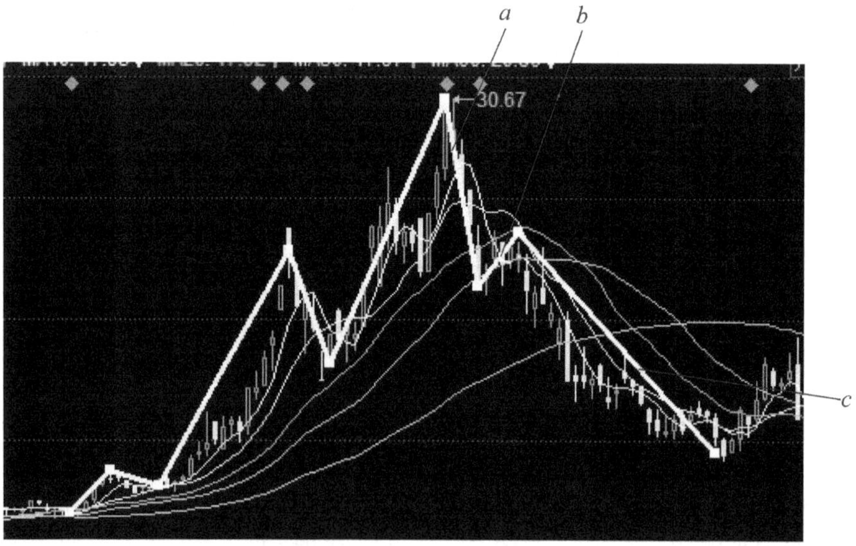

图 8-34　8 浪结构图

（二）形态分析

形态分析也可以从局部来分析和整体上来分析。当然我们可以先从此段日 K 线图中找到一些前面讲到的形态结构，如图 8-35 中的头肩顶反转等。

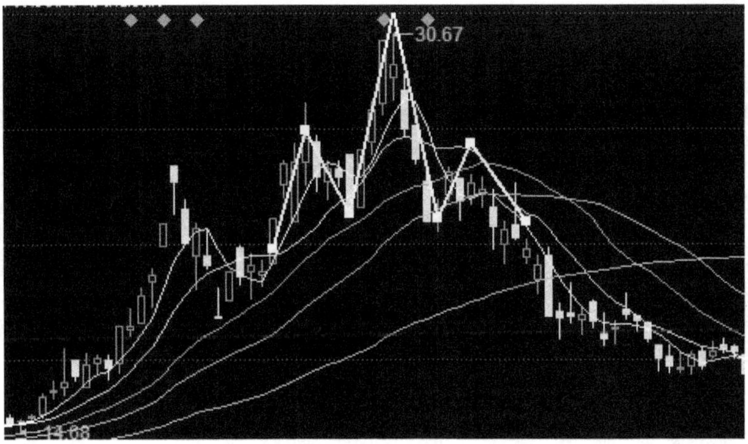

图 8－35　局部的形态结构

（三）切线分析

运用切线分析进行画图分析在实践中连接高点与高点、低点与低点时，可以连接三类点：最高价与最高价，最低价与最低价，收盘价与收盘价。这里切记一般不要将不同的点连在一起，会影响结论。

如图 8－36 所示，图中绘制了 2 条切线，其中 a 是两个相对低点的连线，形成一条支撑线。注意到在后期的走势中，a 线曾真正向下突破 1 次，后期股价不能站位在 a 线以上，而是承压向下，则后市需要看淡，这一波上升行情就此结束，转为下降行情。

b 线是前期两个高点的连线，因此是一条压力线。在中间位置股价曾有三次向上突破，但是都没有突破成功，说明此处承压严重，因此后市能否有效持续突破此处仍很关键。没有突破的话说明股价难以创新高。

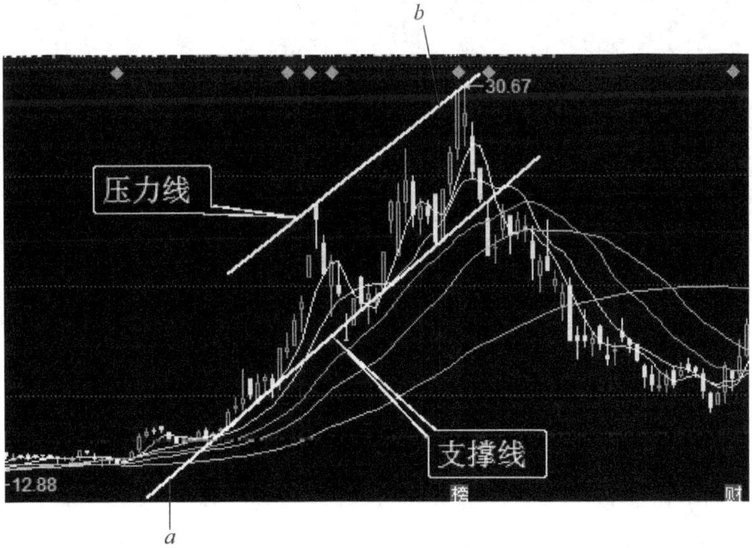

图 8－36　支撑线和压力线

图 8－37 的具体的分析方法与上面的支撑线和压力线类似，这里就不再赘述。

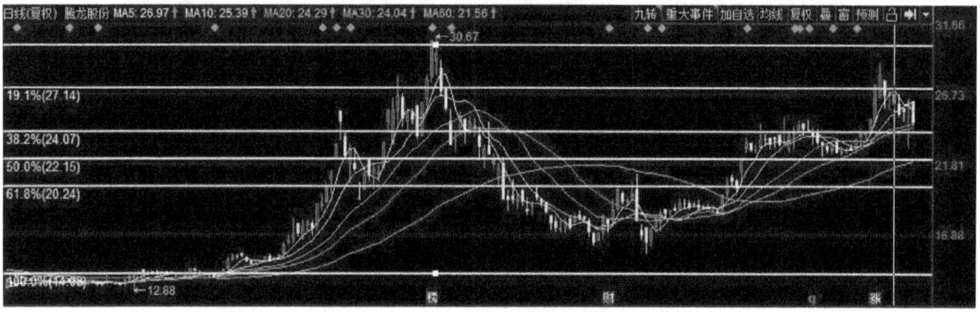

图 8－37　黄金分割线

（四）K 线分析

K 线分析的运用也是行情分析必不可少的一部分。对 K 线分析也可以分为短期、中期、长期，短期一般可以预测接下来几日的走势，但是由于股市交易中存在主力庄家的操控，使得 K 线图在一定程度上失真，因此预测的准确性不高。但是在分析趋势中仍然有重要意义，尤其是一些反转的组合形态。图 8－38 中已经标出了三种 K 线组合。

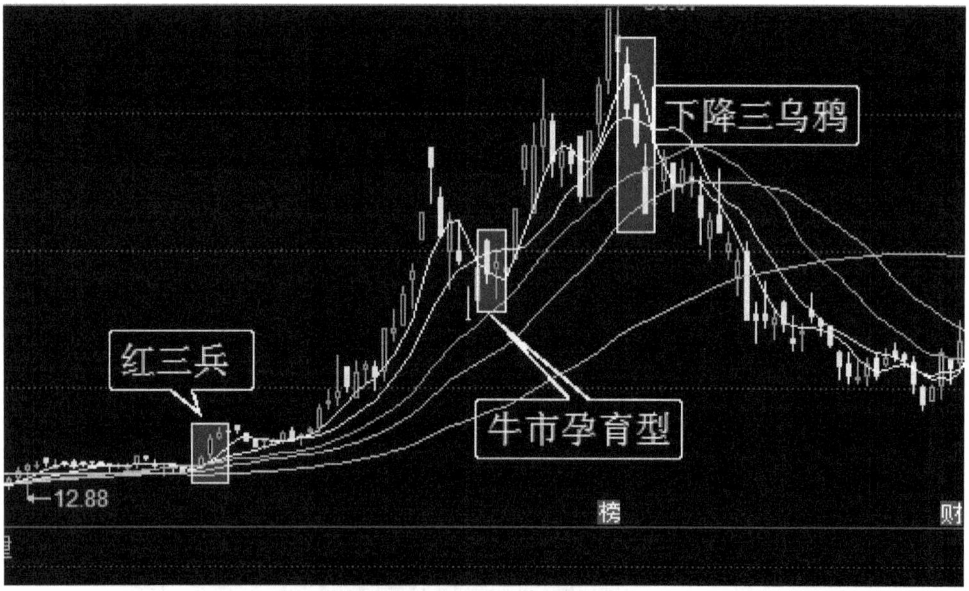

图 8－38　K 线组合形态

在运用 K 线分析的过程中，可以看到，前述几种分析方法所运用到的图都涉及日 K 线图，K 线图的重要性可见一斑。另外，在分析中长期行情时，也可以选择周、月 K 线图作为分析的对象，同样进行波浪分析、形态分析、切线分析以及 K 线分析。总之，合理运用各种分析方法，灵活运用分析周期，可以使结论更可靠。

本章小结

1. 技术分析是通过对市场过去和现在的行为，运用一系列方法进行归纳和总结，概括出一些典型的行为，并据此预测证券市场的未来变化。其理论基础是道氏理论，一般来说，可以将技术分析方法分为如下常用的五类：指标分析法、切线分析法、形态分析法、K 线分析法、波浪分析法。

2. 技术分析作为一种证券投资分析工具，在应用时应该注意以下问题：① 技术分析必须与基本分析结合起来使用；② 多种技术分析方法综合研判；③ 理论与实践相结合。

3. 技术分析可以归结为价、量、时间、空间之间关系的分析。同时，长、中、短期的技术分析的侧重点有所差别，结论当然不同。因此，在实战中对势的把握千万不可忽视。

同步练习

一、案例分析题

上海浦东发展银行股份有限公司是一家全国性股份制商业银行，主营业务是经有关监管机构批准的各项商业银行业务，总行设在上海。目前，在全国 28 个省、市、自治区、特别行政区，144 个城市，设立了 36 家直属分行，668 个营业机构，在香港设立了分行，员工达 29 036 名，架构起全国性商业银行的经营服务格局。其股票的最近走势如图 8－39 所示。请思考：

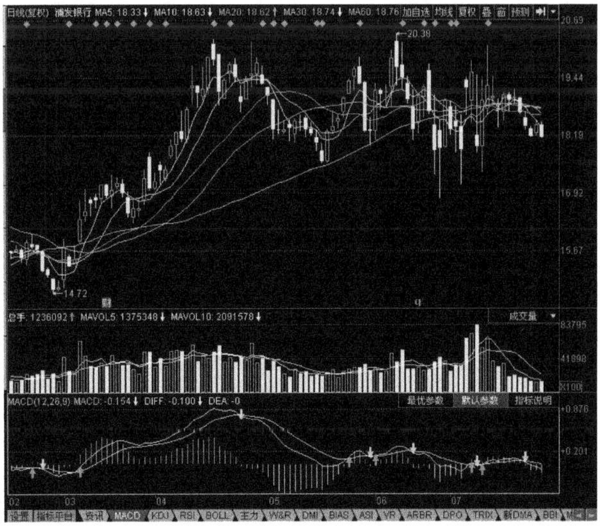

图 8－39　上海浦发银行近期走势图

（1）利用切线分析法，画出该图中较重要的支撑线和压力线；
（2）利用形态分析法，分析股价走势中出现的形态；
（3）利用K线组合分析未来几日可能出现的走势；
（4）利用波浪分析法，分析该股票价格走势所处的趋势。

二、思考题

1. 运用切线分析法时，应注意哪些方面？
2. 反转形态和持续形态的不同有哪些？

第九章　证券投资技术指标分析

【学习目标】

- 掌握技术指标的应用原则；
- 理解技术指标的计算及来源；
- 了解技术指标的各种形式。

【关键术语】

ADL　ADR　OBOS　MA　MACD　WMS　KDJ　RSI　BIAS　PSY　OBV　AR　BR

要想在股市上赚钱，需要学习相关的知识，而目前我国大多数的散户都喜欢短线操作，所以运用技术指标是常用的方法，那技术指标到底有哪些？如何使用这些指标？通过本章的学习大家就会掌握相关的知识，提高购买股票赚钱的准确性。

第一节　技术指标分析简介

一、技术指标的含义与本质

证券投资技术指标分析专指对市场本身行为的研究而非对市场交易的商品的研究，是证券投资分析中较为常用的一种方法。利用各种数学公式通过计算，从而找出规律性的东西，提供证券买卖的时间价位。

所谓技术指标分析，就是应用一定的数学公式，对原始数据进行处理，得出指标值，将指标值绘成图表，从定量的角度对股市进行预测的方法。技术指标法的本质是通过数学公式产生技术指标。由于技术指标分析的结果是经过量化的，因而较为精确，排除异常因素，在研判交易状态或趋势上较为可靠。

技术指标从不同的角度有不同的分类。本书以技术指标的功能为划分依据，将常用的技术指标分为大势型指标、趋势型指标、超买超卖型指标和人气型指标四类。

其他技术分析方法都有一个共同的特点，就是过分重视价格，而对成交量重视不够。然而没有成交量的分析，无疑是丢掉了重要的一类信息，分析结果的可信度将降低。技术指标种类繁多，考虑的方面也多，人们能够想到的，都能在技术指标分析法中得到体现。这一点是别的技术分析方法无法比拟的。

在进行技术指标的分析与判断时，也经常用到别的技术分析方法的基本结论。

技术指标应用时需要注意的问题。① 任何技术指标都有自己的适应范围和应用条件，得出的结论也都有成立的前提和可能发生的意外。因此，如果不管这些结论成立的条件，盲目绝对地相信技术指标，是要出错的。但从另外一个角度看，也不能认为技术指标有可能出错而完全否定技术指标的作用。② 应用一种指标容易出现错误，但当使用 4 ～ 5 个具有互补性的指标时，可以极大地提高预测精度。

二、技术指标分析的研判角度

1. 技术指标的背离

通过技术指标值显示的趋势与实际股价走势之间的拟合及背离程度，预见当前股价走势是否存在较大的反转可能。指标背离，通常分为顶背离和底背离，是预示市场走势即将见顶或者见底。在几乎所有的技术指标功效中都有背离提示的功能。价格创新高而指标没有创新高为顶背离（见图 9 - 1）。

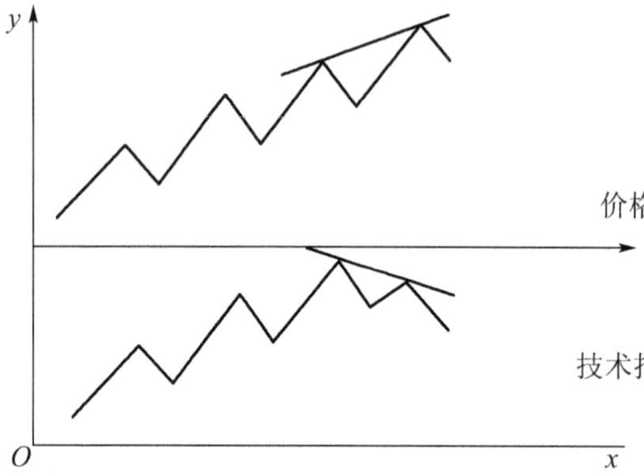

图 9 - 1　顶背离

价格创新低而指标没有创新低为底背离（见图 9 - 2）。

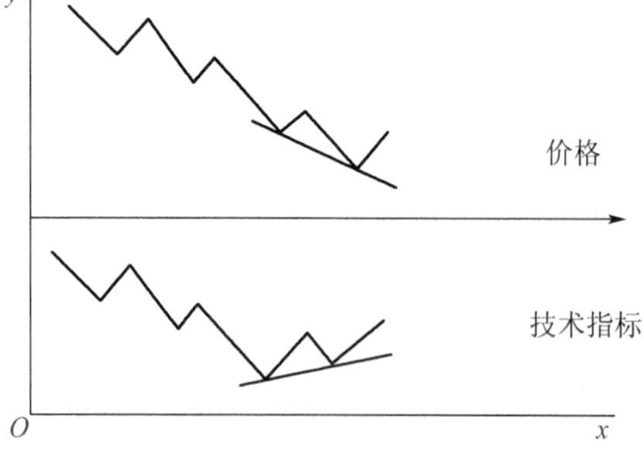

图 9 - 2　底背离

2. 技术指标的交叉

技术指标的交叉是指技术指标图形中的两条曲线发生了相交现象。

实际中有两种类型的指标交叉（见图9-3），第一种是同一个技术指标的不同参数的两条曲线之间的交叉，常说的黄金交叉和死亡交叉就属于这一类；第二种交叉是技术指标曲线与固定的水平直线之间的交叉。水平直线通常是横坐标轴，横坐标轴是技术指标取值正负的分界线，技术指标与横坐标轴的交叉表示技术指标由正变负或由负变正。技术指标的交叉表明多空双方力量对比发生了改变，至少说明原来的力量对比受到了"挑战"。

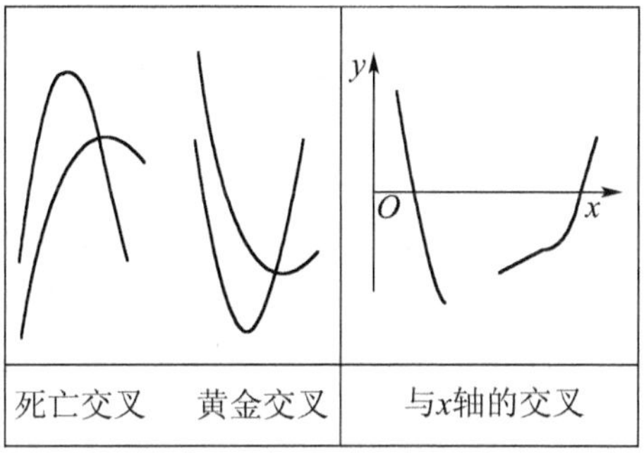

图9-3　技术指标的交叉

3. 技术指标的极端值

技术指标的极端值是指技术指标的取值极其大或极其小超出正常范围，技术术语上将这样的情况称为技术指标进入超买区和超卖区。大多数技术指标的"初衷"是用一个数字来描述市场的某个方面的特征，如果技术指标值的数字太大或太小，就说明市场的某个方面已经达到了极端的地步，应该引起注意。

4. 技术指标的形态

技术指标的形态是指技术指标曲线的波动过程中出现了形态理论中所介绍的反转形态或持续整理形态。反转形态表示市场经过一段时期的酝酿后，决定改变原有趋势，而采取相反的发展方向；持续整理形态则表示市场将顺着原有趋势的方向发展，从而根据形态理论的结论进行预测股价。在实际中，出现的形态主要是双重顶底和头肩形（见图9-4）。个别时候还可以将技术指标曲线看成价格曲线，根据形态使用支撑压力线对其进行分析。

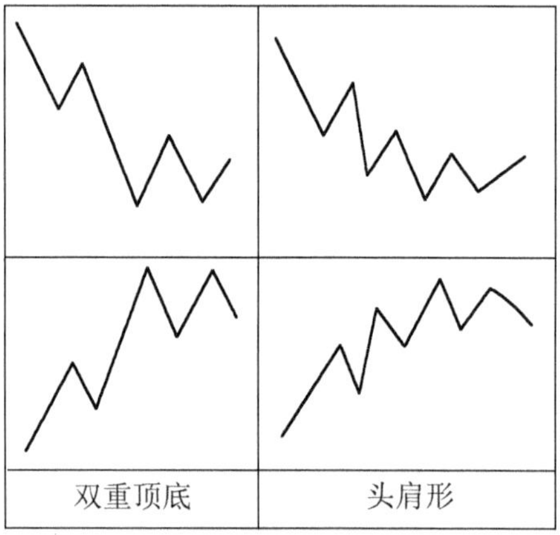

图 9－4　双重顶底、头肩形

5. 技术指标的转折

技术指标的转折是指技术指标曲线在高位或低位调头。有时，这种调头表明前面过于极端的行动已经走到了尽头，或者暂时遇到了“麻烦”；有时，这种调头表明一个趋势将要结束，而另一个趋势将要开始。技术指标中转折的典型代表是方向指标DMI。这种研判须将技术指标动态化和图表化，转折的出现往往预示着原有趋势的结束和相反趋势的开始。

6. 技术指标变化的活跃度

例如，某些技术指标在高位或低位可能出现钝化状态，也可能出现大起大落的特征。出现这种局面与市场人气、投机操作等都可能有密切关系，往往也预示着投资风险或机会。

7. 技术指标分析的盲区

所谓技术指标分析的盲区就是指技术指标无法预测或者预测失灵的区域。比如当盘整时，技术指标多次交织在一起，其发出的买卖信号失灵的区域。技术指标在大部分时间里是无能为力的。也就是说，在大部分时间里，技术指标都不能发出买入或卖出的信号。这是因为在大部分时间技术指标是处于“盲”的状态，只有在很少的时候，技术指标才能“看清”市场，发出信号。我国目前对于技术指标的使用，在这个方面有极大的偏差，相当一批对技术指标了解不深的投资者都是在这个问题上犯了错误。

第二节　大势型指标

大势型指标是指专用于判断大盘走势的指标，一般无法在个股画面中使用（COPPOCK 指标除外），大势型指标主要有 ADL、ADR、OBOS、COPPOCK 估波指标等，本教材主要介绍前三个。

一、腾落指数（ADL）

1. 简介

腾落指数（A. D. Line），是以股票每天上涨或下跌之家数作为计算与观察的对象，以了解股市人气的盛衰，探测大势内在的动量是强势还是弱势，用以研判股市未来动向的技术性指标。

ADL 的计算公式为：

$$今日\ ADL = 昨日\ ADL + NA - ND$$

其中，NA 是今天所有股票中上涨的数量，ND 是下降的数量。这里的涨跌的判断标准是以今日收盘价与上一日收盘价相比较。ADL 的应用重在相对走势，并不看重取值的大小。ADL 的取值大小是没有意义的。ADL 只适用于对大势未来走势变动的参考，不能对选择的个股股票提出有益的帮助。

2. 运用原则

腾落指数与股价指数比较类似，两者均为反映大势的动向与趋势，不对个股的涨跌提供信号，但由于股价指数在一定情况下受制于权值大的股票，当这些股票发生暴涨与暴跌时，股价指数有可能反应过度，从而给投资者提供不实的信息，腾落指数则可以弥补这一类的缺点。

由于腾落指数与股价指数的关系比较密切，观图时应将两者联系起来共同探讨。一般情况下，股价指数上升，腾落指数亦上升，或两者皆跌，则可以对升势或跌势进行确认。如若股价指数大动而腾落指数横行，或两者反方面波动，不可互相印证，说明大势不稳，不可贸然入市。具体来说有以下六种情况。

（1）股价指数持续上涨，腾落指数亦上升，股价可能仍将继续上升。

（2）股价指数持续下跌，腾落指数亦下降，股价可能仍将继续下跌。

（3）股价指数上涨，而腾落指数下降，股价可能回跌。

（4）股价指数下跌，而腾落指数上升，股价可能回升。

（5）股市处于多头市场时，腾落指数呈上升趋势，其间如果突然出现急速下跌现象，接着又立即扭头向上，创下新高点，则表示引领行情可能再创新高。

（6）股市处于空头市场时，腾落指数呈现下降趋势，其间如果突然出现上升现象，接着又回头，下跌突破原先所创低点，则表示另一段新的下跌趋势产生。

二、涨跌比率（ADR）

1. 简介

涨跌比率（ADR）又称回归式的腾落指数，是将一定期间内，股价上涨的股票家数与下跌的股票家数做统计求出其比率（见图 9－5）。其理论基础是“钟摆原理”，由于股市的供需有若钟摆的两个极端位置，当供给量大时，会产生物极必反的效果，往需求方向摆动的拉力越强；反之，亦然。

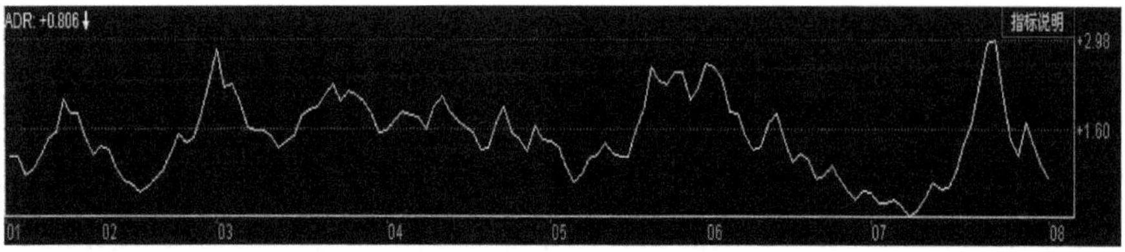

图 9－5　ADR 技术指标图

ADR 的计算公式为：

$$ADR\ (n) = P_1/P_2$$

式中，P_1 为 n 日内股票上涨家数之和；P_2 为 n 日内股票下降家数之和。n 值一般取 14 日，也有用 10 日或者 24 日，甚至更长如 6 周、13 周、26 周等。

涨跌比率的计算方法与移动平均线的计算方法完全相同，如以 6 日为 X 期间时，当第七日的涨跌家数累计加入后，必须同时将第一的涨跌家数删除以保持 6 日的最新移动资料。涨跌比率所采样的期间，决定线路上下的震荡次数与空间，期间愈大，上下震荡的空间愈小；反之，期间愈小，震荡空间愈大。

ADR 的取值范围是以 1 为中心。ADR 取值在 0.5 ～ 1.5 之间，是 ADR 处在常态的状况，多空双方都不占大的优势。超过了 ADR 的常态状况的上下限，市场就进入了“非”常态的状况。ADR 进入“非”常态状况就是采取行动的信号。

2. 运用原则

（1）当涨跌比率大于 1.5 时，表示股价长期上涨，有超买的现象，股价可能要回跌。

（2）当涨跌比率小于 0.5 时，表示股价长期下跌，有超卖的现象，股价可能出现反弹或回升。

（3）当涨跌比率在 1.5 与 0.5 之间上下跳动时表示股价处于正常的涨跌状况，没有特殊的超买或超卖现象。

（4）当涨跌比率出现在 2 以上或 0.3 以下时，表示股市处于大多头市场或大空头市场的末期，有严重超买或超卖现象。

（5）除了股价进入大多头市场，或展开第二段上升行情之初期，涨跌比率有机会出现 2.0 以上的绝对买卖数字外，其余次级上升行情超 1.5 即是卖点，且多头市场低于 0.5 元现象极少，是极佳之买点。

（6）涨跌比率如果不断下降，低于 0.75，通常显示短线买进机会。在空头市场初期，如果降至 0.75 以下，通常暗示中级反弹机会，而在空头市场末期，10 日涨跌比率降至 0.5 以下时，为买进时机。

（7）对大势而言，涨跌比率有先行示警作用，尤其是在短期反弹或回档方面，更能比图形领先出现征兆。若图形与涨跌比率成背驰现象，则大势即将反转。

三、超买超卖型指标（OBOS）的简介及运用原则

1. 简介

超买超卖型指标又称超买超卖线，其英文全称是“over bought over sold”，和ADR、ADL一样是专门研究股价指数走势的中长期技术分析工具。由腾落指标可从上涨下跌家数的累积值，作出一条与股价线相比较的曲线，但这种比较只有四组排列组合，而且四组中，指数与腾落指数同升跌无特殊之意义，只有指数与腾落指数相背离的现象才值得讨论，所以实际运用上常有无处施力之感，于是产生一种加大ADL线的振幅的分析方法——OBOS。

超买超卖型指标与腾落指数一样属于分析大势的一种技术分析指标，它分析的主要用途在于分析大势的涨跌气势，使股市潜在的趋势清楚地表现出来。它是利用统计原理来测量股市气势的方法，以简单的股价涨跌资料作为计算的基础。OBOS主要用于衡量大势涨跌气势。OBOS为大势分析指标，也是涨跌家数的相关差异性，借以了解大势买卖气势的强弱及走向，以便操作之参考。

OBOS是通过计算一定时期内市场涨、跌股票数量（家数）之间的相关差异性，了解整个市场买卖气势之强弱，以及未来大势走向如何（见图9-6）。计算公式为：

$$\text{OBOS}\ (n) = P_a - P_b$$

其中 P_a 表示市场上涨股票家数，P_b 表示市场下跌股票家数。

OBOS的多空平衡位置应该是0。OBOS大于0或小于0就是多方或空方占优势。

当市场处于盘整时期时，OBOS的取值应该在0的上下来回摆动。如果是多头市场，OBOS应该是正数，并且距离0较远。同样，市场处在空头市场时，OBOS应该是负数，并且距离0较远。

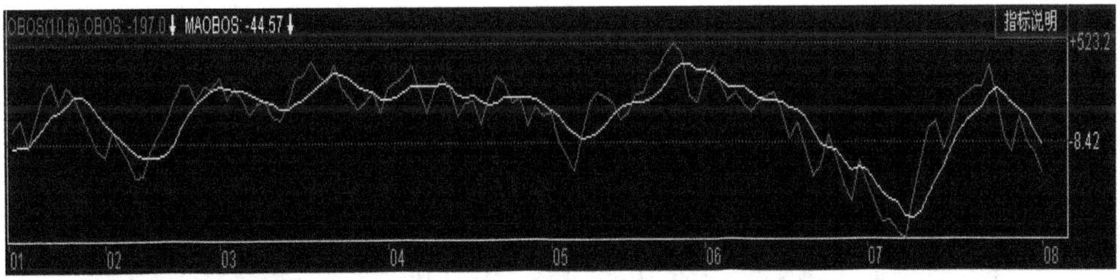

图9-6　OBOS技术指标图

2. 运用原则

（1）OBOS的数值可为正数亦可为负数，当OBOS为正数时，市场处于上涨行情，反之为下跌行情。

（2）10日OBOS对大势有先行指标之功能，一般走在大势前，6日或24日的OBOS因其波动太敏感或太滞缓，参考价值不大。

（3）当OBOS达到一定正数值时，大势处于超买阶段，可选择时机卖出。反之，

当 OBOS 达到一定负数值时，大势超卖，可选择时机买进。OBOS 的超买和超卖的指标区域，因市场上市的总股只多寡而变。

（4）OBOS 走势与股价指数相背离时，需注意大势反转迹象。

（5）OBOS 可用趋势线原理进行研制，当 OBOS 突破其趋势线时，应提防大势随时反转。

（6）OBOS 亦可采用形态原理对其研制，特别当 OBOS 高档走出 M 头或低档走出 W 底时，可按形态原理做出买进或卖出之抉择。

OBOS 反映的是股市的大趋势，对个股的走势不提出明确的结论，因此，在应用时只可将其作为大势参考指标，不对个股的具体买卖发生作用。

第三节　趋势型指标

趋势型指标是指用来判断股价运行方向规律的指标，是投资者最容易在市场中获利的方法。

一、移动平均线（MA）

1. 简介

移动平均线（简称“均线”）是由著名的美国投资专家 Joseph E. Granville（葛兰威尔）在 20 世纪中期提出来的。均线理论是当今应用最普遍的技术指标之一，它帮助交易者确认现有趋势、判断将出现的趋势、发现过度演生即将反转的趋势。

MA 是指用统计分析的方法，将一定时期内的证券价格（指数）加以平均，并把不同时间的平均值连接起来，形成一根 MA，用以观察证券价格变动趋势的一种技术指标（见图 9－7）。

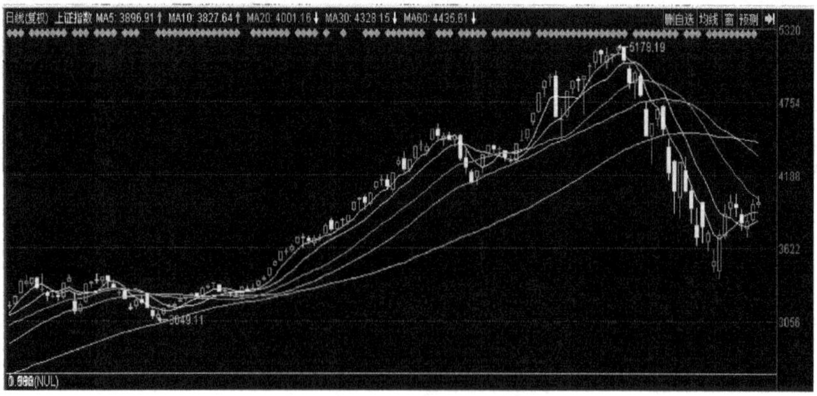

图 9－7　MA 走势图

移动平均线（MA）可分为算术移动平均线（SMA）、加权移动平均线（WMA）和指数平滑移动平均线（EMA）三种。

根据计算期的长短，MA 又可分为短期、中期和长期移动平均线。通常以 5 日、10 日线观察证券市场的短期走势，称为短期移动平均线；以 30 日、60 日线观察中期走势，称为中期移动平均线；以 13 周、26 周研判长期趋势，称为长期移动平均线。西方投资机构重视 200 天移动平均线，并以此作为长期投资的依据：若行情在 200 天均线以下，属空头市场；反之，为多头市场。图 9－7 是上证指数的均线，分别是 MA5，MA10，MA20，MA30，MA60 日均线，分别代表 5，10，20，30，60 日均线，实际分析软件中会用不同的颜色来表示，可结合股票行情软件来学习。

2. MA 的特点

MA 的基本思想是消除股价随机波动的影响，寻求股价波动的趋势。它有以下几个特点：

① 追踪趋势。MA 能够表示股价的趋势方向，并追踪这个趋势。如果能从股价的图表中找出上升或下降趋势，那么，MA 将与趋势方向保持一致。原始数据的股价图表不具备这个追踪趋势的特性。

② 滞后性。在股价原有趋势发生反转时，由于 MA 追踪趋势的特征，使其行动往往过于迟缓，调头速度落后于大趋势。这是 MA 一个极大的弱点。

③ 稳定性。根据移动平均线的计算方法，要想较大地改变移动平均线的数值，当天的股价必须有很大的变化，因为 MA 是几天股价变动的平均值。

④ 助涨助跌性。当股价突破移动平均线时，无论是向上还是向下突破，股价都有继续向突破方向发展的愿望。

⑤ 支撑线和压力线的特性。

MA 在股价走势中起支撑线和压力线的作用。MA 被突破，实际上是支撑线和压力线被突破。

3. MA 的应用法则——葛兰威尔法则（简称“葛氏法则”）

在 MA 的应用上，最常见的是“移动平均线八大买卖法则”（见图 9－8）。

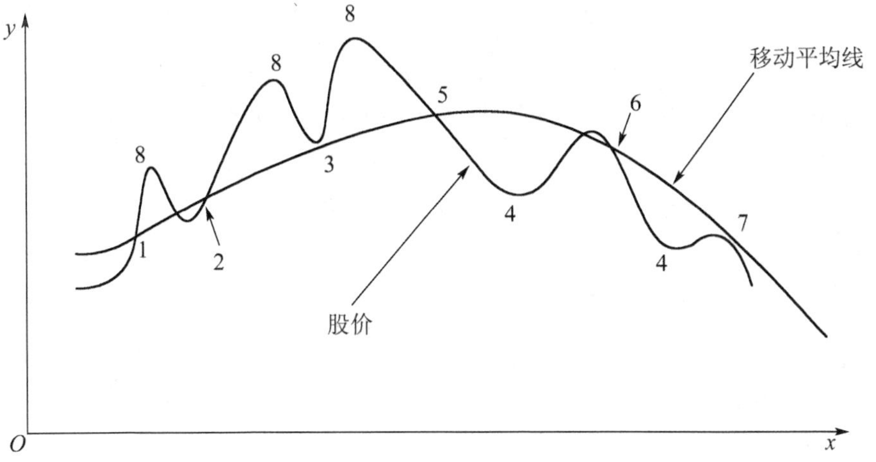

图 9－8　葛兰威尔买卖信号图

葛氏法则的内容是：平均线从下降开始走平，股价从下上穿平均线（1 点处）；股价跌破平均线，但平均线呈上升态势（2 点处）；

股价连续上升远离平均线，突然下跌，但在平均线附近再度上升（3 点处）；

股价跌破平均线，并连续暴跌，远离平均线（4 点处）。

以上四种情况均为买入信号。

移动平均线呈上升状态，股价突然暴涨且远离平均线（5 点处）；

平均线从上升转为盘局或下跌，而股价向下跌破平均线（6 点处）；

股价走在平均线之下，且朝着平均线方向上升，但未突破平均线又开始下跌（7 点处）；

股价向上突破平均线，但又立刻向平均线回跌，此时平均线仍持续下降（8 点处）。

以上四种情况均为卖出信号。

葛氏法则的不足是没有明确指出投资者在股价距平均线多远时才可以买进卖出，这可用后面的乖离率指标弥补。

4. MA 的组合应用

（1）“黄金交叉”与“死亡交叉”

当现在价位站稳在长期与短期 MA 之上，短期 MA 向上突破长期 MA 时，为买进信号，此种交叉称为“黄金交叉”，简称“金叉”（见图 9－9）；如 10 日均线与 30 日均线交叉时，10 日均线由下往上穿越 30 日均线，形成 10 日均线在上，30 日均线在下时，就是“黄金交叉”。“黄金交叉”预示多头市场来临，股市将上升，此时是进场的最佳时机。

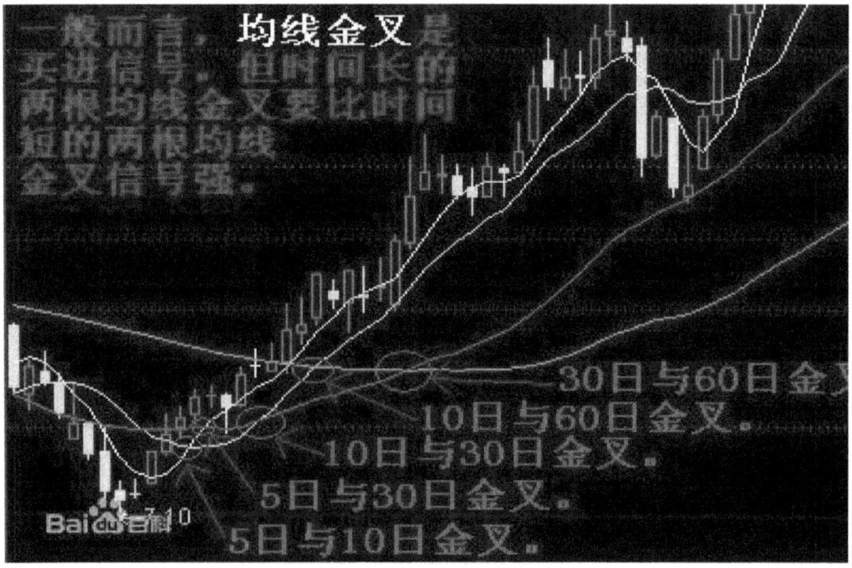

图 9－9　均线金叉图

反之，若现在行情价位于长期与短期 MA 之下，短期 MA 又向下突破长期 MA 时，则为卖出信号，交叉称之为“死亡交叉”。如 30 日均线与 10 日均线交叉时，30 日均线由下往上穿越 10 日均线，形成 30 日均线在上、10 日均线在下时，就是“死亡交叉”。“死亡交叉”预示空头市场来临，股市将下跌，此时是出场的最佳时机。

无论是黄金交叉还是死亡交叉，都是一个买卖的进出信号。在个股走势的分析中，可以把握进出的时机；在指数走势的分析中，又可以判断牛熊的态势。这两种交叉，在长期应用中准确率比较高。

（2）长、中、短期移动平均线的组合使用

股价处于最上方，短、中、长期移动平均线按顺序自上而下并列，且各条线都呈上升趋势，是明显的多头行情，可以买进或加仓。

当股价处于最下方，长、中、短期移动平均线按顺序自上而下并列，且各条线都呈下降趋势时，是典型的空头行情，可以卖出多头、买进空头或空头加仓。

二、指数平滑异同移动平均线（MACD）

MACD 是利用快速移动平均线和慢速移动平均线之间的聚合和分离情况，对买进、卖出时机做出研判的技术指标。MACD 是一种中线趋势指标，存在一定的滞后性；在盘整行情会失去效用。

1. MACD 的计算公式

MACD 在应用上应先行计算出快速（一般选 12 日）移动平均值与慢速（一般选 26 日）移动平均值。以这两个数值作为测量两者（快速与慢速线）间的“差离值”依据。

所谓“差离值”（DIF），即 12 日 EMA（指数移动平均值）数值减去 26 日 EMA 数值。因此，在持续的涨势中，12 日 EMA 在 26 日 EMA 之上。其间的正差离值（+DIF）会愈来愈大。反之在跌势中，差离值可能变负（-DIF），也愈来愈大。至于行情开始回转，正或负差离值要缩小到一定的程度，才真正是行情反转的信号。MACD 的反转信号界定为“差离值”的 9 日移动平均值（9 日 EMA）。在 MACD 的指数平滑异同移动平均线计算公式中，都分别加 T+1 交易日的分量权值，以现在流行的参数 12 日和 26 日为例，其公式如下：

12 日 EMA 的计算：EMA12 = 前一日 EMA12 × 11 ÷ 13 + 今日收盘价 × 2 ÷ 13。

26 日 EMA 的计算：EMA26 = 前一日 EMA26 × 25 ÷ 27 + 今日收盘价 × 2 ÷ 27。

差离值（DIF）的计算：DIF = EMA12 - EMA26 。

根据离差值计算其 9 日的 EMA，即离差平均值，是所求的 MACD 值。为了不与指标原名相混淆，此值又名 DEA（离差平均值）或 DEM。

$$今日\ DEA = (前一日\ DEA \times 8 \div 10 + 今日\ DIF \times 2 \div 10)$$

计算出的 DIF 与 DEA 为正或负值，因而形成在 x 轴上下移动的两条快速与慢速线。为了方便判断，用 DIF 减去 DEA 绘制柱状图。MACD 指标是由两线一柱组合起来形成，快速线为 DIF，慢速线为 DEA，柱状图为 MACD。

- x 轴：其上方为正值区域，属多方领地；其下方为负值区域，属空方领地。
- 曲线：一为 DIF，属快线；一为 DEA，属慢线。
- 柱线：分为红色柱状线和绿色柱状线。红色柱状线运行在正值区域内；绿色柱状线运行在负值区域内。
- MACD 参数设置：常规设置为 12、26、09（常规分析）。

2. MACD 的应用法则

第一，以 DIF 和 DEA 的取值和这两者之间的相对取值对行情进行预测。其应用法则见图 9－10。

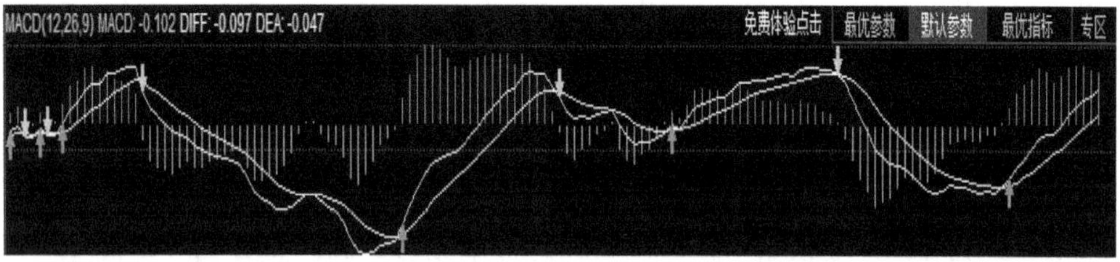

图 9－10　MACD 指标图

（1）DIF 和 DEA 均为正值时，属多头市场。DIF 上穿（从下往上穿）DEA 谓之金叉（黄金交叉），DIF 向上突破 DEA 是买入信号。

x 轴之上金叉，看多；x 轴之下金叉，多为反弹；x 轴附近金叉，看多。

（2）DIF 和 DEA 均为负值时，属空头市场。DIF 下穿（从上往下穿）DEA 谓之死叉（死亡交叉），DIF 向下突破 DEA 是卖出信号。

x 轴之上死叉，多为回调；x 轴之下死叉，看空；x 轴附近死叉，看空。

（3）当 DIF 向下跌破 x 轴线时，为卖出信号。

第二，指标背离原则。

（1）顶背离

价位逐波上行创新高，而 DIF 和 DEA 没有创新高；预示一轮升势将尽，短期可能见顶回落；若金价出现大幅上涨后，MACD 出现两次死叉，则下跌的概率会更大。

（2）底背离

价位逐波下行创新低，而 DIF 和 DEA 没有创新低；预示一轮跌势将尽，短期可能止跌回升；若金价出现大幅下跌后，MACD 出现两次金叉，则上涨的概率会更大。

MACD 的优点是剔除了 MA 频繁的买入卖出信号，MACD 指标的使用相对要简单且出错概率较小，特别是在判断长期趋势中，长周期 K 线的 MACD 指标准确率更高。MACD 的缺点如下。第一，由于 MACD 是一项中、长线指标，买进点、卖出点和最低价、最高价之间的价差较大。当行情忽上忽下幅度太小或盘整时，按照信号进场后随即又要出场，买卖之间可能没有利润，也许还要赔点价差或手续费。第二，一两天内涨跌幅度特别大时，MACD 来不及反应，因为 MACD 的移动相当缓和，比较行情的移动有一定的时间差，所以一旦行情迅速大幅涨跌，MACD 不会立即产生信号，此时，MACD 无法发生作用。

第三，红柱与绿柱使用原则。

红柱表示正值，绿柱表示负值。用红绿柱来分析行情，既直观明了又实用可靠。

（1）当红柱持续放大时，表明股市处于牛市行情中，股价将继续上涨，这时应持股待涨或短线买入股票，直到红柱无法再放大时才考虑卖出。

（2）当绿柱持续放大时，表明股市处于熊市行情之中，股价将继续下跌，这时应持币观望或卖出股票，直到绿柱开始缩小时才可以考虑少量买入股票。

（3）当红柱开始缩小时，表明股市牛市即将结束（或要进入调整期），股价将大幅下跌，这时应卖出大部分股票而不能买入股票。

（4）当绿柱开始收缩时，表明股市的大跌行情即将结束，股价将止跌向上（或进入盘整），这时可以少量进行长期战略建仓而不要轻易卖出股票。

（5）当红柱开始消失、绿柱开始放出时，这是股市转市信号之一，表明股市的上涨行情（或高位盘整行情）即将结束，股价将开始加速下跌，这时应开始卖出大部分股票而不能买入股票。

（6）当绿柱开始消失、红柱开始放出时，这也是股市转市信号之一，表明股市的下跌行情（或低位盘整行情）已经结束，股价将开始加速上升，这时应开始加码买入股票或持股待涨。

第四节　超买超卖型指标

对某种股票的过度买入称之为超买，反之，对某种股票的过度卖出则称之为超卖。超买超卖型指标是判断市场处于正常状态，还是超买超卖状态的分析指标。

一、威廉指标（WMS）

威廉指标 WMS 起源于期货市场。威廉指标是用于判断市场是否处于买卖过度（即超买超卖）状态的分析指标。这个指标是一个振荡指标，是依股价的摆动点来度量股票/指数是否处于超买或超卖的现象。它衡量多空双方创出的峰值（最高价）距每天收市价的距离与一定时间内（如 7 天）的股价波动范围的比例，以提供股市趋势反转的信号。

1. WMS 的计算公式

WMS 的计算公式如下：

$$WMS = 100 \times (H_n - C)/(H_n - L_n)$$

或

$$WMS = 100 - 100 * (C - L_n) / (H_n - L_n)$$

C、H_n、L_n 分别代表当日收盘价、n 日内的最高价和最低价，n 一般取 14。其含义是当天收盘价在过去确定时间内的全部价格范围内所处的相对位置。威廉指标值较小，说明价格处于相对较高位置，要提防回落；反之，注意反弹。

2. 应用法则

从两方面考虑（见图 9－11）：

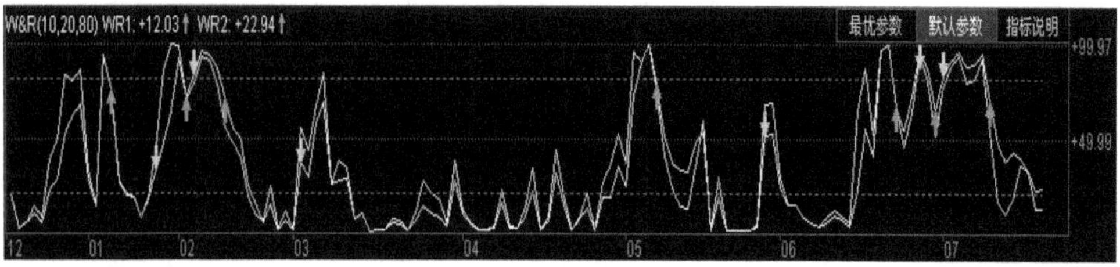

图 9－11　WMS 指标图

（1）WMS 的数值大小

如果 WMS 的值比较小，则当天的价格处在相对较高的位置，要提防回落；如果 WMS 的值较大，则说明当天的价格处在相对较低的位置，要注意反弹。WMS 的取值范围为 0 ～ 100。

当 WMS 高于 80 时，市场处于超买状态，股市走势向下。但价格可能已达到或接近底部，上涨可能增大，应当考虑买进。

当 WMS 低于 20 时，处于超卖状态，虽处强势，但走势随时可能见顶回落，应当考虑卖出。

在具体实战中，当威廉曲线向上突破 80 超买线而进入超买区运行时，表明股价进入强势拉升行情，这时提醒投资者要密切关注行情的未来走势，只有当 WMS 曲线再次向上突破 80 时，才为投资者提出预警，为投资者买卖决策提供参考。同样，当威廉曲线向下突破 20 超卖线而进入超卖区运行时，表明股价的强势下跌已经缓和，这时可提醒投资者为买入做准备，而只有当 WMS 曲线再次向上突破 20 时，投资者才可真正短线买入。

（2）WMS 曲线的形状

这里介绍背离原则以及撞顶和撞底次数的原则。

① 在 WMS 进入低数值区位后（此时为超卖），一般要回头。如果这时股价还继续上升，就会产生背离，是卖出的信号。

② 在 WMS 进入高数值区位后（此时为超买），一般要反弹。如果这时股价还继续下降，就会产生背离，是买进的信号。

③ WMS 连续几次撞顶（底），局部形成双重或多重顶（底），则是卖出（买进）的信号。

注意：由于股市气氛的变化，超买后还可能超买，超卖后也可能超卖，因此，当WMS线明显反转，跌破卖出线或突破买入线时，才是准确的买卖信号。

WMS的计算中 n 值的数值选择非常关键：n 值越小，指标波动频率越快，把握价格变化的灵敏度就越高；反之，指标波动频率越慢，灵敏度就越低。

WMS指标信号出现过于频繁，反应过于灵敏，指标波动频率过快，引起信号频发现象，误差率也非常高，过多的信号和严重的误差率造成投资者不敢轻易使用它。使用威廉指数对行情进行分析时，最好同时使用强弱指数配合加以验证。

二、随机指标（KDJ）

随机指标是一种相当新颖、实用的技术分析指标，它起先用于期货市场的分析，后被广泛用于股市中短期趋势分析，是期货和股票市场上最常用的技术分析工具。随机指标是用于股票分析的统计体系，根据统计学原理，通过一个特定的周期（常为9日、9周等）内出现过的最高价、最低价和最后一个计算周期的收盘价，以及这三者之间的比例关系，来计算最后一个计算周期的未成熟随机值（RSV），然后根据平滑移动平均线的方法来计算K值、D值与J值，并绘成曲线图来研判股票走势。

1. KDJ的计算公式

KDJ由三个指标组成。KD是在WMS的基础上发展起来的，所以KD具有WMS的一些特性。在反映价格变化时，J最快，K其次，D最慢。在使用KD指标时，往往称K指标为快指标，D指标为慢指标。

产生KD以前，先产生未成熟随机值RSV。其计算公式为：

n 日 $\mathrm{RSV}=[(C_t-L_n)\div(H_n-L_n)]\times 100$　（符号意义同威廉指标，C_t 代表收盘价）

对RSV进行指数平滑，得到K值：

$$\text{今日 K 值}=2/3\times\text{昨日 K 值}+1/3\times\text{今日 RSV}$$

式中，1/3是平滑因子，可人为选择，目前已约定俗成，固定为1/3。

对K值进行指数平滑，得到D值：

$$\text{今日 D 值}=2/3\times\text{昨日 D 值}+1/3\times\text{今日 K 值}$$

式中，1/3为平滑因子，可改成别的数字，同样已成约定，1/3已固定。

在使用KD时，往往还考虑另一个J指标，计算公式为：

$$\mathrm{J}=3\mathrm{D}-2\mathrm{K}=\mathrm{D}+2(\mathrm{D}-\mathrm{K})$$

可见J是D加上一个修正值。J的实质是反映D和D与K的差值。此外，J指标计算公式也可为：

$$\mathrm{J}=3\mathrm{K}-2\mathrm{D}$$

2. KDJ 的应用法则

① 从 KD 的取值方面考虑，见图 9－12。

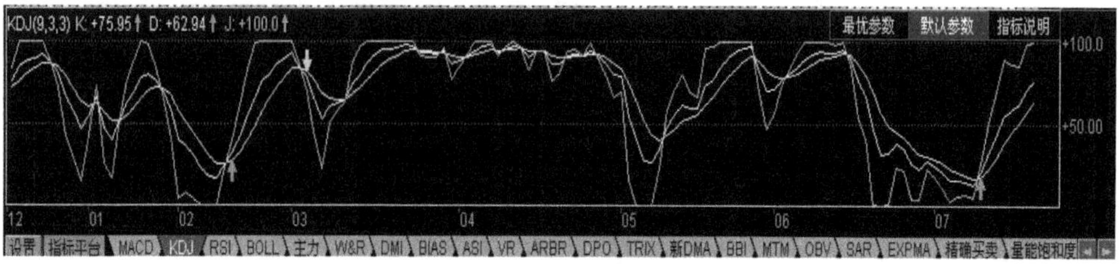

图 9－12　KDJ 指标图

KD 的取值范围都是 0 ～ 100，将其划分为几个区域：80 以上为超买区，20 以下为超卖区，其余为徘徊区。

当 KD 超过 80 时，是卖出信号；低于 20 时，是买入信号。应该说明的是，上述划分只是 KD 指标应用的初步过程，仅仅是信号，完全按这种方法进行操作很容易招致损失。

② 从 KD 指标曲线的形态方面考虑。

当 KD 指标在较高或较低的位置形成头肩形和多重顶（底）时，是采取行动的信号。这些形态一定要在较高位置或较低位置出现，位置越高或越低，结论越可靠。

③ 从 KD 指标的交叉方面考虑。

以 K 线从下向上与 D 线交叉为例：K 线上穿 D 线是金叉，为买入信号。但是出现了金叉是否应该买入，还要看别的条件。

第一个条件是金叉的位置应该比较低，是在超卖区的位置，越低越好。

第二个条件是与 D 线相交的次数。有时在低位，K 线、D 线要来回交叉好几次。交叉的次数以 2 次为最少，越多越好。

第三个条件是交叉点相对于 K、D 线低点的位置，这就是常说的“右侧相交”原则。K 线是在 D 线已经抬头向上时才同 D 线相交，比 D 线还在下降时与之相交要可靠得多。

④ 从 KD 指标的背离方面考虑。

从 KD 指标的背离方面考虑。当 KD 处在高位或低位，如果出现与股价走向背离，则是采取行动的信号。当 KD 处在高位，并形成两个依次向下的峰，而此时股价还在一个劲地上涨，这叫顶背离，是卖出的信号；与之相反，KD 处在低位，并形成一底比一底高，而股价还继续下跌，称为底背离，是买入信号。

KDJ 随机指标反应比较敏感快速，是一种进行中短期趋势波段分析研判的较佳的技术指标。一般对做大资金大波段的人来说，当月 KDJ 值在低位时应逐步进场吸纳；主力平时运作时偏重周 KDJ 所处的位置，对中线波段的循环高低点做出研判结果，所以往往出现单边式造成日 KDJ 的屡屡钝化现象；日 KDJ 对股价变化方向反应极为敏感，是日常买卖进出的重要方法；对于做小波段的短线客来说，30 分钟和 60 分钟

KDJ 又是重要的参考指标；对于已指定买卖计划即刻下单的投资者，5 分钟和 15 分钟 KDJ 可以提供最佳的进出时间。

KDJ 指标是技术分析人员经常使用的一种指标，此种指标的优点在于反应敏感，能给出非常明显的进货信号和出货信号，如黄金交叉进货，死亡交叉出货，使用者易于掌握，只要看信号进货出货就可以了。但 KDJ 指标又有非常明显的不足，如它的反应过于敏感，使用者不是进货太早被套牢，就是出货太早被轧空，也就是所谓 KDJ 指标的低位钝化和高位钝化问题。很多 KDJ 指标的使用者常常抱怨 KDJ 指标的骗线问题，使用起来经常会有上当受骗的感觉，认为 KDJ 指标是庄家拿来故意骗人的，实际上是因为他们没能处理好钝化问题。

【知识链接 9－1】

如何有效地解决 KDJ 指标的钝化和骗线问题

1. 放大法。因为 KDJ 指标非常敏感，所以经常给出一些复杂的信号，这些信号容易误导投资者，认为产生进货信号或出货信号，因此操作失误。如果我们放大一级来确认这个信号的可靠性，将会有较好的效果。如在日 K 线图上产生 KDJ 指标的低位黄金交叉，我们可以把它放大到周线图上去看，如果在周线图上也是在低位产生黄金交叉，我们就认为这个信号可靠性强，可以大胆去操作。如果周线图上显示的是在下跌途中，那么日线图上的黄金交叉可靠性不强，有可能是庄家的骗线手法，这时候我们可以采用观望的方法。

2. 形态法。由于 KDJ 指标的敏感性，它给出的指标经常超前，因此我们可以通过 KDJ 指标的形态来帮助找出正确的买点和卖点，KDJ 指标在低位形成 W 底、三重底和头肩底形态时再进货；在较强的市场里，KDJ 指标在高位形成 M 头和头肩顶时，出货的信号可靠性将加强。

3. 数浪法。KDJ 指标和数浪相结合，是一种非常有效的方法。在 K 线图上，我们可以非常清晰地分辨上升形态的一浪、三浪、五浪。在 K 线图上，股价盘底结束，开始上升，往往在上升第一子浪时，KDJ 指标即发出死亡交叉的出货信号，这时候，我们可以少考虑这个卖出信号，因为它很可能是一个错误信号或是一个骗线信号。当股指运行到第三子浪时，我们将加大对卖出信号的重视程度，当股指运动到明显的第五子浪时，这时如 KDJ 指标给出卖出信号，我们将坚决出货。这时候 KDJ 指标给出的信号通常都是非常准确的信号，当股指刚刚结束上升开始下跌时，在下跌的第一子浪，少考虑 KDJ 指标的买进信号，当股指下跌到第三子浪或第五子浪时，才考虑 KDJ 指标的买入信号，尤其是下跌到第五子浪后的 KDJ 指标给出的买进信号较准确。

4. 趋势线法。在股指或股价进入一个极强的市场或极弱的市场，股指会形成单边上升走势和单边下跌走势；在单边下跌走势中，KDJ 指标会多次发出买入信号或低位钝化，如投资者按买入信号操作，将被过早套牢，有的在极低的价位进货，结果股价继续下跌，低了还可以低。若要有效地解决这个问题，可以在 K 线图上加一条下降趋势线，在股指和股价没有打破下跌趋势线前，KDJ 发出的任何一次买入信号，都不予考虑，只有当股指和股价打破下降趋势线后，再开始考虑 KDJ 指标的买入信号；在单边上升的走势中，市场走势极强，股指会经常在高位发出卖出信号，按此信号操作者将丢失一大段行情，我们也可以在日 K 线上加一条上升趋势线，在股价或股指未打破上升趋势线前，不考虑 KDJ 指标给出的卖出信号，当股指和股价一旦打破上升趋势线，对于 KDJ 给出的卖出信号，坚决执行，不打折扣。

三、相对强弱指标（RSI）

RSI 以一定时期内股价的变动情况推测价格未来的变动方向，并根据股价涨跌幅度显示市场的强弱。强弱指标的理论和实践极其适合股票市场的短线投资，主要被用于股票升跌的测量和分析中。

1. RSI 的计算公式

$$RSI(n) = [A \div (A + B)] \times 100$$

式中　A——n 日中股价向上波动的大小；

B——n 日中股价向下波动的大小；

$A + B$——股价总的波动大小。

RSI 的参数是天数 n，一般取 5 日、9 日、14 日等。RSI 的取值范围介于 0 ～ 100 之间（见图 9 - 13）。

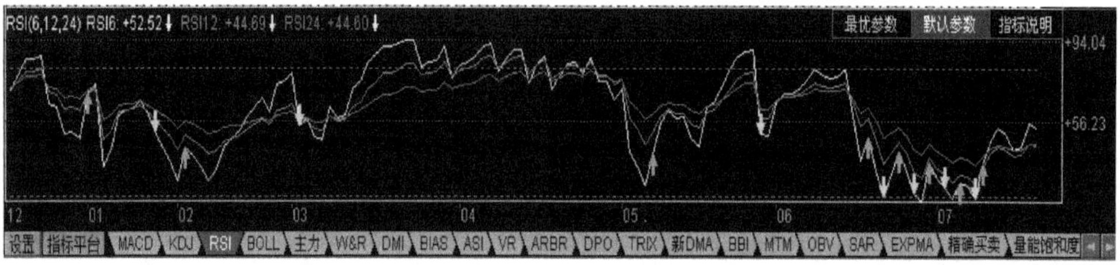

图 9 - 13　RSI 指标图

2. RSI 的应用法则

（1）根据 RSI 取值的大小判断行情。将 100 分成四个区域，根据 RSI 的取值落入的区域进行操作，如表 9 - 1 所示。

表 9 - 1　RSI 区域划分表

RSI 值	市场特征	投资操作
80 ～ 100	极强	卖出
50 ～ 80	强	买入
20 ～ 50	弱	卖出
0 ～ 20	极弱	买入

“极强”与“强”的分界线和“极弱”与“弱”的分界线是不明确的，它们实际上是一个区域，比如，也可以取 30、70 或者 15、85。应该说明的是，分界线位置的确定与 RSI 的参数和选择的股票有关。一般而言，参数越大，分界线离 50 越近；股票越活跃，RSI 所能达到的高度越高，分界线离 50 应该越远。

（2）两条或多条 RSI 曲线的联合使用。我们称参数小的 RSI 为短期 RSI，参数大的 RSI 为长期 RSI。两条或多条 RSI 曲线的联合使用法则与两条均线的使用法则相同。短期 RSI 上穿长期 RSI，买入；短期 RSI 下穿长期 RSI，卖出。

（3）从 RSI 的背离方面考虑。RSI 指标的背离是指 RSI 指标曲线的走势方向正好和股价 K 线图的走势方向相反。RSI 指标的背离分为顶背离和底背离两种。

① 顶背离。当 RSI 处于高位，但在创出 RSI 近期新高后，反而形成一峰比一峰低的走势，而此时 K 线图上的股价却再次创出新高，形成一峰比一峰高的走势，这就是顶背离。顶背离现象一般是股价在高位即将反转的信号，表明股价短期内即将下跌，是卖出信号。

在实际走势中，RSI 指标出现顶背离是指股价在进入拉升过程中，先创出一个高点，RSI 指标也相应在 80 以上创出新的高点，之后，股价出现一定幅度的回落调整，RSI 也随着股价回落走势出现调整。但是，如果股价再度向上并超越前期高点创出新的高点时，RSI 随着股价上扬也反身向上但没有冲过前期高点就开始回落，这就形成 RSI 指标的顶背离。RSI 出现顶背离后，股价见顶回落的可能性较大，是比较强烈的卖出信号。

② 底背离。RSI 的底背离一般出现在 20 以下的低位区。当 K 线图上的股价一路下跌，形成一波比一波低的走势，而 RSI 线在低位却率先止跌站稳，并形成一底比一底高的走势，这就是底背离。底背离现象一般预示着股价短期内可能反弹，是短期买入的信号。与 MACD、KDJ 等指标的背离现象研判一样，RSI 的背离中，顶背离的研判准确性要高于底背离。当股价在高位，RSI 在 80 以上出现顶背离时，认为股价即将反转向下，投资者可以及时卖出股票；而股价在低位，RSI 也在低位出现底背离时，一般要反复出现几次底背离才能确认，并且投资者只能做战略建仓或做短期投资。

和其他指标相比，RSI 指标波动频繁，而且其预示的趋势性不是很明显，当发生单边行情时，指标在高档或低档时会有钝化的现象，因此会发生过早卖出或买进。一般而言，RSI 的背离信号通常是事后验证，事前很难看出，RSI 指标与股价的“背离”走势常常会发生滞后现象。当 RSI 值在 50 附近波动时该指标往往失去参考价值。一般而言，RSI 值在 40 到 60 之间研判的作用并不大。

四、乖离率（BIAS）

乖离率是移动平均原理派生的一项技术指标，是测量股价偏离均线大小程度的指标。当股价偏离市场平均成本太大时，都有一个回归的过程，即所谓的“物极必反”。乖离率是指股价与平均移动线之间的偏离程度，通过百分比的形式来表示股价与移动平均线之间的差距。如果股价在移动平均线之上，则为正值；如果股价在移动平均线之下，则为负值。乖离率最早来源于葛兰威尔的移动平均线定律，它的理论基础主要来自对投资者心理的分析。因为移动平均线可以代表平均持仓成本，利好利空的刺激，造成股价出现暴涨暴跌。

乖离率是一种简单而又有效的分析工具，但在使用过程中对基期的选择十分重要。如果基期太短，反应会过于敏感；如果基期太长，反应会过于迟钝。

1. BIAS 的计算公式

BIAS 的计算公式如下：

$$n\text{ 日乖离率} = (\text{当日收盘价} - n\text{ 日移动平均价}) \div n\text{ 日移动平均价} \times 100\%$$

其中 n 一般为 5、6、10、12、24、30 和 72。在实际运用中，短线使用 6 日乖离率较为有效，中线则放大为 10 日或 12 日。BIAS 的原理是离得太远了就该回头，因为价格天生就有向心的趋向。另外，价格与需求的关系也是产生这种向心作用的原因。

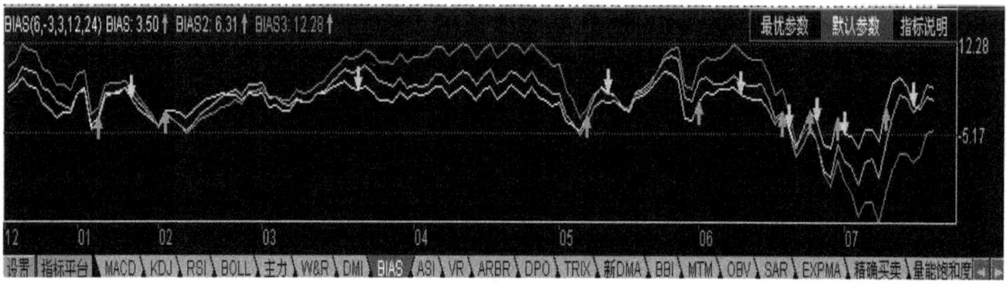

图 9-14　BIAS 指标图

2. BIAS 的应用法则

（1）根据 BIAS 取值的大小判断行情（见图 9-14）。乖离率分正乖离和负乖离。当股价在移动平均线之上时，其乖离率为正，反之则为负，当股价与移动平均线一致时，乖离率为 0。随着股价走势的强弱和升跌，乖离率周而复始地穿梭于 0 点的上方和下方，其值的高低对未来走势有一定的测市功能。一般而言，正乖离率涨至 +5% 时，表示短期间多头获利回吐可能性大，呈卖出信号；负乖离率降到 -5% 时，表示空头回补的可能性大，呈买入信号。对于乖离率达到何种程度方为正确之买入点或卖出点，并没有统一原则，使用者可凭观图经验对行情强弱的判断得出综合结论。当然，这个 5% 的标准不是绝对的。牛市中，允许的上升乖离率通常会大些；熊市中的则相反。另外，移动平均线的日期长短也很重要，如果所取时间较长，允许的乖离率可以高一些；反之，则低一些。

一般来说，在大势上升市场，如遇负乖离率，可以顺跌价买进，因为进场风险小；在大势下跌的走势中如遇正乖离率，可以待回升高价时，出脱持股。

（2）从 BIAS 的曲线形状方面考虑。葛兰威尔法则第四条和第八条法则揭示当股价距离移动平均线太远时，有可能随时返回移动平均线上，这又是一个买进或卖出的时机，但没有说到股价距离移动平均线多远时，才是最佳买卖时机。而乖离率的主要功能正是对这两条应用法则的补充，从而在理论上解决了移动平均线理论的某些不足。

一般来说，参数越大，采取行动的分界线就越大。股票越活跃，选择的分界线也越大。BIAS 形成从上到下的两个或多个下降的峰，而此时价格还在继续上升，则这是抛出的信号；BIAS 形成从下到上的两个或多个上升的谷，而此时价格还在继续下跌，则这是买入的信号。

（3）从两条 BIAS 线结合方面考虑。当短期 BIAS 在高位下穿长期 BIAS 时，是卖出信号；在低位，短期 BIAS 上穿长期 BIAS 时是买入信号。

（4）乖离率指标 BIAS 指标的缺陷是买卖信号过于频繁，因此非常适合与两种技术指标进行组合运用，一种是随机指标 KDJ，另一种是布林线指标 BOLL。

在技术性反弹行情中乖离率指标适合与随机指标组合运用，KDJ 指标和 BIAS 指标可以使得反弹行情中的操作变得及时准确。在反弹行情中，BIAS 指标的功用是确认股价是否超跌，而 KDJ 指标的作用是显示个股是否有拐头向上的动能，两者的结合有利于投资者准确判断出仓反弹的最佳时机。具体的应用原则如下：

① 将 BIAS 指标的参数设置为 24 日，将 KDJ 指标的参数设置为 9，3，3。

② BIAS 指标要小于 -6，这只是确认该股超跌的初选条件。

③ KDJ 指标产生黄金交叉，K 线上穿 D 线。

④ KDJ 黄金交叉的同时，KDJ 指标中的 D 值要小于 16。

实际应用：600836 界龙实业在 2020 年元月 23 日拉出一根大阳线，24 日 BIAS 是 -10.48，KDJ 指标产生黄金交叉时，D 值仍处于 9.14 的低位，当时界龙股价是 9.22 元，此后，股价迅速上涨到 15 元以上，涨幅大于 60%。不仅如此，打开界龙实业的走势图，发现自从 1999 年以后，该股的六次阶段性底部均被由 KD 和 BIAS 组成的黄金组合指标捕获。

乖离率指标与布林线指标的结合运用适合在超跌反弹行情中的买入：对于这类反弹行情，投资者不宜采用追涨，而要结合技术分析方法，运用 BIAS 和布林线指标的组合分析，把握个股进出时机。具体时机是：

① 当 BIAS 的三条短期均线全部小于 0 时。

② 股价已经触及 BOLL 的下轨线 LB 时。

③ 布林线正处于不断收敛状态中时。

④ BIAS 的短期均线上穿长期均线，并且成交量逐渐放大时。

当符合上述条件时，投资者可以积极择股买入。

第五节 人气型指标

一、心理线指标（PSY）

PSY 是将一定时期内投资者看多或看空的心理事实转化为数值，来研判股价未来走势的技术指标。

1. PSY 的计算公式

$$PSY(n) = (A/n) \times 100$$

其中，n 为天数，A 为 n 日内股价上涨的天数。

n 一般设定为 12 日，最大不超过 24 日，周线的最长不超过 26 日。

例如 10 天中如果有 5 天上涨，5 天下跌，心理线就是 5 ÷ 10 = 50%，再将此标示在百分比的图纸上，每天延续下去，将每天的百分比连接起来，即成为心理线，心理线最好与 K 线相互对照，如此更能从股价变动中了解超买或超卖情形。由心理线来看，当一段上升行情展开前，通常超卖现象的最低点会出现两次，因此，投资人观察心理线，若发现某一天的超卖现象严重，短期内低于最低点的机会极小，当心理线向上变动而再度回落最低点时，就是买进的机会。反之亦然。所以，上升行情或下跌行情展开前，都会出现两次以上的买点与卖点，使投资人有充分的时间研判未来股价变动方向，再做进出之最后决策。

PSY 的取值范围是 0 ～ 100，以 50 为中心，50 以上是多方市场，50 以下是空方市场（见图 9 - 15）。

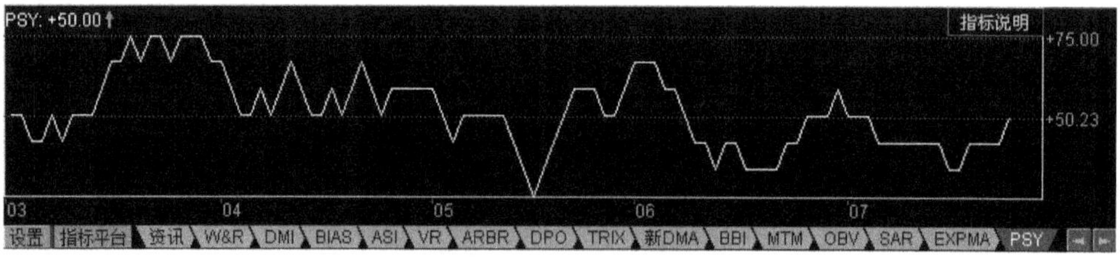

图 9 - 15 PSY 指标图

2. PSY 的应用法则

（1）由心理线公式计算出来的百分比值，超过 75 时为超买，低于 25 时为超卖，百分比值在 25 ～ 75 区域内为常态分布。但在涨升行情时，应将卖点提高到 75 之上；在跌落行情时，应将买点降低至 25 以下。具体数值要凭经验和配合其他指标。

（2）一段上升行情展开前，通常超卖的低点会出现两次。同样，一段下跌行情展开前，超买的最高点也会出现两次。在出现第二次超卖的低点或超买的高点时，一般是买进或卖出的时机。

(3) 当百分比值降低至 10 或 10 以下时，是真正的超卖，此时是一个短期抢反弹的机会，应立即买进。相应地，当百分比值增大至 90 或 90 以上时，是真正的超买，股价有可能下跌。

(4) 心理线主要反映市场心理的超买或超卖，因此，当百分比值在常态区域上下移动时，一般应持观望态度。

(5) 高点密集出现两次为卖出信号；低点密集出现两次为买进信号。

(6) 心理线和 VR 配合使用，决定短期买卖点，可以找出每一波的高低点。

(7) 心理线和逆时针曲线配合使用，可提高准确度，明确指出头部和底部。

二、能量潮指标（OBV）

OBV（on balance volume）又称能量潮，是美国投资分析家葛兰威尔于 1981 年创立的，它的理论基础是“能量是因，股价是果”，即股价的上升要依靠资金能量源源不断输入才能完成，是从成交量变动趋势来分析股价转势的技术指标。

该指标的理论基础是市场价格的有效变动必须有成交量配合，量是价的先行指标。OBV 是统计成交量变动的趋势来推测股价趋势的一种理论。其主要理论基础为“量是价的先行指标”，而股价的波动与成交量的放大或萎缩有密切的关联，通常股价上升所需的成交量总是较大；下跌时成交量总是较小。

1. 计算公式

$$\text{今日 OBV} = \text{昨日 OBV} + \text{SGN} \times \text{今日成交量}$$

今日收盘价≥昨日收盘价时，$SGN = 1$；今日收盘价 < 昨日收盘价时，$SGN = -1$。(当日收盘价高于前一日收盘价，成交量定义为正值，取加号；当日收盘价低于前一日收盘价，成交量定义为负值，取减号；两者相等时计为 0。)

将股价上升日的成交量视为人气积聚，做加法，把股价下跌日的成交量视为人气离散，做减法。因此，OBV 在上升行情中多为正数且数值较大；OBV 在下跌行情中多为负数，数值也会较大（见图 9－16）。

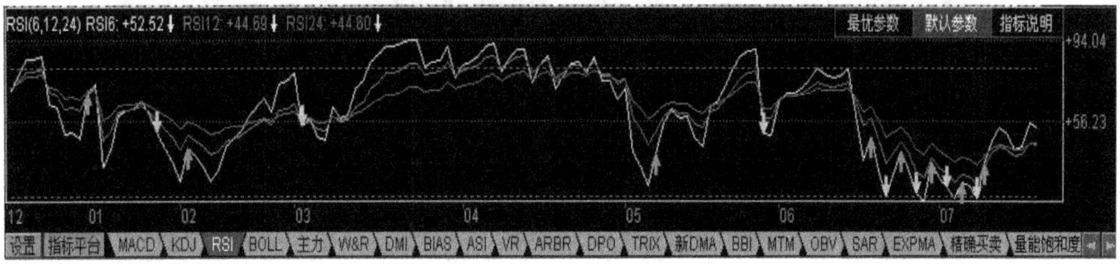

图 9－16 OBV 指标图

2. OBV 的应用法则

（1）OBV 线呈 N 字形波动，当 OBV 线超越前一次 N 字形的高点时，则记下一个向上的箭头；当 OBV 线跌破前一次 N 的低点时，就记下一个向下的箭头。

（2）OBV 不能单独使用，必须与股价曲线结合使用才能发挥作用。

（3）当 OBV 曲线与股价走势出现“背离”现象时，可用以判断目前市况中，是否存在机构大户“收集”或“派发”筹码的情况。所谓“收集”意指机构做手暗地里在市场中一边出货打压行情，一边吃货，实际上是出少进多；而“派发”则指机构做手暗地里逢高卖出、逢低买进，实际上是出多进少。因此，OBV 曲线能帮助投资者推测市况是否处在“收集阶段”或“派发阶段”。

（4）OBV 曲线的上升和下降对进一步确认当前股价的趋势有很重要的作用（见图 9－17）。

① 当股价上升而 OBV 曲线也跟随上升时，可确认当前是上升趋势。

② 当股价上升但 OBV 并未相应地上升，则投资者应对目前的上升趋势持谨慎观望的态度，因为 OBV 与股价背离的现象已提前告诉我们上升趋势的后劲已不足，随时有反转的可能。

③ 当股价下跌而 OBV 线上升时，表明有大户在收集筹码，下档承接力强，股价随时有可能止跌回升。

（5）当股价下跌而 OBV 曲线也跟随下跌时，可确认当前是下降趋势。表明大主力在逐步“派发”，应立即离场观望。

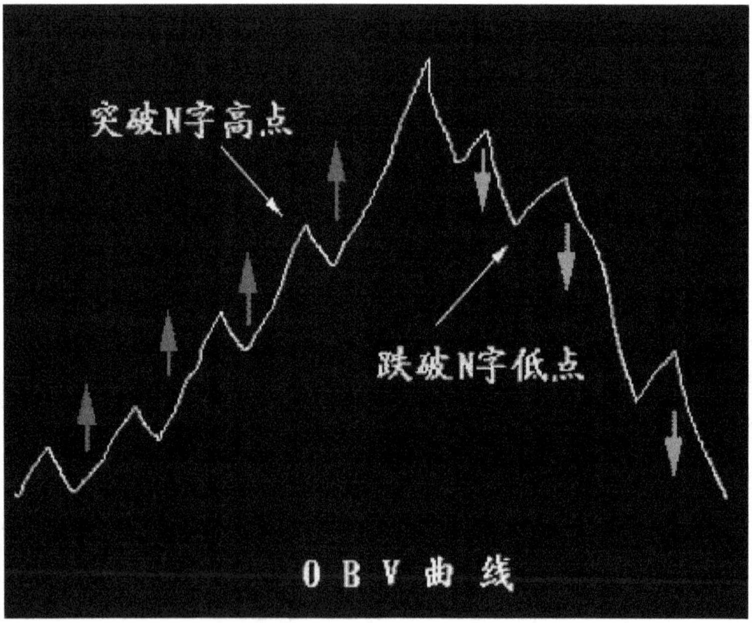

图 9－17　OBV 指标 N 字走势图

由于 OBV 指标的适用范围比较偏向于中短期的进出，因此是预测股市中短期波动的技术指标。虽然 OBV 可以从局部显示出庄家资金的流向情况，帮助投资者确定股市突破盘局后的发展方向，但却无法解释资金移动的理由，而且以上所述的操盘秘诀仅适用于某些强庄股，而大多数的弱势股却无法用 OBV 曲线来明确地辨别，因此在使用 OBV 指标的同时还应参考其他的技术分析方法。

三、人气指标（AR）和意愿指标（BR）

人气指标（AR）和意愿指标（BR）是以分析历史股价为手段的技术指标，其中人气指标较重视开盘价，从而反映市场买卖的人气；意愿指标则重视收盘价，反映的是市场买卖意愿的程度，两项指标分别从不同角度对股价波动进行分析，达到追踪股价未来动向的目的。

（一）人气指标

人气指标以当日开盘价为基础，即以当日市价分别比较当日最高、最低价，通过一定时期内开盘价在股价中的变化，反映市场买卖人气。

1. 人气指标的计算公式为：

$$AR = n\text{ 日内（H－O）之和} \div n\text{ 日内（O－L）之和}$$

其中：H = 当日最高价；L = 当日最低价；O = 当日开盘价。n 为公式中的设定参数，一般设 26 日（见图 9－18）。

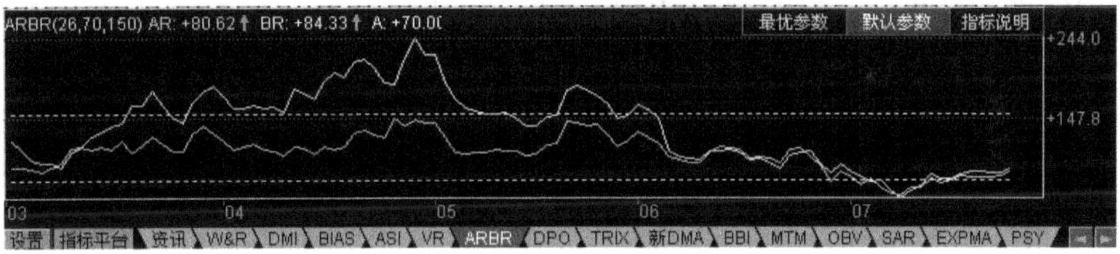

图 9－18　AR 指标图

2. 人气指标的基本应用法则

（1）当 AR 值以 100 为中心，在正负 20 之间，即 AR 值在 80～120 之间波动时，属盘整行情，股价走势比较平稳，不会出现剧烈波动。

（2）当 AR 值走高时表示行情活跃，人气旺盛，过高则表示股价进入高价区，应择机卖出，AR 值的高度没有具体标准，一般情况下，AR 值上升至 150 以上时，股价随时可能回落下跌。

（3）当 AR 值走低时表示人气衰退，过低则暗示股价可能跌入低谷，可考虑择机介入，一般 AR 值跌至 70 以下时，股价随时有可能反弹回升。

从 AR 曲线可以看出一段时间的买卖人气，并具有超前预报股价到达顶峰或跌入谷底的功能，观察时可与其他技术指标结合使用。

（二）意愿指标

意愿指标和人气指标一样，都注重分析市场的买卖心理；不同的是意愿指标的分析着眼点是收盘价，而人气指标的着眼点则是开盘价。

意愿指标以昨日收盘价为基础，分别与当日最高、最低价相比，通过一定时期收盘价在股价中的变化，反映市场买卖意愿的程度，意愿指标 BR 的计算公式为：

$$BR = n\text{ 日内（}H - CY\text{）之和} \div n\text{ 日内（}CY - L\text{）之和}$$

其中：CY = 昨日收盘价，n 为公式中的设定参数，一般设定值同 AR 一致，都是 26 日。

意愿指标的基本应用法则是：

（1）BR 值的波动较 AR 值敏感，当 BR 值在 70 ～ 150 之间波动时，属盘整行情，应保持观望。

（2）当 BR 值高于 400 以上时，股价随时可能回落下跌，应择机卖出：BR 值低于 50 以下时，股价随时可能反弹回升，应择机买入。

（3）一般情况下，AR 可以单独使用，BR 则需与 AR 并用，才能发挥作用，因此，在同时计算 AR 和 BR 时，AR 与 BR 曲线应绘于同一图内，AR 与 BR 合并后，应用方法如下：

① AR 和 BR 同时急速上升，表明股价头部已近，应及时获利了结。

② BR 比 AR 低，且指标低于 100 时，可考虑逢低买入。

③ BR 从顶部回落，跌幅较深时，如 AR 无警示信号出现，可逢低买入。

第六节　实例分析

本章系统介绍了常用的技术指标：大势指标、趋势型指标、超买超卖型指标和人气型指标 4 类，在实践中使用 4 ～ 5 个具有互补性的指标时，可以极大提高预测精度。因此，在进行实例分析的过程中会进行综合分析，得到相对比较准确的结论。

选取宏川智慧 2020 年 04 月 10 日—2020 年 7 月 23 日行情来进行综合分析。

（一）MACD 分析（见图 9 - 19）

宏川智慧在 2020 年 7 月 23 日（即图 9 - 19 的最右的一天）应该卖出，

（1）从交叉来看，快线下穿慢线，出现死叉，给出卖出建议。

（2）当红柱开始缩小时，表明股市牛市即将结束（或要进入调整期），股价将大幅下跌，这时应卖出大部分股票而不能买入股票。

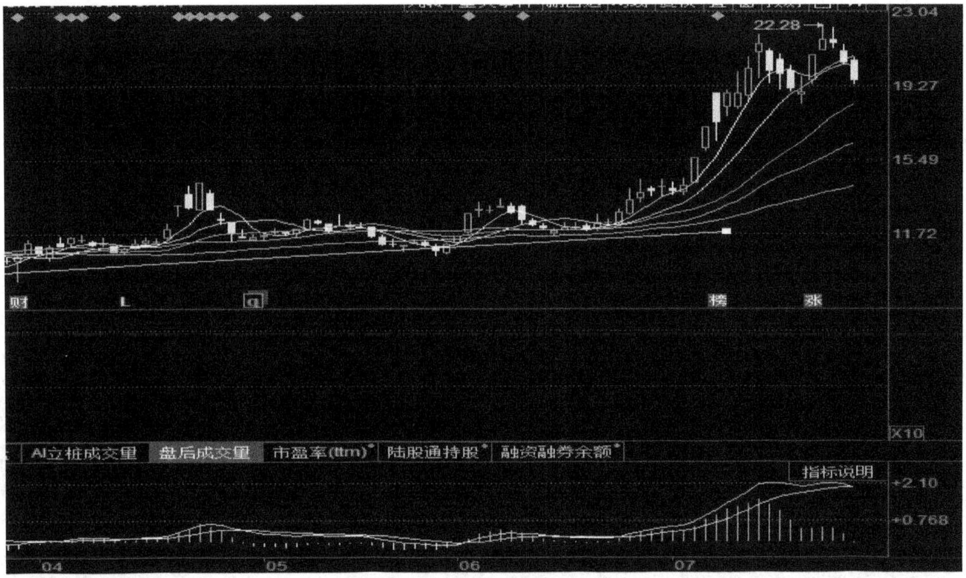

图9－19　宏川智慧 MACD 指标图

（二）KDJ 指标分析（见图9－20）

（1）从 KDJ 指标取值分析，宏川智慧从2020年7月3日就超过 KDJ 80 时，出现超买现象，是卖出信号。

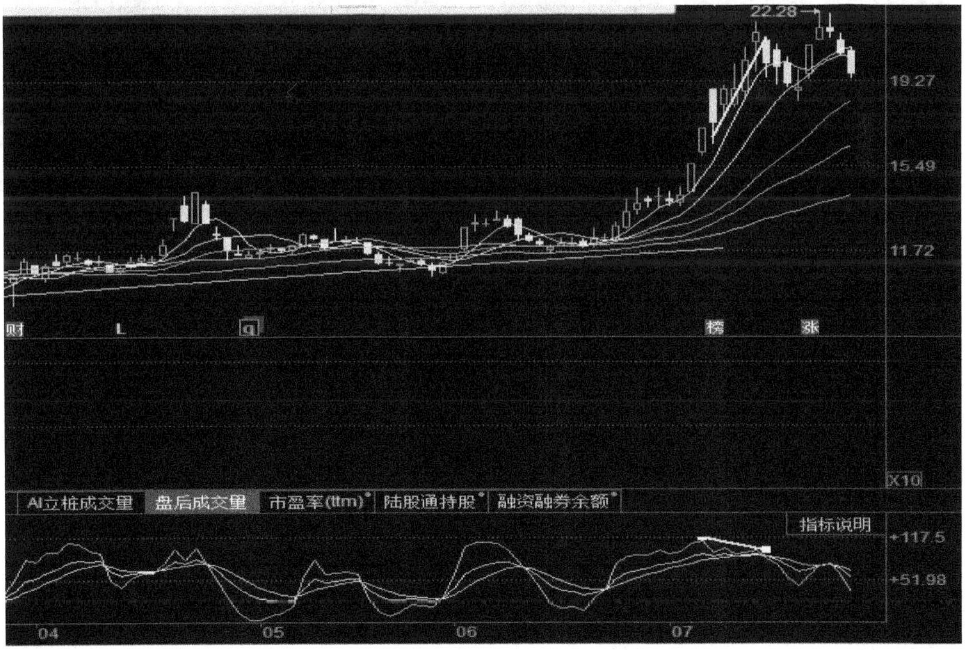

图9－20　KDJ 指标图

（2）从 KDJ 指标的交叉分析，宏川智慧 2020 年 7 月 14 日形成一次死叉，2020 年 7 月 22 日第二次形成死叉，交叉的次数为 2 次，建议卖出。

（3）从 KDJ 指标的背离分析，宏川智慧股价一直在上升，但是 KDJ 指标 2020 年 7 月 6 日—14 日与股价发生了顶背离，所以应注意股价会随时反转。

（三）BOLL 分析（见图 9－21）

（1）当股价由上向下穿越中界线时，为卖出信号。

（2）布林线的上限和下限空间极小，愈来愈窄，愈来愈近，盘中显示股价的最高价和最低价差价极小，短线没有获利空间，可适量减仓。

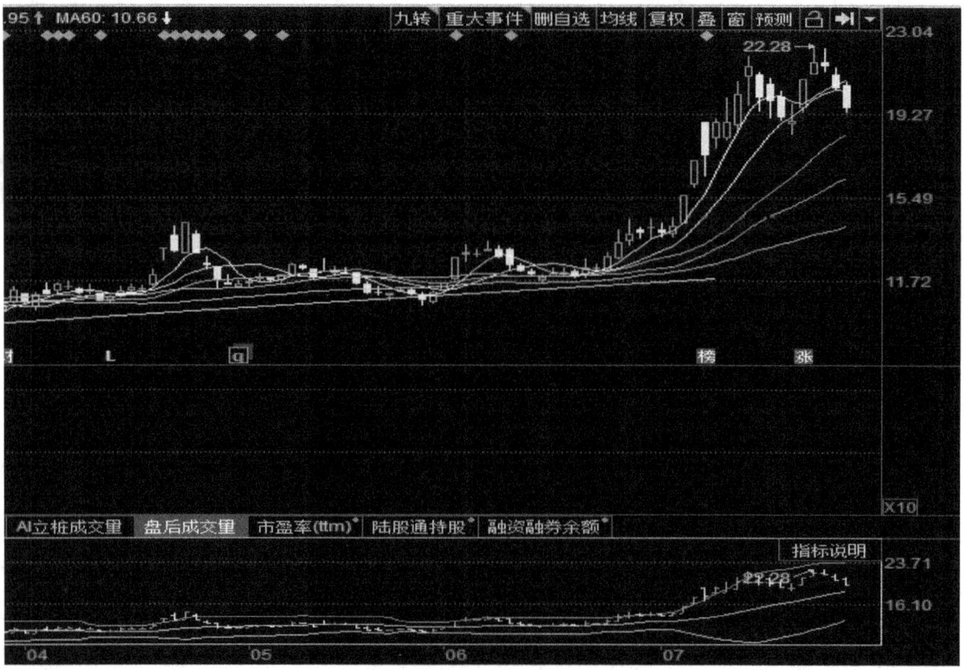

图 9－21 BOLL 指标图

（四）ARBR 指标分析（见图 9－22）

（1）在 2020 年 7 月 8 日 BR 数值超过了 300，应该卖出。

（2）2020 年 7 月 8 日到 13 日，ARBR 的走向与股价曲线出现了背离，说明当时的上升走势可能后劲不足，随时有反转的可能，需要格外留心。

（五）投资建议

从上面的四个技术指标分析可以看出，买卖点的发出不是一次而是多次出现，综合上面的分析可以得到宏川智慧应该在 2020 年 7 月 13 日减仓，否则股价会下降，投资者会被套牢。

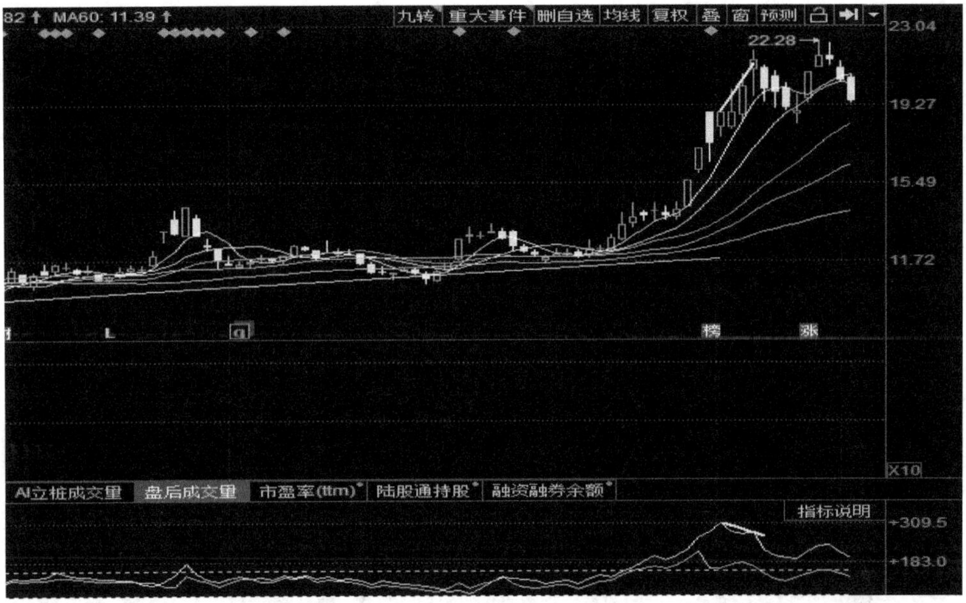

图 9 - 22　ARBR 指标图

本章主要介绍的是证券投资技术指标分析，在实际分析中不仅要运用本章的理论知识进行分析，还要综合考虑其他方面的分析从而得到比较精准的结论。

本章小结

1. 技术指标分析，就是应用一定的数学公式，对原始数据进行处理，得出指标值，将指标值绘成图表，从定量的角度对股市进行预测的方法。以技术指标的功能为划分依据，将常用的技术指标分为大势型指标、趋势型指标、超买超卖型指标和人气型指标四类。

2. 任何技术指标都有自己的适应范围和应用条件，得出的结论也都有成立的前提和可能发生的情况。因此，不管这些结论成立的条件，盲目绝对地相信技术指标，是要出错的。但从另外一个角度看，也不能认为技术指标有可能出错而完全否定技术指标的作用。应用一种指标容易出现错误，但当使用 4 ～ 5 个具有互补性的指标时，可以极大地提高预测精度。

3. 技术指标分析的研判角度可以从以下七个方面着手：技术指标的背离、技术指标的交叉、技术指标的极端值、技术指标的形态、技术指标的转折、技术指标变化的活跃度、技术指标的盲区。

4. 当现在价位站稳在长期与短期 MA 之上，短期 MA 向上突破长期 MA 时，为买进信号，此种交叉称为黄金交叉；若现在行情价位于长期与短期 MA 之下，短期 MA 又向下突破长期 MA 时，则为卖出信号，交叉称之为死亡交叉。无论是黄金交叉还是死亡交叉，都是一个买卖的进出信号。在个股走势的分析中，可以把握进出的时机，在指数走势的分析中，又可以判断牛熊的态势。这两种交叉，在长期应用中准确率比较高。

5. 本章介绍的大势型指标有 ADL、ADR、OBOS；趋势型指标有 MA、MACD；超买超卖型指标有 WMS、KDJ、RSI、BIAS；人气型指标有 PSY、OBV、ARBR 。

同步练习

一、案例分析题

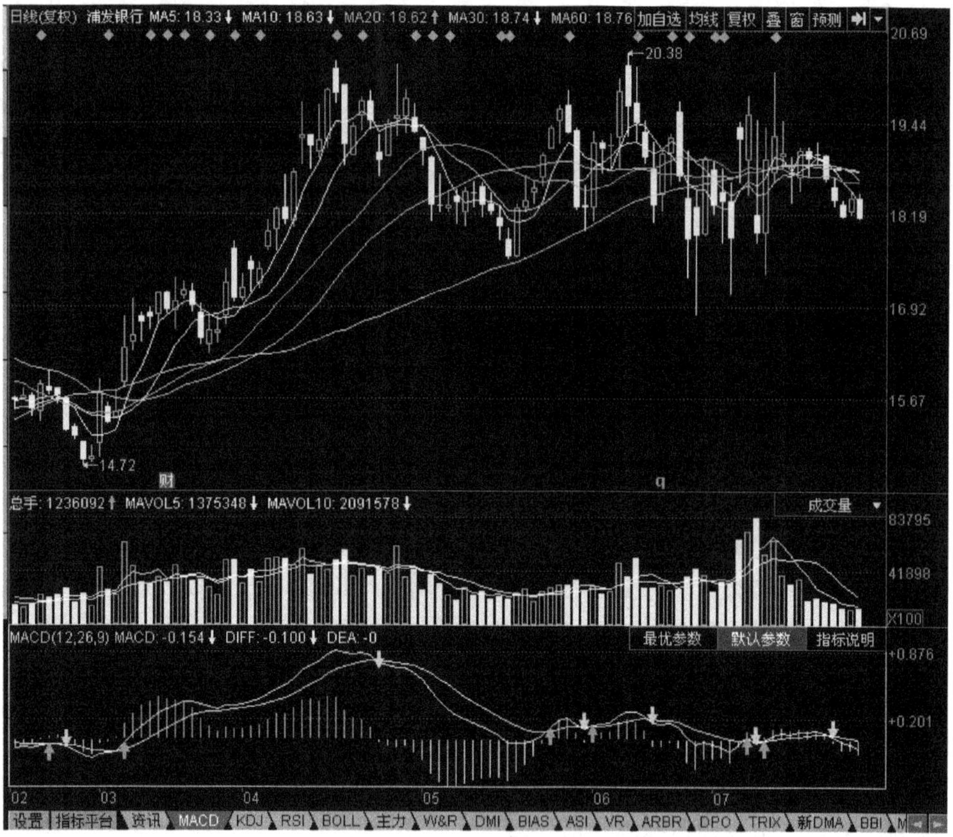

图 9－23　上海浦东发展银行股份有限公司股票最近走势

☆上海浦东发展银行股份有限公司是一家全国性股份制商业银行，主营业务是经有关监管机构批准的各项商业银行业务，总行设在上海。目前，在全国 28 个省、市、自治区、特别行政区，共 144 个城市，设立了 36 家直属分行，668 个营业机构，在香港设立了分行，员工达 29 036 名，架构起全国性商业银行的经营服务格局。其股票的最近走势如图 9－23 所示。

请用这章所学的知识对该只股票进行前景预测。

☆招商银行股份有限公司是一家全国性商业银行、国内最大的零售银行。公司主要提供公司及个人银行服务、从事资金业务，并提供资产管理、信托及其他金融服务。在境内30多个大中城市、香港设有分行，网点总数400多家，在美国设立了代表处，并与世界70多个国家和地区的900多家银行建立了代理行关系。公司在香港、上海两地上市，其发行的“一卡通”被誉为我国银行业在个人理财方面的一个创举，公司同时也是国内信用卡发卡量最大的银行。公司正加快实现战略转型，加大收入结构和客户结构的调整力度，大力发展零售银行业务、中间业务、信用卡业务和中小企业业务，不断提高非利息收入的占比，经营转型取得了良好的效果。其股票的最近走势如图9－24所示。

请用这章所学的知识对该只股票进行前景预测。

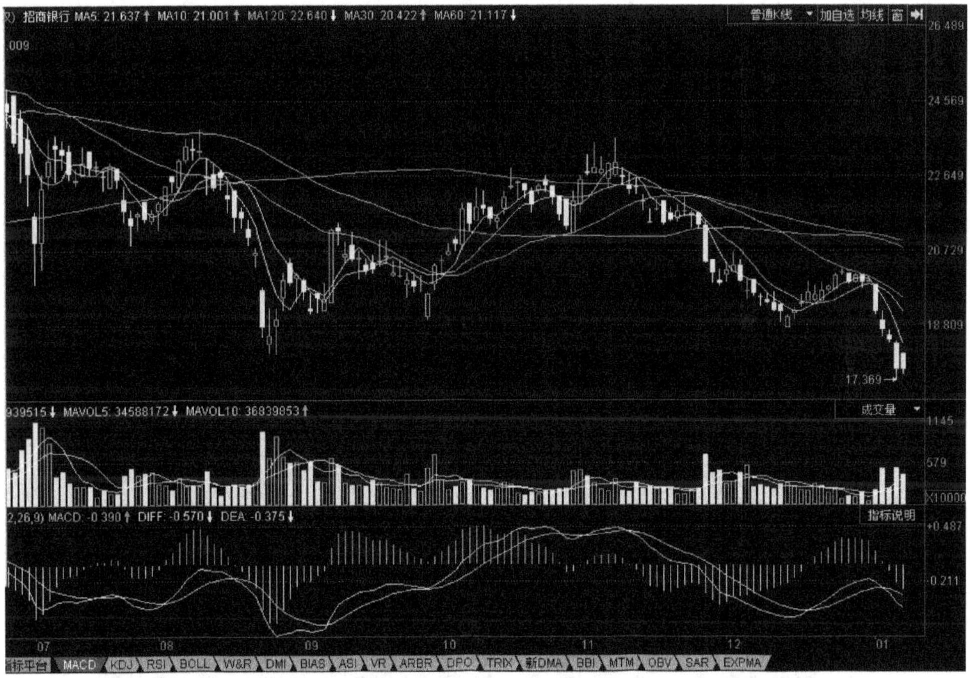

图9－24　招商银行股份有限公司股票的最近走势

二、思考题

1. 技术指标分析的研判角度有哪些方面？
2. 技术指标分析与基本分析的区别有哪些？
3. 技术指标的种类有哪些？

第十章　盘面研判

【学习目标】

- 掌握综合看盘要点，盘面操作技巧；
- 理解盘面术语的内涵及应用；
- 了解股票软件的简易操作。

【关键术语】

均线　成交量　个股分时走势图　委比　买卖盘　涨跌幅　振幅　均价　量比　换手率　市盈率　内外盘　平开　低开　高开

第一节　盘面术语解读

一、移动平均线

移动平均线如图 10－1 所示。

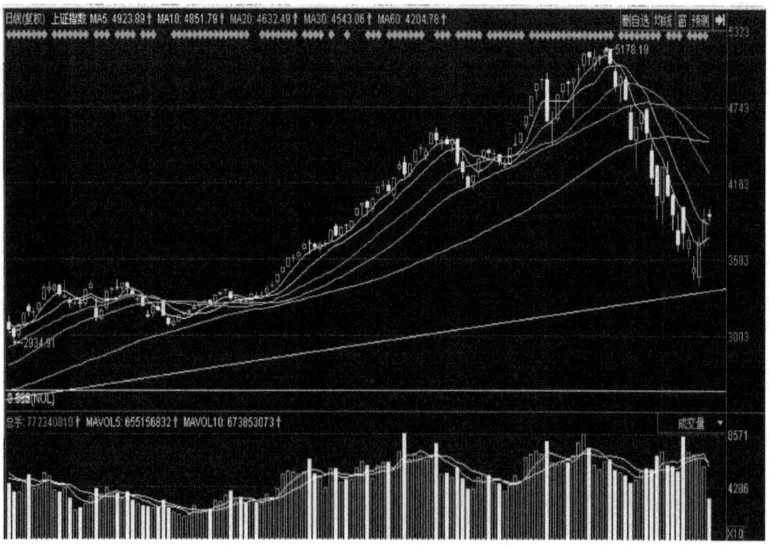

图 10－1　移动平均线

移动平均线（moving average），简称 MA 或均线。它是将某一段时期的收盘价之和除以该周期，表示为 MAn。比如日线 MA5 指 5 天的收盘价之和除以 5 。按照 n 取值的不同可以产生很多均线，常用的 n 值为 5 天、10 天、30 天、60 天、120 天和 240 天。其中，n 为 5 天和 10 天的是短期移动平均线，是短线操作的参照指标，称作日均线指标；n 为 30 天和 60 天的是中期均线指标，称作季均线指标；n 为 120 天、240 天的是长期均线指标，称作年均线指标，为判断牛熊市的分界线。根据投资者个人的爱好和习惯不同，可以在 K 线图界面对某条或全部均线点击右键改变均线的参数 n。

多条均线构成多头或空头排列，对判断后市股价运行提供重要参考。

同花顺软件中有关 MA 的具体说明点击右键即可，具体说明如图 10－2 所示。

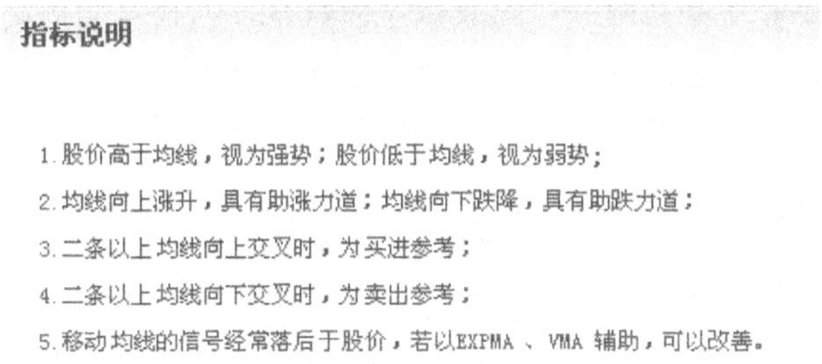

指标说明

1. 股价高于均线，视为强势；股价低于均线，视为弱势；
2. 均线向上涨升，具有助涨力道；均线向下跌降，具有助跌力道；
3. 二条以上均线向上交叉时，为买进参考；
4. 二条以上均线向下交叉时，为卖出参考；
5. 移动均线的信号经常落后于股价，若以EXPMA 、 VMA 辅助，可以改善。

图 10－2　指标说明

二、成交量

以柱状图显示，按照日期对应排列在 K 线组合图的下面，单位是手数。

成交量大，代表成交活跃，可界定为热门股。

底部起涨点出现大成交量（成交手数），代表攻击量，即上涨有量的配合，后市继续看好；

头部地区出现大成交量（成交手数），代表出货量，配合以 K 线反转形态的出现，可判断为顶部区域，如图 10－3 所示为成交量。

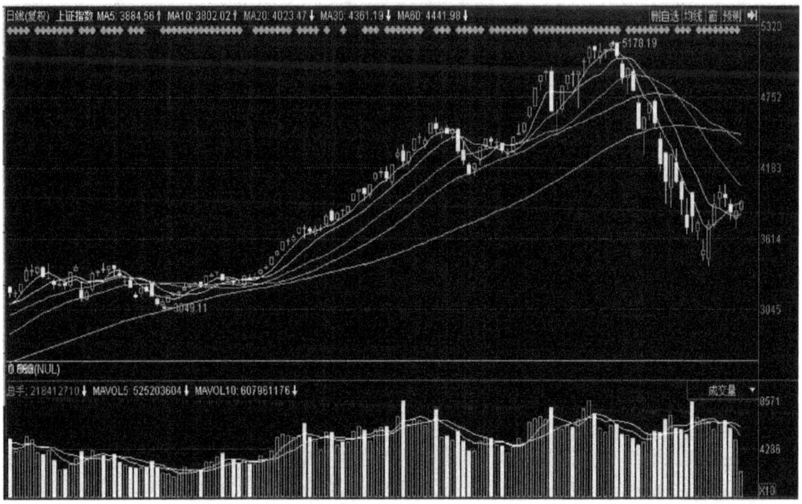

图 10－3　成交量

【知识链接 10-1】

成交量变化的八阶律

许多股民投资者对于成交量变化的规律认识不清，K线分析只有与成交量的分析相结合，才能真正读懂市场的语言，洞悉股价变化的奥妙。这里将成交量变化八个阶段总结为“八阶律”。

1. 量增价平，转阳信号：股价经过持续下跌的低位区，出现成交量增加股价站稳现象，此时一般成交量的阳柱线明显多于阴柱线，凸凹量差比较明显，说明底部在积聚上涨动力，有主力在进货，为中线转阳信号，可以适量买进持股待涨。有时在上升趋势中途也会出现“量增价平”，则说明股价上行暂时受挫，只要上升趋势未破，一般整理后仍会有行情。

2. 量增价升，买入信号：成交量持续增加，股价趋势也转为上升，这是短中线最佳的买入信号。“量增价升”是最常见的多头主动进攻模式，应积极进场买入，与庄家共舞。

3. 量平价升，持续买入：成交量保持等量水平，股价持续上升，可在此期间适时参与。

4. 量减价升，继续持有：成交量减少，股价仍在继续上升，适宜继续持股，即使锁筹现象较好，也只能是小资金短线参与，因为股价已经有了相当的涨幅，接近上涨末期了。有时在上涨初期也会出现“量减价升”，则可能是昙花一现，但经过补量后仍有上行空间。

5. 量减价平，警戒信号：成交量显著减少，股价经过长期大幅上涨之后，进行横向整理不再上升，此为警戒出货的信号。此阶段如果突发拉出巨量大阳大阴线，则无论有无利好利空消息，均应果断卖出。

6. 量减价跌，卖出信号：成交量继续减少，股价趋势开始转为下降，为卖出信号。此为无量阴跌，底部遥遥无期，所谓多头不死，跌势不止，一直跌到多头彻底丧失信心斩仓认赔，爆出大的成交量（见阶段8），跌势才会停止，所以在操作上，只要趋势逆转，应及时止损出局。

7. 量平价跌，继续卖出：成交量停止减少，股价急速滑落，此阶段应继续坚持及早卖出的方针，不要买入，当心“飞刀断手”。

8. 量增价跌，弃卖观望：股价经过长期大幅下跌之后，出现成交量增加，即使股价仍在下落，也要慎重对待极度恐慌的“杀跌”，所以此阶段的操作原则是放弃卖出，空仓观望。低价区的增量说明有资金接盘，说明后期有望形成底部或反弹，适宜关注。有时若在趋势逆转跌势的初期出现“量增价跌”，那么更应果断地清仓出局。

成交量顺口溜：

放量下跌要减仓，缩量新底是底像，增量回升是关键，回头确认要进场，新量新价有新高，缩量回头不必逃，一根巨量要警惕，有价无量继续跑。

1. 量增价平阶段——庄家吸筹。

2. 量增价升阶段——买入信号。
3. 量平价升阶段——适当买入。
4. 量减价升阶段——继续持有。
5. 量减价平阶段——警戒信号。
6. 量减价跌阶段——卖出信号。
7. 量平价跌阶段——继续卖出。
8. 量增价跌阶段——弃卖观望。

三、分时走势图

分时走势图也叫即时走势图，它是把股票市场的交易信息实时地用曲线在坐标图上加以显示的技术图形。坐标的横轴是开市的时间，纵轴的上半部分是股价或指数，下半部分显示的是成交量。分时走势图是股市现场交易的即时资料。由于本书是黑白印刷，下面讲解内容请参照实际股票行情软件来学习。

横坐标：时间。

纵坐标：价格和涨/跌幅。

白色线表示每分钟该证券的价格，黄色线表示均价。

下方柱状体代表每分钟的成交量。柱状体越长，代表成交量越大。

按 F5 可以在分时走势图和 K 线图之间切换。

分时走势图分为指数分时走势图和个股分时走势图。

1. 指数分时走势图

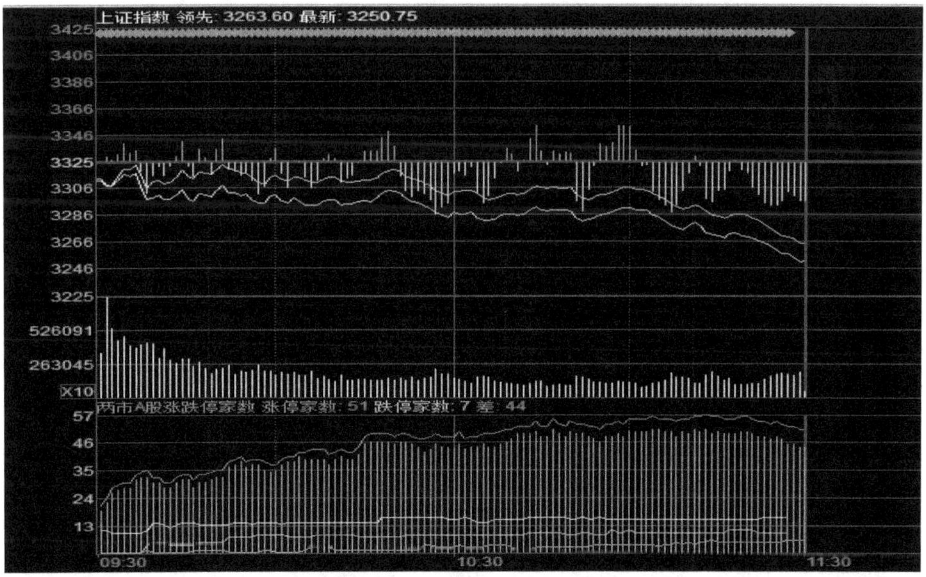

图 10－4　指数分时走势图

如图 10－4 所示为指数分时走势图，其中：

（1）白色曲线：表示大盘加权指数，即证交所每日公布媒体常说的大盘实际指数。

（2）黄色曲线：大盘不含加权的指标，即不考虑股票盘子的大小，而将所有股票对指数的影响看作相同而计算出来的大盘指数。

参考白黄两曲线的相互位置可知：① 当大盘指数上涨时，黄线在白线之上，表示流通盘较小的股票涨幅较大；反之，黄线在白线之下，说明盘小的股票涨幅落后大盘股。② 当大盘指数下跌时，黄线在白线之上，表示流通盘较小的股票跌幅小于盘大的股票；反之，盘小的股票跌幅大于盘大的股票。

（3）红绿柱线：在黄白两条曲线附近有红绿柱状线，是反映大盘即时所有股票的买盘与卖盘在数量上的比率。红柱线的增长缩短表示上涨买盘力量的增减；绿柱线的增长缩短表示下跌卖盘力度的强弱。

（4）黄色柱线：在黄白曲线图下方，用来表示每一分钟的成交量，单位是手（每手等于 100 股）。

（5）委买委卖手数：代表即时所有股票买入委托下五档和卖出上五档手数相加的总和。

（6）委比数值：是委买委卖手数之差与之和的比值。当委比数值为正值较大的时候，表示买方力量较强股指上涨的概率大；当委比数值为负值的时候，表示卖方的力量较强股指下跌的概率大。

2. 个股分时走势图

个股分时走势图如图 10－5 所示。

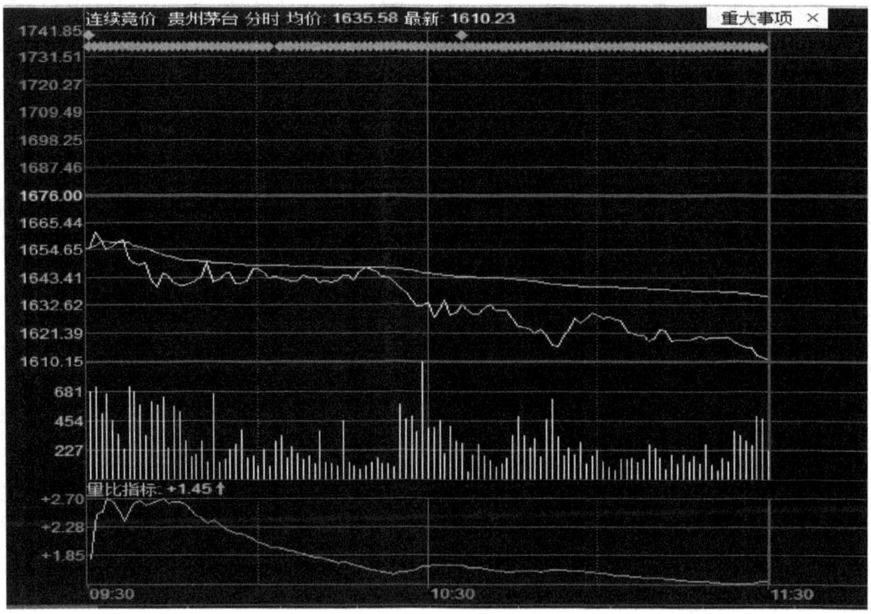

图 10－5　个股分时走势图

图中：

（1）白色曲线：表示该种股票即时成交的价格。

（2）黄色曲线：表示该种股票即时成交的平均价格，即当天成交总金额除以成交总股数。

（3）黄色柱线：在红白曲线下方，用来表示每一分钟的成交量。

（4）成交明细：在盘面的右下方为成交明细显示，显示动态每笔成交的价格和手数。

（5）外盘、内盘：外盘又称主动性买盘，即成交价在卖出挂单价的累积成交量；内盘称为主动性卖盘，即成交价在买入挂单价的累积成交量。外盘反映买方的意愿，内盘反映卖方的意愿。

（6）量比：是指当天成交总手数与近期成交手数平均的比值，具体公式为：现在总手÷[（5日平均总手÷240）×开盘多少分钟]。量比数值的大小表示近期此时刻成交量的增减，大于1表示此时刻成交总手数已经放大，小于1表示此时刻成交总手数萎缩。

（7）换手率：也称“周转率”，指在一定时期内市场中股票转手买卖的频率，是反映股票流通性强弱的指标之一。换手率越高，说明股票流通性越强。

四、术语解读

术语解读以图10－6的麦迪电气行情图为例。

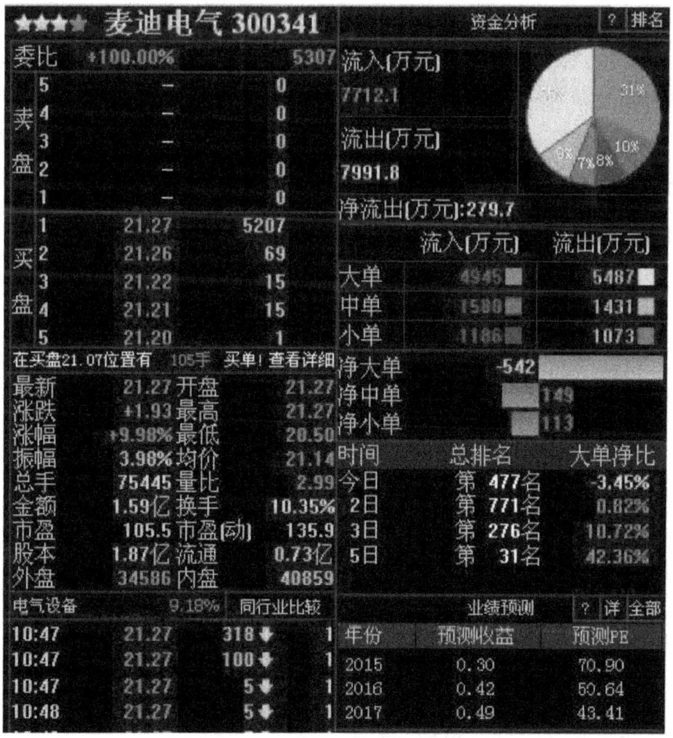

图10－6　麦迪电气行情图

1. 股票代码

股票代码是指在本市场电子交易系统中进行交易的股票编号，如麦迪电气的代码是300341。

2. 委比

委比是衡量某一时段买卖盘相对强度的指标。它的计算公式为：

$$委比=(委买手数-委卖手数)\div(委买手数+委卖手数)\times100\%$$

委比值的变化范围为-100%到+100%：

① 当委比值为-100%时，表示只有卖盘而没有买盘，说明市场的抛盘非常大；

② 当委比值为+100%时，表示只有买盘而没有卖盘，说明市场的买盘非常有力；

③ 当委比值为负时，卖盘比买盘大；

④ 当委比值为正时，买盘比卖盘大；

⑤ 委比值从-100%到+100%的变化是卖盘逐渐减弱、买盘逐渐强劲的一个过程。

3. 买卖盘

① 卖盘：某一品种交易期间的即时委托卖出的价格。卖一、卖二、卖三、卖四、卖五为五种委托卖出价格，其中卖一为最低申卖价格。

委卖手数：是指卖一、卖二、卖三、卖四、卖五所有委托卖出手数相加的总和。

② 买盘：某一品种交易期间的即时委托买入的价格。买一、买二、买三、买四、买五为五种委托买入价格，其中买一为最高申买价格。

委买手数：是指买一、买二、买三、买四、买五所有委托买入手数相加的总和。

4. 最新价

最新价是指最近一笔成交价，是交易期间的即时成交价格。

5. 涨跌

$$涨跌=最新价-前结算价$$

即涨跌是指交易期间的最新价与上一个交易日结算价之差。

结算价：即某一品种当日成交价格按成交量的加权平均价，又称平均价。当日无成交的，以上一交易日的结算价作为当日结算价。结算价是进行当日转让品种盈亏计算和制定下一个交易日涨跌停板额的依据。

6. 最高价

最高价是指一定时期内某一股票成交价的最高成交价格。

7. 涨跌幅

$$涨跌幅=(最新价-前结算价)\div前结算价$$

前结算价是指上一个交易日的结算价。

8. 最低价

最低价是指在一定时期内某一股票成交价的最低成交价格。

9. 振幅

振幅是指开盘后最高价与最低价之差的绝对值与昨日收盘价的百分比。

在股票分析中，股票振幅是指某股票在一定时期中的最低价与最高价之间的振荡幅度，它在一定程度上表现股票的活跃程度。如果一只股票的振幅较小，说明该股票不够活跃；反之则说明该股票比较活跃。股票振幅分析有日振幅分析、周振幅分析、月振幅分析等类型。

如分析股票日振幅，该股票当日的最高价是 15 元，最低价是 13 元，那么该股票当天的振幅就是 15.38%。周振幅分析、月振幅分析以此类推。

10. 均价

股票均价就是几天以来价格的平均价，比如 5 日均价，就是连续 5 天股票价格的平均数，10 日均价就是 10 天股票价格的平均数。均价每天都在变动是因为每天都有一个新的价格，均价也随之变动，比如今天 6 号，昨天的均价就是过去 5 个交易日的平均数，即 1、2、3、4、5 号价格的平均数（假设他们都是交易日），今天的均价就是 2、3、4、5、6 号的价格平均数。10 日均价、20 日均价等以此类推。

股票均价的计算公式为：

$$均价 = \sum（分时成交的量 \times 成交价）\div 总成交股数$$

11. 总手

从开盘到即时的成交量叫总手。

$$总手 = 开盘至统计时刻之现手的算术和$$

12. 量比

量比即开市后每分钟的平均成交量与过去 5 个交易日每分钟平均成交量之比。

13. 金额

$$股票金额 = 股票总市值 + 资金总额$$

金额即总共成交多少金额。从股票总金额可以看出该股票的实力，股票总金额越大，该股票的变化就越小；反之，股票总金额越小，该股票在股市中的变化就会越大。

14. 换手率

$$换手率 = (当前成交累计 \div 流通股数) \times 100\%$$

换手率是指在一定的时间范围内，某只股票的累计成交股数与流通股的比率。例如，周换手率是指在一周的时间里个股的换手情况，也就是一周内各个单日换手率的累计。换手率的变化分析应该说远比其他的技术指标和形态的判断都更加可靠。换手率的高低不仅能够表示在特定的时间内一只股票换手的充分程度和交投的活跃状况，更重要的是它还是判断和衡量多空双方分歧大小的一个重要参考指标。低换手率表明多空双方的意见基本一致，股价一般会由于成交低迷而出现小幅下跌或步入横盘整理。高换手率则表明多空双方的分歧较大，但只要成交活跃的状况能够维持，一般股价都会呈现出小幅上扬的走势。

对于换手率的观察，投资者最应该重视的是换手率过高和过低时的情况。过低或过高的换手率在多数情况下都可能是股价变盘的先行指标。一般而言，在股价出现长时间调整后，如果连续一周多的时间内换手率都保持在极低的水平（如周换手率在2%以下），则往往预示着多空双方都处于观望之中。由于空方的力量已经基本释放完毕，此时的股价基本已进入底部区域。此后即使是一般的利好消息都可能引发个股较强的反弹行情。

15. 市盈率

市盈率 = 当前市场价格 ÷ 最近一期年每股收益

市盈率分为静态市盈率与动态市盈率。

静态市盈率被广泛谈及也是人们通常所指，但我们更应关注与研究动态市盈率。静态市盈率即以目前市场价格除以已知的最近公开的每股收益后的比值。

动态市盈率的计算公式是以静态市盈率为基数，乘以动态系数。该系数为 $1 \div (1+i)^n$，其中 i 为企业每股收益的增长性比率，n 为企业可持续发展的存续期。

比如说，上市公司目前股价为20元，每股收益为0.38元，去年同期每股收益为0.28元，成长性为35%，即 $i=35\%$，该企业未来保持该增长速度的时间可持续5年，即 $n=5$，则动态系数为 $1 \div (1+35\%)^5 = 22\%$。

相应地，动态市盈率为11.6倍，即：52.6（静态市盈率：20元 ÷ 0.38元 = 52.6）× 22%。两者相比，差别之大，相信普通投资人看了会大吃一惊，恍然大悟。

动态市盈率理论告诉我们一个简单朴素而又深刻的道理，即投资股市一定要选择有持续成长性的公司。因此，我们不难理解资产重组为什么会成为市场永恒的主题，以及有些业绩不好的公司在实质性的重组题材支撑下成为市场黑马。

16. 股本

股本是指股份资本，是经公司章程授权、代表公司所有权的全部股份。

17. 流通股

流通股是指上市公司股份中，可以在交易所流通的股份数量。

18. 内外盘

外盘：主动性买盘（以卖出价成交的交易，卖出量统计加入外盘）。

内盘：主动性卖盘（以买入价成交的交易，买入成交数量统计加入内盘）。

内盘、外盘这两个数据大体可以用来判断买卖力量的强弱。

"外盘"和"内盘"相加成为成交量，分析时由于卖方成交的委托纳入"外盘”，如“外盘”很大意味着多数卖的价位都有人来接，显示买势强劲；而以买方成交的纳入“内盘”，如“内盘”过大，则意味着大多数的买入价都有人愿意卖，显示卖方力量较大；如内外盘大体相当，则买卖方力量相当。

不过投资者在使用外盘和内盘时，要注意结合股价在低位、中位和高位的成交情况及该股的总成交量情况进行观察。因为外盘、内盘的数量并不是在所有时间都有效，许多时候外盘大，股价并不一定上涨；内盘大，股价也并不一定下跌。

有时庄家会利用外盘、内盘的数量情况来欺骗股民，使股民按照其意愿进行股票投资，常见的有以下几种情况：

（1）股价经过较长时间的数浪下跌，股价处于较低价位，成交量极度萎缩。然后，成交量开始温和放量，当日外盘数量增加，大于内盘数量，此时股价将可能上涨。

（2）股价经过较长时间的数浪上涨，股价处于较高价位，成交量增大到不能再继续增加，当日内盘数量放大，大于外盘数量，此时股价将可能下跌。

19. 资金分析：资金流入、资金流出

资金流入：股票资金流入是股市常用术语，在股市交易中，买入股票一般称为股票资金流入。

资金流出：在股市交易中，卖出股票一般称为股票资金流出。

流入资金 - 流出资金，如果是正值表示资金净流入，负值则表示资金净流出。上涨时的成交额计为流入资金，下跌时的成交额计为流出资金。

一般情况下资金流向与指数涨跌幅走势非常相近，但在以下两种情况下，资金流向指标具有明显的指导意义：

（1）当天的资金流向与指数涨跌相反。比如该板块全天总体来看指数是下跌的，但资金流向显示全天资金净流入为正。

（2）当天的资金流向与指数涨跌幅在幅度上存在较大背离。比如全天指数涨幅较高，但实际资金净流入量很小。

当资金流向与指数涨跌幅出现以上背离时，资金流向比指数涨跌幅更能反映市场实际状况。

20. 股票大单、中单、小单

关于大单小单，不同软件分类并不完全一致。有些软件将其分为超级资金、大户资金、中户资金和散户资金四类，分别为 100 万元以上、100 万元以下 50 万元以上、50 万元以下 10 万元以上和 10 万元以下。还有一些网站就简单地分为大单、中单和小单，分别为 50 万元以上、50 万元以下 10 万元以上和 10 万元以下。

普通股票的大单指一次买卖一万手以上或者成交额在 50 万元以上。

交易需要买卖双方，你卖出 1 000 股，买方可能是一次性买 1 000 股，也有可能几笔凑成 1 000 股，比如 100 股、500 股、400 股三个买单。大单基本上是机构或游资，中单基本上是游资或者中大户，小单基本上是散户。

净大单：净大单就是大单净流入减去大单净流出；

净中单：净中单就是中单净流入减去中单净流出；

净小单：净小单就是小单净流入减去小单净流出。

一般而言，超大单和大单都不是散户的买单，可能是机构投资者；小单一般可以理解为散户的买单。

主力资金净流入的计算：指数（价格）处于上升状态时产生的每笔大于100万元的成交额是推动指数（价格）上涨的中坚力量，这部分成交额被定义为主力资金流入，反之定义为主力资金流出；当天两者的差额即是当天两种力量相抵之后剩下的推动指数上升的净力量，这就是该板块或个股当天的主力资金净流入。换句话说，主力资金流向预测的是推动指数涨跌的力量强弱，这反映了人们对该板块或个股看空或看多的程度到底有多大。

第二节　综合看盘要点

仔细观察某一只股票在开盘之后的分时走势，买盘、卖盘的每一笔成交，大笔成交的动向，无论是涨还是跌的主力意图等，这就是看盘口。看盘俗称盯盘，是股票投资者最主要的日常工作，看盘主要应着眼于大盘（股指）及个股的未来趋向的判断。

一、注意盘口观察

实时盯盘的基本工作是观察买盘和卖盘，股市中的主力经常挂出巨量的买单或卖单，然后引导价格朝某一方向运动，并时常利用盘口挂单技巧，引诱投资人做出错误的买卖决定，因此注意盘口观察是实时盯盘的关键，可以发现主力的一举一动，实战技巧如下：

1. 看开盘

无论对于个股还是大盘，开盘都为当天的走势定下基调，其重要性不言而喻，因此必须掌握开盘看盘技巧。

沪市的9：15～9：30为集合竞价时间，一些股民常常忽视集合竞价对于大盘走势的影响力。事实上，集合竞价的意义在于按供求关系校正股价，可初步反映出价量情况及大户进出动态。在无新股上市的情况下，集合竞价往往反映出市场对当天走向的看法。股民最好将当天集合竞价的成交量记载下来，从集合竞价中可以发现大盘变化的趋势。

（1）看开盘的三种状态

① 平开

平开表示市场与上一交易日收盘结果一致，暂时认同上一交易日的收盘价，多方（看好后市主动买入的一方，也叫多头）和空方（看淡后市主动卖出的一方，也叫空头）处在平衡状态中，没有明显的上攻和下跌的方向。主力机构的真实意图只有在盘中交易时才能表露出来，例子见图 10－7。

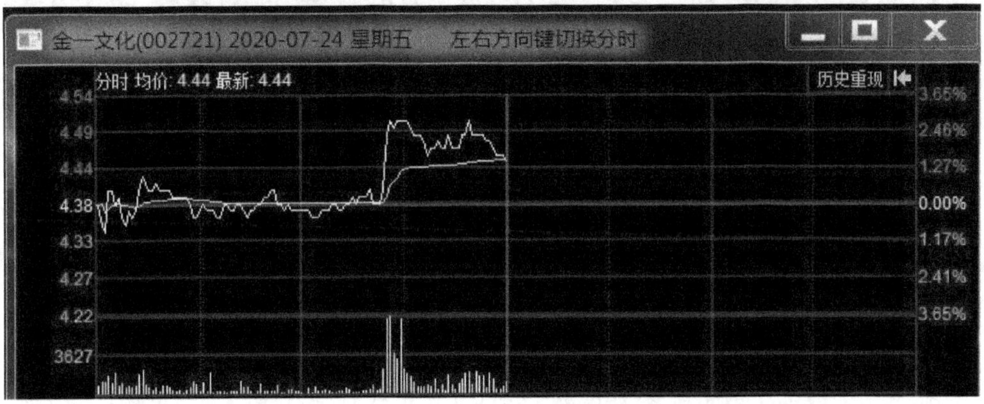

图 10－7 白云机场 2020 年 7 月 24 日分时走势图

② 低开

低开表示目前空方占据主动地位，而后面的走势要根据具体情况去分析，看是主力机构出货还是多方有意打压股价建仓或洗盘（制造股价疲软假象令意志不坚者放弃持股）。

如果股价在顶部（某一时段内相对高位）大幅跳空低开表明人气不旺，常是多方力量衰竭、空方力量增长的征兆。主力机构获利回吐心切，以出货为主，大势有转坏的可能，日后虽有可能短时间内反弹，但摆脱不了一路下泻的局面。股民可以果断地抓住这个机会，出货获利。

如果股价在底部（某一时段内相对低位）跳空低开，表示市场转暖，低开很可能是主力机构在建仓和洗盘。这时往往是抄底吸筹的良机，例子见图 10－8。

③ 高开

大盘如比前一日收盘点位高，说明人气旺盛。至于是否决定买入，还要看股价在中长期趋势的位置。如果股价处于底部，突然跳空高开，且幅度较大，表示有人抢筹码。这种情况往往意味着多空双方力量发生根本性逆转，多方坚决上攻，主力真实做多。这时应该果断地按照计划做多。如果股价处在高位，高开则可能为主力有意拉高派发，诱使场外买盘接盘使自己成功逃脱。

另外，如果股价高开过多，使前日买入者获利丰厚，则容易造成过重的获利回吐压力。此时，就应谨慎从事。如高开不多仅在几个点之内，表明人气稳定，多空双方都无恋战之意，后面的走势可能会比较平稳。

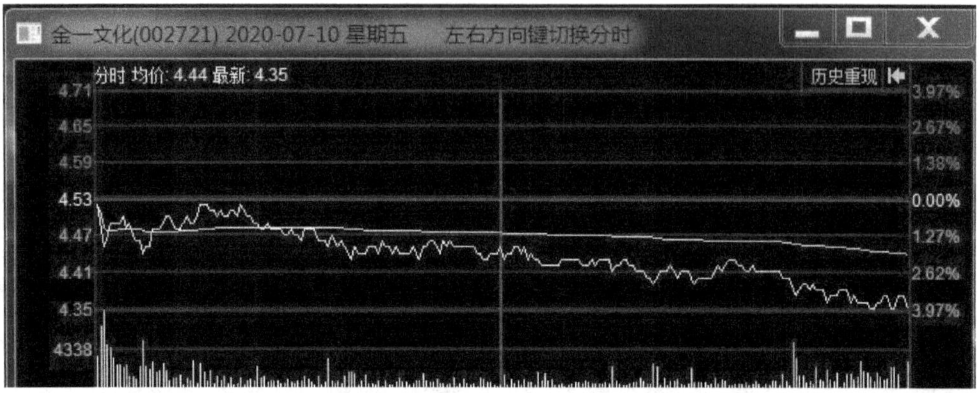

图 10－8　白云机场 2020 年 7 月 10 日分时走势图

在大市上升途中或下降途中的高开或低开，一般有维持原趋势的意味，即上升时高开看多，下跌时低开看空，例子见图 10－9。

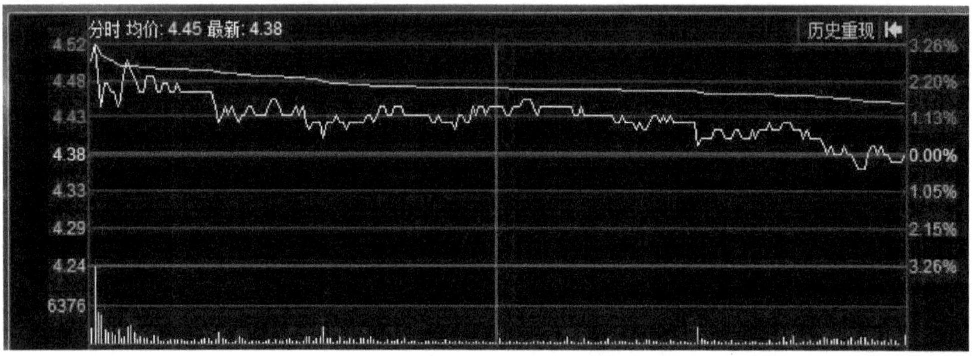

图 10－9　白云机场 2020 年 7 月 22 日分时走势图

（2）看开盘三线

开盘三线是指开盘后以 10 分钟为一计量单位，以开盘价为原始起点，然后以开盘后的第 10 分钟、20 分钟、30 分钟指数移动点连成三条线段。开盘 30 分钟的走向往往预示着这一天的走势趋向。据此判断市场走向，尤其对于短线炒作具有重要的意义。

① 看开盘三线的形态

开盘三线在 9：40、9：50 和 10：00，始终在开盘平行线上方游动，且一波比一波高，为涨势盘面。开盘三线始终在平行线下方一路走低，此为跌势。

开盘三线还有一些不明显的态势需注意。

以 9：40、9：50、10：00 的三条线与开盘价（9：30）相比，三线都比开盘价高（俗称开盘三线连三上），则表明多头势力强劲，当天的行情趋好的可能性较大，日 K 线收出阳线的概率大于 80%。但如果 10：30 以前成交量放天量则表明庄家或机构有故意拉高或拉高出货之嫌，如出现此情况，可考虑出货。

如果开盘三线比原始起点（9：30）都低（俗称开盘三线连三下），则是典型的空头特征，表明空方力量强大，当天收出阴线的概率大于80%。

如果9：40、9：50两条线都比开盘价高，而另一条线比开盘价低（俗称开盘三线二上一下），表明当天行情买卖双方皆较有力，行情以震荡为主，多方逐步占据优势并向上爬行。

如果9：40、9：50两条线比开盘价低，而另一条线比开盘价高（俗称开盘三线二下一上），则表明空方力量大于多方，而多方也积极反击，底部支撑较为有力，收盘一般为有支撑的探底反弹阴线。

如果9：40这条线比开盘价低，而另外两条线比开盘价高（俗称开盘三线一下二上），则表明当天空方的底线被多方击破，反弹成功且将呈现逐步震荡向上的趋势。

② 看开盘后第一个10分钟

开盘后第一个10分钟，是多空双方极为关注的时间段，当然也是股民最应留心的时段。这10分钟之所以重要，是因为此时参与交易的股民人数不多，盘中买卖量都不是很大，因此用不大的资金量即可达到目的，花钱少，效益大。在强势市场中，多方为了充分吸筹，开盘后往往会迫不及待地买进；而空方为了完成派发，也会故意拉高，于是造成开盘后的急速冲高。在弱势市场中，多方为了吃到便宜货，会在开盘时即向下打压，而空头也会不顾一切地抛售，造成开盘后的急速下跌。因此开盘第一个10分钟的市场表现有助于正确地判断市场走势的强弱。

③ 开盘后第二个10分钟

经过第一个10分钟的搏杀，开盘后第二个10分钟多空双方会进入休整阶段。一般会对原有趋势进行修正，如空方逼得太猛，多方会组织反击，抄底盘会大举介入；如果多方攻得太猛，空方也会予以反击，获利盘会积极回吐。因此，这段时间是买入或卖出的一个转折点。

④ 开盘后第三个10分钟

随着交易者的逐渐增多，多空双方经过前面的较量，互相摸底，第三个10分钟的买卖盘变得较实在，因此可信度较大。这段时间的走势基本上可成为全天走向的基础。股民应充分关注这段时间量价的变化，为自己的决策做好准备。

2. 看中盘

中盘时间是指10：00～11：30，13：00～14：30，总计3个小时。经过开盘对前一天收盘及消息面的反映和调整后，股市进入中盘阶段。

（1）看多空斗法三阶段

在中盘这3小时中，又可分为多空搏斗、多空决胜和多空强化三个阶段。

① 多空搏斗

开盘时多空之间只是相互试探，还没有正面交锋。中盘则是多空双方短兵交接的开始，又是早市潜伏的黑马股启动的时刻，需重点关注启动个股；也是对全天的大盘走势作进一步判断的时刻。指数、股价波动的频率越高，则表明多空双方的搏斗越激烈。若指数、股价长时间平行，则表明多空双方持续观望，无意恋战。这个阶段，股民亦可慎重判断，不必急于出手。

② 多空决胜

经过前面多空双方的激烈拼杀，胜负趋势逐渐明朗。大盘走势出现明显的倾斜。若多方占据优势，会把股价不断推高；若空方占据优势，则股价持续跌落。占优方将乘胜追击，扩大战果；另一方见大势已去，抵抗力明显减弱。此时，股民可通过关注各种类型和板块的强弱变化选择进出的最佳时机。

③ 多空强化

多空强化是盘中的最后阶段，占优方乘胜追击，败方大势已去且无时间还击。盘中出现一面倒的局面，胜负结果不问可知。如果股价创了新高，那么尾盘还会有一番急拉行情，如果此时股价走低，那么尾盘还会有一番急挫走势。强者更强，弱者更弱。实战中将14：30前盘中出现的最高和最低点描出并取其中间值为标准，如果此时指数在中间值和最高点中间，则涨势会进一步强化，尾盘有望高收。若此时指数在中间值和最低点之间，则尾盘震荡向下的概率较大。

（2）看休盘和复盘时的短线机会

在中盘过程中，临近休盘和午后复盘承前启后，是应重点关注的时间段。上午休市前的走势一般具有指导意义，如大市处于升势，上午收于高点，表明人气旺盛，行情向好；反之如大市处于跌势，上午收于低点，表明人气低迷，行情向淡。临近休盘走势也是多空双方争夺的要点。由于中午休盘时段，投资者有充裕的时间检讨前市走向，研判后市发展，做出自己的投资决策。因此主力庄家常利用休市前的机会制造出有利于自己的走势，如升势中上午收于低点，跌势中上午收于高点，引诱广大中小散户跟风上套。

下午复盘后的重点在于，如果有冲动性买盘进场，大势可能快速冲高，即使回落后也有向好机会，可以借机买入。如果指数几乎不动，或者轻微上攻，则可能是主力故意拉高以掩护出货。这时看盘有一个问题十分重要，就是要把休盘前和复盘后的走势作为研判下午走势的一个整体，相互印证。如果大市连绵下跌，反弹迫在眉睫，主力往往会做出跌势未尽的假象，在上午休市前刻意打压，使之以最低价报收。下午复盘后，中午经过思考下定决心斩仓的人会迫不及待地卖出，指数急挫，但这往往是最后一跌，主力不但能趁机吃进后拉高，还能提高此时追进者的持股成本。于是，中午休盘前的下跌便成了最佳的短线建仓良机。

（3）中盘看顶部和底部

对于股民来说，判断一天股市的顶部和底部具有极为重要的意义，有利于确定短线进出股市的时机。虽然这往往比较困难，但是，如果能认真注意盘中变化，是可以做出上升趋势或下降趋势的研判的。

3. 看尾盘

在股市中，成交量与股价的关系（简称量价关系）历来受到技术分析派的重视。而在成交价四个重要指标（开盘价、最高价、最低价和收盘价）中，最重要的就是收盘价。这是因为，在计算各种技术指标中，往往用得最多的是收盘价。此外，尾盘是多空一日拼斗的结果，开盘是序幕，盘中是过程，收盘才是定论。在股市中，临收市前半小时甚至15分钟的变化往往对第二个交易日开盘及前一个钟头的走势有一定的影响。所以收盘指数和收盘价有一种承前启后的特殊意义，既能回顾前市，又可预测后市。

在不同的情况下，收盘价所表现出来的形态有不同的含义。

（1）看尾盘量价的变动

正常情况下尾盘有小幅拉升或小幅回落，属于修正尾盘，并无太多实际意义。若某个股票的股价并不在上升阶段，成交量也相当平常，但在尾市的最后一刻突然出现一笔或几笔明显属于大成交量的单子，导致股价大幅上升，这种情况一般意味着主力在做收盘价，其目的有以下几种。

① 如果该股当天成交平淡，表明市场已将该股忘掉，即使主力做收盘价，除了原先持有该股者，少有人会注意，则主力的目的是护盘。

② 如果盘中股价在一个特定的低价区附近出现过一些较大成交量，而股价没有因为大量抛单继续下跌，说明这些交易有可能是有默契，即主力将部分单子转让别人，或者是其他人的单子转让给了主力，但不可能是市场上完全无关人的交易。既然是交换筹码，主力的目的也是护盘。

③ 如果盘中出现比较大的买单，便立刻有主动性的卖单抛出，股价不断走低，盘中走势明显弱于大盘，但尾盘却有小幅拉升，这种情况有两种可能，一是主力筹码出逃还没有出完，于是在尾市做收盘价；再者就是主力不得不在尾市拉升以护盘。

（2）看庄家是否做收盘价

有些庄家或主力往往采用以下方法做收盘价。

① 收盘前瞬间拉高

在全日收盘前一分钟（14：59）突然出现一笔大买单，加几角甚至1元、几元，把股价拉至高位，目的是为节约资金使股价收在较高位或关键价位。假设某股10元，庄家欲使其收在10.8元，若上午拉升至10.8元，就要在10.8元的价位接下大量卖盘，需要的资金量大，而尾市偷袭由于大多数人未反应过来便已收市无法卖出，庄家便以较少资金达到目的。

② 收盘前瞬间下砸

在全日收盘前一分钟（14：59）突然出现一笔大卖单，把股价砸至极低位。这样做的目的是：使日K线形成无下影线的大阴线、十字星或阴线等图形，达到让持股者恐慌抛售的目的；使股价第二天能够高开并大涨而跻身升幅榜，吸引投资者的注意。

在看尾盘时，关键点在于从尾盘发现可能对次日产生影响的信息。一些大户通常都有自己的信息网络，这在目前的中国股票市场非常重要，有时一条消息就能造成股市的急升或暴跌。而消息传出的时间大多在下午，本该在收市以后或第二天报刊上公布，而一些消息灵通的人却能够领先一步得知，这就造成了尾市的托盘入货或大量抛售，使股市在临收市前半小时左右出现大幅振荡。这种振荡包含大势走向和个股行情。因此通过对尾市不同情况的分析研判，及时发现主力动向，对于股民规避市场风险具有重要作用。

尾盘只是全天股市走势的一部分，仅仅根据尾市看盘做出决策是有局限性的。首先，盘面的变化是否有消息影响无法确定，跟风出错难免造成亏损。其次，过于看重尾市炒作技巧容易使人目光短浅，常常为蝇头小利而搏杀。所以，从尾盘走势得到的信息要和全天开盘、中盘得到的判断结合起来，并和大盘中长期走势结合起来，才能获得预期收益。

4. 从上压板、下托板看主力意图和股价方向

大量的卖盘挂单俗称上压板；大量的买盘挂单俗称下托板。无论上压下托，其目的都是为了操纵股价，诱人跟风，且股价处于不同价区时，其作用是不同的。当股价处于刚启动不久的中低价区时，主动性买盘较多，盘中出现了下托板，往往预示着主力做多意图，可考虑介入跟风追势；若出现了下压板而股价却不跌反涨，则主力压盘吸货的可能性偏大，往往是大幅涨升的先兆。当股价升幅已大且处于高价区时，盘中出现了下托板，但走势却是价滞量增，此时要留神主力诱多出货；若此时上压板较多，且上涨无量时，则往往预示顶部即将出现，股价将要下跌。

5. 看隐性买卖盘与买卖队列的关系

在买卖成交中，有的价位并未在买卖队列中出现，却在成交一栏里出现了，这就是隐性买卖盘，其中经常蕴含主力的踪迹。一般来说，上有压板，而出现大量隐性主动性买盘（特别是大手笔），股价不跌，则是大幅上涨的先兆。下有托板，而出现大量隐性主动性卖盘，则往往是主力出货的迹象。

6. 看主力是否对敲

主力对敲即主力利用多个账号同时买进或卖出，人为地将股价抬高或压低，以便从中获益。当成交栏中连续出现较大成交量，且买卖队列中没有此价位挂单或成交量远大于买卖队列中的挂单量时，则十有八九是主力刻意对敲所为，此时若股价在顶部多是为了掩护出货，若是在底部则多是为了激活人气。

7. 看买卖盘中的大单

买卖盘中的大单即每笔成交中的大手笔单子。当买卖队列中出现大量买卖盘，且成交大单不断时，则往往预示主力资金活跃。

8. 看卖盘中是否有扫盘

在涨势中常有大单从天而降，将卖盘挂单悉数吞噬，即称扫盘。在股价刚刚形成多头排列且涨势初起之际，若发现有大单一下横扫了买卖队列中的多笔卖盘时，则预示主力正大举进场建仓，是投资人跟进的绝好时机。

二、重视盘面分析

1. 看量价匹配情况

通过观察成交量柱状的变化与对应价格的变化，判断量价匹配是正匹配还是负匹

配：成交量柱状线由短逐步趋长，价格也同步走高，则表明推高动能不断加强，是正匹配，可跟进；反之，价格上涨，成交量柱状线在萎缩，是负匹配。无量空涨，短线还会回调。同样，当成交量柱状线由短逐步趋长，价格不断下滑，表明有大户、机构在沽压，是危险信号，通常大势短期很难再坚挺；成交量柱状线不断萎缩，指数却飞速下滑，是买盘虚脱的恐慌性下跌，在弄清原因的情况下，短线介入，获利丰厚。另外，当成交量柱状线急剧放大，股价既未上攻又未下滑，则可能是主力在洗仓，此时投资者可观望；当股价处在高位，成交量柱状线放大，股价逐步下滑，说明主力在减磅；反之，当成交量柱状线放大后持续萎缩，股价却不断下滑，此时有可能是主力在震仓，此时投资者应“抱紧自己的仓位”。

2. 看主力控盘情况

开盘阶段一般要消化外盘走势和国内市场的最新消息，一般来说，这种信息对国内市场的影响在5分钟之内会表现得淋漓尽致，之后会逐步淡化，在大约半小时后，形成一种平衡的格局。但由于趋势惯性的影响，中小资金仍会继续进场参与，并将这种热情保持一段时间。利用外盘走势的影响，并配合国内走势的特点，市场主力会打出一个合理的开盘价格，之后，随着主力行动的逐步淡化，市场转而进入自我消化阶段。

续盘阶段的走势完全由市场主力操作风格和操作思路所决定。单边市中的成交量会比平时大很多（开盘即封停板除外），这是由于市场价格幅度的扩大引来短线资金的积极参与而造成的。振荡市是指在市场中没有哪一家能掌握盘面的主动，而价格在争夺下呈现区间振荡的格局。振荡市的成交量往往没有单边市大，而持仓量会呈明显上升的特点，显示出多空双方对抗拉锯局面的升级。牛皮市是指在续盘阶段市场上主力资金没有活动，而成交几乎都是由中小资金的成交构成的。在这种情况下，由于没有主力资金的参与，市场的成交量急剧萎缩，价格变动极为低迷，市场没有明确的行情走势。

终盘阶段是指交易的最后30分钟，又可以分成两个各15分钟的走势。在第一个15分钟内，市场仍会受续盘阶段趋势的影响，可以当作续盘阶段的延续。如果续盘阶段有明显趋势，这一阶段的价格波动和成交量的变化会更加剧烈，并可能形成全天最活跃的交投区间。如果续盘阶段是无趋势，这段时间行情也会从低迷中苏醒过来，转为逐渐活跃。在最后的15分钟内，市场走势主要由平仓和对第二天的预期这两种动力所主导。由于短线平仓盘的原因，会造成价格振荡、持仓量下降的走势，这种变化对投资者的参考意义不大。而在预期的影响下，主力资金会发动一波短期行情，这会对第二天的开盘造成冲击。

收盘阶段要特别留意对重要消息的整体消化情况，尤其注意对消息反应迟钝的情形。

3. 看股价异动情况

看盘口分时图，有时股价突然会出现飙升或跳水走势，因事先没有征兆，所以称为异动走势。如果不查出原因所在，而是跟随分时图走势作投资决策，极易出昏招。

一般情况下，应该快速搜寻交易所的价格走势，浏览各类新闻，尽快查明原因。比如节假日就会对交易行为和心理预期产生影响，进而影响盘中走势。由于中国市场的假期与国外并不相同，在中国市场放假期间国外市场仍处于交易状态，而这段真空期的外盘价格走势，对国内市场的影响会使得节假日附近的走势充满了更多的不确定性。出于风险规避的考虑，谨慎的投资者会选择空仓的决定，这是节假日来临前市场普遍的心态。出于预期考虑，小资金会在假日前对境外市场做出判断，而主力考虑的则是重大战略的部署问题，即在某种情况下采取何种方式更有利于自己，即在节假日后影响因素明朗的情况下掌握更大的主动。其实，有时你费了很大的劲，也没有弄清楚到底是什么原因导致的行情异动，只找出一些看似牵强附会的解释。这往往就预示着下一步行情发展的真正方向。

4. 看图形

炒股操作中，除了应高度重视成交量外，还应留意图形的变化。有几种图形值得高度关注：V 形反转、W 底、头肩底、圆弧底、平台、上升通道等。W 底、头肩底、圆弧底放量突破颈线位时，应是买入最佳时机。

这里有两点必须高度注意：一是必须放量突破，方为有效突破。没有成交量配合的突破是假突破，股价往往会迅速回归启动位；二是在低价位的突破可靠性更高。

5. 看技术指标

股票市场的各种技术指标数不胜数。它们各有侧重，投资者不可能面面俱到，主要熟悉其中几种便可。常用的技术指标有随机指标（KDJ）、相对强弱指标（RSI）等。一般而言，K 值在低位（20% 左右）2 次上穿 D 值时，是较佳的买入时机；在高位（80% 以上）2 次下穿 D 值时，形成死叉，是较佳的卖出时机。RSI 指标在 0 ～ 20 时，股票处于超卖阶段，可建仓；在 80 ～ 100 时属超买，可平仓。

6. 看均线

短线操作一般要参照 5 日、10 日、30 日均线。5 日均线上穿 10 日、30 日均线，10 日均线上穿 30 日均线，称作金叉，是买进时机；反之则称作死叉，是卖出时机。三条均线都向上排列称为多头排列，是强势股的表现，股价缩量回抽 5 日、10 日、30 日均线是买入时机（注意，一定要是缩量回抽）。相应地，要是中长线操作要参照 30 日、60 日、120 日均线用上面方法进行判断。

第三节　盘面操作的技巧

1. 开盘 9：00 ～ 9：15 操作技巧

掌握开盘 15 分钟必为股市赢家。开盘 15 分钟是最重要的时间，输赢都在一瞬间，请投资者多把握。操作技巧如下：

（1）开盘后必须立即查看委托买进笔数与委托卖出笔数的多寡，研判大盘究竟会不会走多走空。一般而言，如果一开盘委买单大于委卖单达 2 倍以上（如买单 10

万张，卖单5万张），则显示买气十分旺盛，做出胜算较大，短线进出者可立即买进，待股价拉高后立即于高价抛出获利，反之若卖单大于买单2倍以上，则代表空方卖盘十分强大，当日作空比较有利，开盘立即卖出手中持股，逢低再回补。

（2）每笔买进张数与笔数之比值为8.0以上，代表大户买进，如有连续数次8.0以上之大比值出现，代表大户在做盘，可放心大胆逢低承接；反之如卖单在8.0以上，可速杀出手中持股。

（3）观察大盘的气势强弱可注意涨停板或跌停板家数的增减。由于国内股市常有涨时抢涨、跌时杀低的现象，因此，发现大盘涨停板家数由10家迅速增加至50家以上，代表大盘气势强劲，上涨有力，收盘有上涨100家以上之可能，必须立即抢进以免上不了上涨列车；反之如跌停家数出现20家以上，且卖单大于买单时，很快就会有50家甚至100家以上下跌，则代表大盘气势极弱，必须立即杀了手中持股，以免惨遭套牢。

（4）立即记录一开盘即涨停跌停板的个股，并密切注意及追踪其价量变化，如果此时大盘买单大于卖单，上涨家数大于下跌家数，代表大盘偏多（买气较强），此时短线进出者可立即以市价买进正跌停之个股，一拉高至平盘即抛出1/2，再拉高再抛余下的1/2即获利。反之，大盘偏空且某一个股连涨数日，以大成交量打开涨停时可立即卖出，如跌低至平盘再回补。

集合竞价是每个交易日第一个买卖股票的时机，机构大户借集合竞价跳空高开拉高“出货”，或跳空低升打压“入货”。开盘价一般受昨日收盘价影响。若昨日股指、股价以最高位报收，次日开盘往往跳空高开，即开盘股指、股价高于昨日收盘股指、股价；反之，若昨日股指、股价以最低报价，次日开盘价往往低开。跳空高开后，若高开低走，开盘价成为当日最高价，股民手中若有昨日收于最高价之“热门股”，应参加集合竞价“出货”。卖出价可大于或等于昨日收盘价（最高价）。若热门股昨日收盘价低于最高价，已出现回落，可以略低于昨日收盘价出货。

此外，若你准备以最低价抓一暴跌之“热门股”，抢反弹，也可以参加集合竞价。因为昨日暴跌的最低价收盘之股票，今日开盘价可能是今日最低价。

当然，以集合竞价卖出热门股，买入超跌股，倘若热门股（超跌股）仍有上（下）行空间配合“利好”消息（“利空”消息）及大成交量，可突破上档阻力位（下档支撑位），就不应参加集合竞价“出货”（“入货”），待观察开盘后走势再决定。

当9点25分集合竞价出现时，若发现手中热门股缺口很大（一般十几元价位股票开盘价比前一天收盘价高0.5元以上；20元以上股票，跳空高1元左右），且伴随成交量巨放（几十万甚至几百万股），应立即以低于开盘价之卖出价“出货”，以免掉入“多头陷阱”被套牢。此时，一般不应追涨买入“热门股”。反之，“热门股”集合竞价跳空缺口不大，成交量较大，经分析仍有上行，又有最新“利好”消息、传言配合，有可能冲破上档阻力位，可考虑在冲破阻力位后“追涨”买入或回档至“支撑”位时买入；若开盘价靠近“支撑”位，可立即买入。

该“热门股”若随大盘涨跌，就应考虑开盘股指是靠近支撑位还是阻力位，以及股指上行之时对此热门股之影响。如1996年8月16日、12月8日沪市所有A股，几乎开盘价都是最高价，高开低走。因为开盘股指1 044点已进入上档强阻力位，此时，应立即“作空”出货，不能追涨买入。再如，以收购概念股“兴业”炒作之情况为例：7日“兴业”开盘价20元，前一天收盘价19.45元，仅差0.5元，缺口不大。然而这却是炒作信号，因为6日以最高价收盘，成交量放大到219万股。8日“兴业”开盘价25元，前一天收盘价23.5元，跳空缺口达1.5元，明显为“拉高出货”。以日成交量分析，6日“兴业”成交219万股，换手率10%，属于收集量。17日“兴业”成交1 742万股，换手率60%，“天量”预示“天价”次日出货。此外，以板块效应来说，“兴业”虽不受大盘股指变化影响，但受“延中”价位影响。6日“延中”以最高价收盘，预示第二天将继续炒作，所以7日炒“兴业”没问题，8日“延中”创“天量”和“天价”，股价从42元回落至36元，预示“延中”炒到头，8日继续出货，所以“兴业”8日应出货。果然8日“兴业”股价开盘后不断下跌。

2. 9：30～10：00是第二次出入货时机

要出脱“热门股”，若股价开盘后高开高走，股价急剧上涨，最高价常出现于上午10：00以前，且成交量急剧放大，所以，10：00以前为“热门股”出货时机。

倘若平开高走，应视为“热门股”炒作信号。随成交量放大，股价平稳上涨，此时可用小时股价图、小时成交量图分析“热门股”走势，判断是否买入。此外，昨日暴跌之股也往往在上午10：00以前出现最低价，因此可考虑买入抢反弹。是否买暴涨之股票，一要看是否跌过了头，跌到了支撑位；二要看消息面，主力意图，即暴跌股能不能再炒起来。

3. 11：30，收盘前为买入卖出股票第三次机会

11：30，收盘前为买入卖出股票第三次机会，若“热门股”为出货信号，上午走势，随成交放大，一浪高于一浪，应立即出货。

若“热门股”为炒作信号，可能以最高价收市。随成交量放大，一浪高于一浪，可考虑买入。中午，注意上市的公告，“宝安”收购“延中”“万科”控股“申华”的公告均为中午发布。注意上午收盘股指、热门股价，此为重要信号。若上午收盘股指、股价高于（低于）当日开盘股指、股价，那么当日收盘股指、股价可能高于（低于）上午收盘股指、股价，预示多方（空方）将取胜，热门股上午高收，也可能搏中午的消息。

因此，上午收盘前、下午开盘后的几分钟，为买入、卖出股票的重要时机。高收者，下午可能高开高走；低收者，下午可能低开低走。

4. 当心庄家出货

下午1：30开盘，注意上午炒作“热门股”走势，若成交急剧放大，股价徘徊不上，当心庄家在出货。

5. 切莫错过第四次出货时机

2：00～2：30，是沪市有的“平仓盘”时间，股指、股价往往出现当日最高价、次高价。这是因为上午透支买入之机构大户，要拉高出货，此时为第四次出货时机，切莫错过。因为，若机构大户出完货，很可能打压股价，再入货。如收购概念股“延中”“申华”，当日暴涨但几乎都以最低价收盘。

6. 把握全日最后一次买卖股票时机

2：50～3：00，是全日最后一次买卖股票时机。

注意查询自己的买卖申报是否成交，防止透支、罚款。收盘股指、股价也可能出现全日最高股指、股价。此时多方经一日稳步进攻，终于突破股指阻力位。如1995年8月上旬的沪市“多头行情”就有此特点，股指跳空高升，盘整一天，尾市拉高。

7. 买入强势股（最高价收盘股）和卖出弱势股（最低价收盘股）之最后机会

3：00收盘前，是买入强势股（最高价收盘股）和卖出弱势股（最低价收盘股）之最后机会。全日收盘时形势明朗，可预知第二天大盘、个股走势；若高收，次日必高开高走。故投机者纷纷“抢盘”。只作隔夜差价，当日收盘前抢入强势股，次日开盘后抛掉，稳稳当当地获利，风险也小。

当然，股指、股价若收于全日最低点，预示次日低升低走，这会引起尾市之恐慌性抛售，股民们情愿今天“割肉”，免得明天赔得更多。

股民对收盘价之所以敏感，是因为收盘股指、股价与开盘股指、股价均为“多空双方”显示力量之重要技术指标。跳空高开（低开）为多（空）方进攻信号，先给对方来个“下马威”。

至于今日“多空”厮杀孰胜孰负则体现于收盘股指、股价。若股指、股价K线图收阳线，即当日收盘股指、股价高于开盘股指、股价，说明买盘压倒卖盘，多方胜。若股指、股价为光头阳线，即收于全日最高点，多方占绝对优势，次日会继续进攻，但也可能是拉高“出货”。

反之，若股指、股价K线力收阴线，即收盘股指、股价低于开盘股指、股价，说明卖盘压倒买盘，空方胜利。若股指、股价为光头阴线，即收于全日最低点，空方占绝对优势。所以多空双方都会对收盘股指、股价进行激烈的争夺。这里需要特别强调的有两点：

其一，当心机构大户借技术指标骗钱，临收盘故意拉高（打压）收盘股指、股价，次日跳空高开（低开），达到次日接高出货（压价入货）之目的。识别方法，一看有无大成交量配合，高收盘（低收盘）若成交量过小，多（空）方无力量，成交量过大，多（空）方出货（入货），均为“陷阱”。二看有利无利多（利空）消息、传言配合，分析传言之真伪。结合大成交量，利多（空）消息，可初步确认为“多头”（空头）行情、传言配合，分析传言之真伪。结合大成交，利多（空）消息，可初步确认为“多头”（空头）行情，可考虑买入（卖出）股票。但为防止上当，既不要“满仓”，也不要“空仓”。

其二，“星期一效应”与“星期五效应”。星期一收盘股指、股价收阳线还是阴线，对全周交易影响较大，因为多（空）方首战告捷，往往乘胜追击，连拉数根阳线（阴线），应予警惕。星期五收盘股指、股价也很重要，它不仅反映当日的多空胜负，亦反映当周的多空胜负。

除特大的“多空行情”外，星期五股指、股价常低收，即卖盘大于买盘。原因是股民担心周五收盘后，交易所信息发布可能会有“利空”消息，到周一跑掉就晚了。故卖了股票，图个周日踏实。当然，如果有利多消息周一开盘追入也不迟。周五弱市中，一些含权股往往表现坚挺，这是股民在搏周五信息会上公布送配方案。若某含权股有较好方案，周一股价高开高走，可获取差价。但若无消息，或消息不如传言的好（如陆家嘴传10配5，改为10配4），周一开盘后赶紧抛出。因为搏消息“失败”，股价会下跌。特别是“空头行情”中人们对后市不抱希望，不会花钱买送配股。沪市“熊市”送配股曾有过公布一个，股价掉一个，不“填权”反“贴权”的例子。

8. 收盘后研读当日股市行情

3：00收盘后，研读当日股市行情表，分析大盘及个股情况，注意成交最大的股票及涨幅最大的股票，看机构大户是在“出货”还是“入货”。晚上在家做“功课”。尤其周末阅读有关证券投资的报纸及刊物，分析宏观面、基本面及技术面，分析本周大盘与个股走势，预测未来走势，确定作战方案。

本章小结

1. 分时走势图也叫即时走势图，是把股票市场的交易信息实时地用曲线在坐标图上加以显示的技术图形。坐标的横轴是开市的时间，纵轴的上半部分是股价或指数，下半部分显示的是成交量。分时走势图是股市现场交易的即时资料。

2. 委比是衡量某一时段买卖盘相对强度的指标。卖盘：某一品种交易期间的即时委托卖出的价格。买盘：某一品种交易期间的即时委托买入的价格。换手率是指在一定的时间范围内，某只股票的累计成交股数与流通股的比率。

3. 外盘：主动性买盘，以卖出价成交的交易。卖出量统计加入外盘。内盘：主动性卖盘，以买入价成交的交易，买入成交数量统计加入内盘。内盘、外盘这两个数据，大体可以用来判断买卖力量的强弱。外盘和内盘相加成为成交量，分析时由于卖方成交的委托纳入外盘，如外盘很大意味着多数卖的价位都有人来接，显示买势强劲；而以买方成交的纳入内盘，如内盘过大，则意味着大多数的买入价都有人愿意卖，显示卖方力量较大；如内外盘大体相当，则买卖方力量相当。

4. 股票大单、中单、小单，不同软件分类并不完全一致。有些软件将其分为超级资金、大户资金、中户资金和散户资金四类，分别为100万元以上、100万元以下50万元以上、50万元以下10万元以上和10万元以下。还有一些网站简单地分为大单、中单和小单，分别为50万元以上、50万元以下10万元以上和10万元以下。普通股票的大单指一次买卖万手以上或者成交额在50万元以上。

5. 综合看盘要点一要注意盘口观察，二要重视盘面分析。盘面分析主要看以下几个方面：要看量价匹配情况，看主力控盘情况，看股价异动情况，看图形，看技术指标，看均线。

同步练习

一、案例分析题

2020 年 7 月 10 日鑫科材料 600255 的股票行情图和分时走势图如下：

(1) 根据图 10－10 的股票行情图和图 10－11 的股票分时走势图进行盘面分析。

(2) 根据分析结果进行该只股票的前景预测，主要提出长、中、短期投资建议。

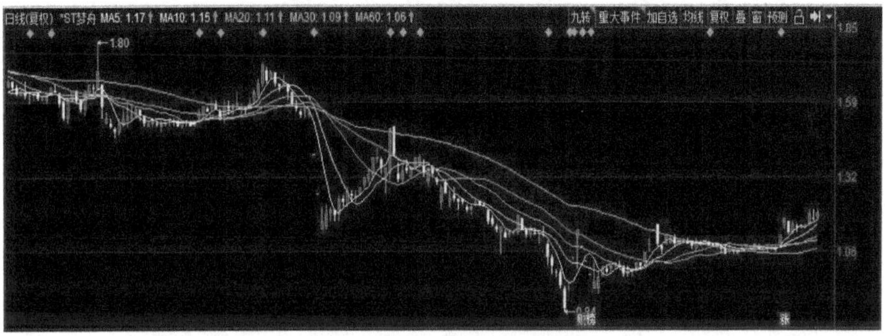

图 10－10　股票行情图

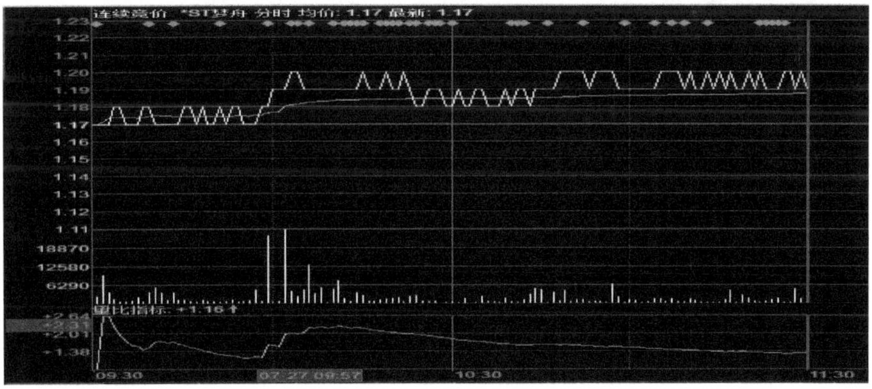

图 10－11　股票分时走势图

二、思考题

1. 综合看盘要点要看哪些方面？

2. 看开盘三线的要点是什么？

3. 对成交量变化的八阶律如何理解？举例说明。

参考文献

[1] 李英，姜司原. 证券投资学［M］. 北京：中国人民大学出版社，2020.
[2] 陈文汉. 证券投资学［M］. 2 版. 北京：人民邮电出版社，2019.
[3] 刘少波. 证券投资学［M］. 广州：暨南大学出版社，2017.
[4] 霍文文. 证券投资学简明教程［M］. 北京：高等教育出版社，2020.
[5] 胡昌生，熊和平，蔡基栋. 证券投资学［M］. 武汉：武汉大学出版社，2018.
[6] 喻晓平，耿选珍. 证券投资学［M］. 北京：清华大学出版社，2018.
[7] 吴晓求. 证券投资学［M］. 5 版. 北京：中国人民大学出版社，2020.
[8] 邢天才，王玉霞. 证券投资学［M］. 4 版. 大连：东北财经大学出版社有限公司，2017.
[9] 余学斌. 证券投资学［M］. 2 版. 北京：科学出版社，2020.